휴미락의 탄생

쉬고(休) 먹고(味) 즐김(樂)의 인문학 수업

휴 미 락 의 탄 생

쉬고(休) 먹고(味) 즐김(樂)의 인문학 수업

우 정(禹晶) 지음

이지출판

휴미락은 우리 본능과의 내밀한 만남이며 누구나 관심을 가져야 할 주제다.
우리가 현재 경험하고 있는 것보다 먼 미래로 나아갈수록 휴미락의 잠재적 가치가
점점 확대되고 있다는 사실에서 휴미락을 통해 자신만의 의미와 방법을 찾아보자는 것이 이 책의 내용이다.

휴미락을 묻는다

휴미락은 우리 삶의 가치와 주어진 여건 속에서 '자기 보존'의 양식이며 행복해지기를 원하는 것의 다른 표현이다. 사실 우리는 먹고 즐기는 것, 그리고 쉬고 웃고 행복하기 위해 이 땅에 태어난 것이 아닐까? 문제는 세상에서 웃고 즐길 일이 많지만 그 의미를 깨닫고 자신만의 살맛을 만들어 가는 사람이 많지 않다는 사실이다.

휴미락의 본질은 무엇인가? 그것은 행복해지는 데에 있다. 인간이 본능적으로 지니고 있는 기본 욕구는 생존과 삶의 즐거움, 먹고마시는 즐거움, 성을 나누는 동반자를 옆에 두는 삶이다. 그래서 휴미락을 누리는 것이 인생의 과제다. 휴미락은 정신과 육체의 표출이자 미학이고 본질인데, 때로는 역설적이게도 일탈을 즐기는 것이우리 삶의 전부라는 점에서 삶의 방식 자체가 휴미락이요 철학의 대상인 것이다.

삶의 방식으로서의 휴미락은 인문학적 의미를 지니고 있다. 휴미락은 가치 있는 철학이 깃들어 있을 때 삶의 풍성한 자양분이 된다. 많은 철학자들이 말하는 '아름다운 삶'은 결국 철학적 삶이니 그렇다.

휴미락은 삶의 질을 결정하는 요소다. 진정한 쉼을 통해서, 먹는 것보다 먹는 즐거움을 찾는 것, 퇴폐적이며 과잉적 쾌락이 아닌, 약물중독 같은 비합리적인 욕망(irrational desire)을 자제하는 일이다.

휴미락은 주관적 · 객관적 · 무의식적 상태에서 느끼게 되는데, 주로 그 반응은 즐거움/불쾌감이라는 반응, 좋아함(liking)과 원함(wanting)을 통해 느끼는 생활 감정이다. 내가 원하는 시간에 쉴 수 있고, 배고플 때 좋은 음식을 먹고, 여유롭게 즐거움을 만드는 일은 한평생 가꿔야 할 가치들이다. 이런 자세가 삶의 질을 향상시키고 즐거움을 안겨 준다.

또한 휴미락에서 '사회적 즐거움(social pleasure)'은 빼놓을 수 없는 삶의 조건이다. 사회적 즐거움은 우리 인간이 사회적 동물이라는 사실에서 이해할 수 있다. 이것은 자신의 외모에 대한 자부심, 섹슈얼리티, 유전적 특성, 성공적인 지위와 역할, 배우자를 잘 만나는 것 등이 사회적 즐거움이다.

이러한 사회적 즐거움에는 기본적인 즐거움에다 경제적 여건(지갑의 크기), 예술, 음악적 감각, 봉사와 이타주의 등은 고차원적인 즐거움이다. 이러한 고차원의 즐거움은 남에 대한 배려, 공감 그리고 학습과 실천에 의해 이루어진다.

이를 위해서 휴미락은 우리 현존의 삶과 지난 전통에서 답을 찾고 이를 향상시켜 궁극적으로 안정된 생활의 구축, 유전자처럼 각인된 본능의 발산, 그리고 계속 변화하면서 새로움을 추구하는 일이다. 인간이 살아가면서 휴미락을 추구하는 것은 바로 짜릿한 쾌감, 행복감을 찾는 창의적 개발이요, 온 국민이 이해하고 즐겨야 할 대상이 아닐 수 없다. 현존의 삶은 지금 여기에서의 쉬고 먹고 즐기는 감각 활동을 의미하고, 전통에서 답을 찾는다는 것은 역사와 문화, 풍습 등에서 찾아야 한다는 뜻이다.

"보고 경험하라. 사회는 계속 진보한다. 우리 삶도 변해야 한다. 변한다는 것은 우리의 가치를 지키되 서구 양식의 한국적인 변용으로 휴미락을 발전시키자는 의미다."

문제는 사회 진화에 따른 삶의 질이 어떻게 변하는가다. 국민소득 3만 불 시대에 맞게 우리 삶의 스타일도 정신도 바꿔 나가야 한다. 그것은 기본적으로 휴미락의 질과 가치가 자기 삶 속에서 재창조되고 변해야 한다는 뜻이다. 삶의 질은 휴미락이 균형을 이룰 때 높아질 수 있다. 그런 점에서 휴미락 역시 인문학적 성찰의 대상이요 연구 대상이다.

인문학은 사람들로 하여금 제정신이 아닌 상태를 정상적으로 깨닫도록 한다. 이는 휴미락이 긍정적인 측면만 강조되는 듯한 느낌을 주지만 휴미락의 가치는 기쁨을 전제로 하는 것으로 달콤하고 즐거운 감각을 느끼게 하는 것이 인문학적 원칙이다.

그런데 먹고 살 만해진 우리에게 무엇이 부족할까. 잘 살기만 하면 선진국인가. 우리나라는 OECD 국가 중에서 삶의 질이 열악한 편이다. 경제적으로 성장했다지만 신뢰와 배려, 개인의 삶이 아직 팍팍하고 여유가 없다. 이러한 분위기에서 휴미락의 추구는 사치처럼 들릴 수 있다. 그러나 이젠 휴미락 차원의 선진국이 되어야 한다. 더구나 인간의 행복은 단순한 휴미락의 이상을 넘어서는 개념이기 때문이다. 의식적 변화, 미적 아름다움, 도덕적 영역에서 고차원적 즐거움을 느껴야 행복한 것이다.

뿐만 아니라 휴미락의 끝은 만족에 있다. 만족은 즐거움, 기쁨으로 유도된다. 누구나 만족을 얻기 위해 모든 생명을 바친다. 나아가 21세기는 휴미락의 가치를 최적화하는 시대가 될 것이다.

내가 휴미락을 쓰는 이유도 여기에 있다. 우리로 하여금 어떻게 즐겁게 살 것인지를 깨닫도록 하는 데 있다. 휴미락이라는 담론을 통해서 내면의 행복과 상상의 기쁨을 노래하고 싶다는 뜻이다. 그래서 휴미락은 주어진 여건 속에서 나와 사회가 만들어 가야 하는 모두의 삶의 양식일 뿐만 아니라 모든 사람의 염원의 대상이기도 하다.

그런 점에서 휴미락의 의미가 막연히 꿈꾸는 것처럼 구성된 개념이 아니다. 휴미락의 의미는 단순히 쉬고 먹고 즐기는 차원을 넘어 이 시대 사람이 어떻게 살맛을 느끼며 살아야 하는지를 성찰하는 일이다. 휴미락이 없으면 아무것도 없다. 기본적인 삶을 살지 못했다는 것은 기쁨이 없었다는 뜻이다. 그래서 휴미락은 우리의 새로운 삶의 미학으로 승화되어야 할 영역이다.

휴미락은 개별적으로 성취해야 할 삶의 과업이기도 하다. 막연한 현재나 미래가 아닌, 또는 4차 산업혁명시대에 살고 있지만 우리는 뭔가 '다른 현대'에서의 가능한 실천 속에서 건강, 쉼, 즐거움 등 삶의 맛에 대한 성찰의 필요성을 강조하려는 것이 이 책의 목적이다.

이렇다 보니 다음과 같은 질문을 놓고 고민해 봐야 한다. 이 질문을 통해 진정한 삶의 의미는 물론 그동안에 잠자던 휴미락의 즐거움, 그리고 휴미락의 형식과 내용, 이런 의식이 어디로 흐르고 있는지를 알게 될 것이다.

- 이제까지 내게 만족을 가져다 준 것은 무엇인가?
- 왜 나는 휴미락의 가치를 모르고 살까?
- 왜 내가 이렇게 되었지(왜 행복하지 않을까)?
- 내 삶은 지금 어디로 가고 있는가?

우리는 이렇게 질문할 수밖에 없다. 절대 명제까지 의심하며 질문하지 않는 삶은 무의미하다. 의심하는 것은 진실에 가까워지는 일이기 때문이다. 질문하고 의심하는 것은 결국 진짜를 발견하기 위함이다. 그러니 "어디에 어떻게 무언가?"라는 질문을 할 때 영혼은 다시 살아나게 된다.

휴미락의 논리 역시 고정관념이 아니다. 계속 변화되고 재구성된다. 휴미락은 우리가 어떻게 살아야 하는지도 중요하지만 휴미락의 가치와 의미들을 더 고민해 보는 일이다. 따라서 이 책은 우리가 잃었던 휴미락의 감각을 되찾아 보기 위해 크게 4장으로 구성했다.

제1장에서는 살맛으로서의 휴미락, 휴미락에 대한 인문학적 성찰, 휴미락 경제의 현재와 미래를 다루었다. 이어 우리는 진정으로 살맛을 느끼며 살아가는가, 휴미락은 어떻게 우리를 진정한 삶으로 인도하는가, 휴미락 산업이 어떤 모습으로 어디까지 발전하는지를 살펴보았다.

제2장에서는 휴미락의 첫 단계인 휴식(쉼)에 대한 것이다. 쉼(休)의 의미와 기쁨, 휴식이 주는 자유, 쉼이 없는 현대 사회라는 측면에서 일과 휴식의 불균형의 문제, 노동의 과잉시간에다 시간이 부족한 삶을 살아가는 현실을 검토하였다. 그리고 실제로 우리가 쉼을 어떻게 만들어 가야 하는 것과 관련해 일과 휴식(여가)의 균형, 어떻게 아름답고 안락한 곳을 찾아가야 하는지를 알아보았다.

제3장에서는 휴미락의 두 번째 과제인 음식(입맛)에 대한 것이다. 먹음의 미학, 심미적 대상으로서의 음식, 존재의 굶주림, 식욕과 성욕의 관계를 개괄하고, 이어 식탁의 즐거움으로 음식과 감각기관, 식도락-푸디즘, 음식의 사치를 새롭게 찾아보았다. 그리고 미각과 감각의 세계에서 뇌로 느끼는 4기(氣) 5미(味)의 정체는 물론 음식의 진화에서 전통음식과 민속음식, 로컬푸드와 자연밥상의 실제, 음식의 퓨전화와 세계화를 분석하고, 끝으로 푸드테라피와 행복, 요리하기의 정서적 이점을 제시했다.

제4장에서는 휴미락의 마지막 단계인 즐거움, 쾌락에 대한 것이

다. 이 책의 핵심 내용이 집약된 곳으로 즐긴다(enjoy)는 의미와 어떻게 인생을 즐길까 하는 문제, 그리고 삶의 목적이 즐기기라면 우리는 '왜 유혹에 굴복하지 않는가?' 하는 문제를 제기하고 답을 구하고자 했다. 이어서 우리가 재미(fun)있게 살아가는 기술, 재미와 유머감각의 의미, 재미가 곧 놀이이고 웃는 것이라는 점을 강조했다.

또한 즐거움(기쁨)이 있는 삶에서는 일상적 즐거움(g-pleasure)과 매우 높은 단계의 쾌락적 측면(d-pleasure)을 구분해서 설명했다. 일상적 즐거움에는 그 의미와 함께 즐거움의 원칙들을 제시했는데, 일상에서 느끼는 작은 기쁨 찾아보기, 우아하게 즐기는 방법, 그리고 우리는 어떤 즐거움을 추구해야 하는지를 제시했다. 인간의 마음이 그렇고 나 자신을 찾기 위해서도 필요하기 때문이다. 특히 높은 쾌락(d-pleasure)의 의미를 찾아보면서 현대 사회에서의 쾌락, 쾌락주의를 다루었다.

이와 같이 이 책은 현대인들이 당연히 즐겨야 할 휴미락의 의미와 실천 방향을 제공하는 데 목표를 두었다. 휴미락에서 "나는 누구인가, 내가 진심으로 즐기고 싶은 삶은 무엇인가"를 찾아서 실현해 가는 일이다.

휴미락은 아직 '완성되지 않은 가설'에서 계속 변하고 있다. 휴미락의 가치가 우리 삶 속에 알게 모르게 감추어져 있고, 또 자신 앞에 그런 생활이 실현되기를 소원하며 살아간다. 당연히 즐겨야 할 휴미락의 세계, 고통과 결핍, 억압적 감정에서 벗어나 즐겁게 복락을 누리려는 심리가 담겨 있다.

우리 삶의 문제-휴미락-에서 제기되는 사유 공간으로 여러분을 안내하려고 한다. 프랑스 사람만이 놀고 먹고 즐기는 문제를 철학의 관점으로 볼 수 있는 것은 아니다. 휴미락을 진정으로 이해하지 못하고 지금까지 잘 살지 못했음을 발견하게 된다면 누구든지 지금부터 즐길 수 있을 것이다.

휴미락은 우리 본능과의 내밀한 만남이며 누구나 관심을 가져야 할 주제다. 우리가 현재 경험하고 있는 것보다 먼 미래로 나아갈수록 휴미락의 잠재적 가치가 점점 확대되고 있다는 사실에서 휴미락을 통해 자신만의 의미와 방법을 찾아보자는 것이 이 책의 내용이다.

제1장

'살맛'으로서의
휴미락

인생에서 '살맛'이란 무엇인가

우리는 인생이 원하는 대로 펼쳐질 때 '살맛 난다'고 한다. 음식에만 맛이 있는 것이 아니라 인생살이에도 맛이 있다는 뜻이다. 살맛이란 먼저 건강하게 잘 먹고 잘 사는 것, 여유로운 삶, 자연친화적인 삶, 경제적 여유 등을 떠올리게 된다.

하지만 남자/여자가 보는 세상, 있는 자/없는 자가 보는 세상, 어린아이/어른이 보는 세상에 따라 살맛이 다를 것이다. 문제는 우리가 깨끗한 세상 혹은 살맛 나는 세상에 대해 관심 없이 살아가고 있는 것은 아닌지 한번 돌아봐야 한다.

그런데 누구는 "재미있어 죽겠다" 하고, 또 누구는 담벼락에 침을 뱉으며 "빌어먹을 세상" 하고 욕을 한다. 이 두 사람은 무엇이 다른가. 타인의 고통과 기쁨에 공감하지 못하고 갈등하기 때문이다. 이 세상을 살아가는 것이 힘들고 어렵지만 숨을 쉬며 살아가는 것이 얼마나 아름다운 일인지 생각해 볼 일이다.

■ 우리는 진정으로 살맛을 느끼며 살아가는가

우리는 배고플 때 잘 먹고 싶고, 자부심을 고양시키기 위해 멋지게 옷을 입는다. 그리고 스트레스를 풀기 위해 술을 마실 때도 있다. 이렇게 살맛이란 다차원적이다.

장자는 "무엇을 즐기고 무엇을 싫어하는가"라고 물으면서 좋아하는 것은 몸 편한 것(身安), 맛있는 먹을거리(厚味), 멋있는 옷(美服), 예쁜 여자(好色), 감미로운 음악(音聲)을 꼽았다. 반대로 싫은 것은 몸이 편하지 않고 입맛을 모르고 멋진 옷을 입지 못하고 눈으로 아름다움을 보지 못하고 귀가 나빠 좋은 음악을 듣지 못하는 것이라고 했다.

어디 살맛이 그것뿐일까. 살맛은 우리 생활 속에서 의식(儀式) 과정에 깃들어 있다. 결혼, 생일, 장례 등의 생로병사 과정 대부분이 살맛과 관련되어 있다. 여기에는 쾌락, 기쁨, 건강 등 실존적 삶의 양식이 함축되어 있다. 예를 들어 매일 아침 출근해서 일하는 것, 내가 살 집이 있다는 것, 하루하루 벌어서 먹고사는 것이 힘들지만 그래도 소중한 사람들(가족, 연인, 친구)이 곁에 있으면 살맛 나는 세상이다. 줄여 말하면 휴미락은 인간의 기본 욕구요 사회적 의식이다.

또한 살맛이라는 말은 밥맛과 같은 뜻이다. 세상을 밥맛으로 바라보기도 한다. 보기 싫은 사람을 만나면 "밥맛없는 놈" 하고 욕한다. 그래서 우리는 밥맛이 도는 친구, 밥맛이 있는 사람을 만나는 것, 그래서 세상을 밥맛으로 바라보게 된다. 어쩌면 사람은 엄마 뱃속에서 나오면서 살맛 나는 세상에 태어난다고 해도 과언이 아니다. 그만큼 살맛은 원초적이라는 뜻이다.

성균관대 박재희 교수는 《3분고전 2》에서 '인생팔미(人生八味)'를 소개했다. 그것은 음식미, 직업미, 풍류미, 관계미, 봉사미, 학습미, 건강미, 인간미다. 이 여덟 가지 맛을 제대로 알아야 즐겁게 사는 사람이라고 강조했다.

하지만 지금 우리는 살아가기가 얼마나 힘들고 고단한가. 빈곤에서 벗어나 풍요로운 3만불 시대에 접어들었다지만 왜 이렇게 살맛이 나지 않는가. 우리가 불안하고 피로감을 느끼는 건 복잡한 '사회화' 과정에서 일어나는 삶의 불균형 때문이다. 겉으로 웃고 있으나 깊은 불안감에 싸여 살아가는 형국이다. 우리 삶을 즐겁게 만드는 데는 옛날이나 지금이나 별 차이가 없을 텐데 너무나 힘든 갈등 속에서 살아간다. 오늘날 즐겁고 신바람 나는, 그야말로 살맛 나는 세상은 왜 어려운 것일까.

가까운 친구가 "아무리 힘들고 어려워도 우리 삶의 과정이 살맛 나지 않니?" 하고 웃으며 말했다. 친구의 살맛이란 쪽팔리게 살지 않겠다는 뜻인 듯했다. 멋진 설명이다. 남에게 끌려가는 사람이 아니라 스스로 내 삶을 선택해 살아가는 것, 이것이 살맛 나는 세상이다. 내가 주체가 되어 살아갈 때 살맛 나는 세상이라는 뜻이다.

이때의 살맛이란 영어의 '안락함(comfort)'과 비슷한 의미를 갖는다. 다시 말해 누구에게나 자신의 삶을 만들어 가는 다이몬(daimôn)을 가지고 있지 않은가. 플라톤의 다이몬은 각자의 혼에 따라 그 운명을 지키는 수호신을 가리킨다. 신비한 기운 같은 것이다. 현명한 사람들이 신과 같은 특별한 영감과 능력을 부여받았다고 하는 '신성한 표식'이 다름 아닌 다이몬이다.

살맛이란 사람답게 사람다움으로 사는 것이고, 살맛을 느끼는 사람은 제대로 된 삶을 살아가는 것이다. 니체는 '제대로 된 사람'은 감각적으로 좋은 일을 한다는 점, 육체와 정신이 천성적으로 단단하면서도 부드러우며, 동시에 좋은 냄새가 난다고 했다. 이런 사람들은 "웃어라, 즐겨라, 내 인생아" 하고 살맛을 느낀다. 문제는 자신의 자아가 어떠하느냐다.

일본 구로사와 아키라 감독의 영화 '살다(生きる)'에서도 비슷한 말이 나온다. "난 남을 원망하며 살 수 없어, 나한텐 그럴 시간이 없어!"라고. 맞는 말이다. 우리가 남을 따라 사는 것이 아니라 내 나름대로 눈과 마음만 열면 딴 세상이 있다는 것을 깨닫고 찾아가는 것이 삶의 기술이다.

우리가 추구하는 살맛은 생물-심리-사회문화-영성 차원(BPSS, Bio-Psychology-Social · Culture-Spiritual)에서 찾아볼 수 있다. 즉 우리가 살아가는 데 있어서 생물학적(건강, 질병) · 심리적(불안, 우울증) · 사회문화적(지위 역할, 환경) · 영적(감사, 사랑, 공감) 차원을 총체적으로 살펴보는 일이다.

그림 1 생물-심리-사회문화-영성(BPSS) 관계

생물학적 차원

내 몸을 생물학적으로 어떻게 이해할까. 사람은 늙어 가면서 여러 질병을 앓게 된다. 자리에 누워 있으면 식욕 감소, 일상생활의 장애, 인지 및 기억력 감퇴 등 미묘한 변화가 자주, 연속적으로 나타나게 된다. 이러한 초기 질병 증상은 다양한 통증, 자기 상실감, 요실금, 무력증, 신경성 식욕부진증(anorexia), 호흡곤란, 피로감 등이 겹쳐 나타난다. 게다가 살아가면서 생기는 숨겨진 질병(hidden illness)으로 우울증, 근골격계 질환, 골다공증, 청력 약화, 치매, 치아 손실, 영양 부족, 성기능 장애 등이 따라온다.(Ham et al, 2002) 이렇게 되면 모든 것이 오락가락하고 모든 생각, 모든 사랑, 모든 삶이 혼란스러워진다. 결국 살맛을 잃게 되고 죽음의 예감마저 들게 된다.

소크라테스조차도 죽으면서 "삶, 이것은 오랫동안 병들어 있었다는 것을 의미한다"고 했다. 플라톤은 "건강한 것보다 더 즐거운 것은 아무것도 없다"고 했다. 데카르트는 존재하는 모든 것은 물질적 신체(몸)와 정신적 실체(마음)라는 심신이원론(dualism)으로 설명했다. 물질의 본질은 공간을 차지하는 것이고 정신의 본질은 생각이라고 했다.(Hart, 1996) 우리 신체란 이 두 가지를 모두 포함하고 있다. 이와 비슷한 말로 프랜시스 베이컨은 "건강한 육체는 정신의 사랑방이며 병든 육체는 그 감옥"이라고 했다.

니체는 치명적인 질병을 안고 살았다. 그는 서른여섯쯤 되어 세 발짝도 앞으로 나갈 수가 없었다. 1879년 바젤대학 교수직을 그만두고 병든 몸을 이끌고 방랑생활을 했다. 여행 중에 극도로 악화되어 참을 수 없는 고통을 겪었지만, 그는 병들어 있는 것이 더 풍부한 삶을 위한 효과적인 자극제가 되었다고 했다. 그리고 이렇게 자신을 위로했다. "내 건강에의 의지와 삶의 의지를 나는 나의 철학으로 만들었다"고.

결국 내가 삶의 주체가 되기 위해서는 몸을 잘 가꾸고 사랑하는 것이다. 술, 담배, 약물 등 우리 몸에 위해를 가하는 요소들을 줄여가는 것, 몸과 마음의 균형을 이루기 위해 식단 조절은 물론 레크리에이션, 운동을 적당히 하는 것이다. 혹시 아프기 전엔 '건강의 소중함'을 몰랐더라도 건강 없이는 어떤 '즐거운 살맛'은 결코 있을 수 없다. 즐거움을 유지하는 데는 늘 건강이 우선돼야 한다. 이렇게 생물학적 측면은 나이, 성, 신체조직, 만성질병을 포함하여 치료하고 개선하는 것이다.

심리적 차원

심리적 요소는 일상생활과 관련된 행동양식, 감성, 걱정, 우울증, 고립감 그리고 생애 과정 중에 입은 학대, 상처 등의 감정과 연관되어 있다. 평소 질병이나 정신적 고통으로부터 벗어나려는 노력을 하였는지, 스스로 스트레스의 원인을 알고 있는지, 세부적인 인지능력을 위한 대처능력이 있는지 등의 심리적 질병 상태를 보는 것이다.

누구나 경험하는 것이지만 인생은 기쁨, 웃음, 고통, 분노, 사랑, 증오, 질투, 그 밖의 다른 감정으로 가득하다. 현대인들의 불안과 갈등은 끝이 없다. 21세기의 새로운 환자는 우울증 환자들이다. 우리나라의 경우 최근 5년간 우울증으로 병원 진료를 받은 사람이 연 300만 명에 이른다고 한다. 특히 60대 이상 우울증 환자가 늘어나는 것은 1인가구의 증가, 황혼이혼, 사별 등의 가족 해체, 노후 파산, 실업난 등 사회적 요인이 크기 때문이다.

수많은 연구 결과에서 보이는 심리적 평안의 척도는 건강상태, 사회경제적 지위, 나이, 가족관계가 좌우한다. 가족들로부터 큰 사랑을 받은 사람은 죽더라도 죽지 않는 것이다. 인간에게는 생존의 힘, 사랑, 소속감, 즐거움, 자유 등 다섯 가지 욕구가 있는데, 이 중 하나라도 배제되면 병이 나기 쉽다.

《중용》에서는 희(喜), 노(怒), 애(哀), 낙(樂)의 4가지 감정(四情)을 말하고, 《예기》에서는 칠정(七情)으로 희(喜), 노(怒), 애(哀), 구(懼), 애(愛), 오(惡), 욕(欲)을 말한다. 이 모두가 인간의 감성을 포괄적으로 표현한 것이다. 문제는 이런 감정을 삶의 과정 속에서 방치해서는 안 된다는 점이다.

따라서 우리의 참된 삶의 길은 마음속 깊숙한 내면의 결정에 의해 이뤄진다. 고통이 따르고 열망도 사라진 것처럼 느낄지라도 결국 보이지 않는 내면의 결정은 우리 삶을 이끌어 가게 마련이다. 불교에서 말하는 것처럼 '세상만사가 마음먹기에 달렸다(一切唯心造).' 마음의 눈(心眼)으로 만물을 관조하는 즐거움이라고 할까. 여기서 관조란 내 입장에서 무심코 대상을 보는 것이 아니라 타자 입장에서 대상의 의미를 보는 능력이다.

사회문화적 차원

사회적 요소는 입고 먹고 생활하는 데 따른 모든 사회적 관계다. 우리는 사회적 틀에 얽매이지 않을 수 없는 상황에서 힘들게 살아간다. 서로 인격을 존중하고 서로의 역할과 자리를 인정하는 것, 서로 삶의 향기가 은은히 묻어나는 관계로 발전해야 하는데 그렇지 못한 것이 현실이다. 삶의 질을 좌우하는 것은 남에게 베풀고 배려하는 마음이다. 삶의 양(돈, 권력, 명예)을 중시하지만 삶의 질이 더 중요하고, 이것이 우리의 살맛을 결정한다.

살맛에 영향을 미치는 사회문화적 차원은 사람들이 일상적으로 생활하는 데 필요한 지원 시스템(의료 환경 및 사회문화적 환경), 사회적 관계 유지 정도, 동료와 가족들과의 의사소통 문제(감정, 고통 등), 그리고 직업 및 재정상태(경제적 환경), 가정에서 먹고 싶은 것을 먹지 못하거나 병이 들어도 치료할 수 없는지 등에 따른 사회적 문제들이다.

이러한 요소들은 늘 논쟁의 소지가 있지만 우리 삶이란 좁게는 아(我)와 비아(非我) 간의 싸움이다. 정치인들은 하나같이 국민에게 살맛 나는 세상을 만들겠다고 외치지만 당파적 자기 입장에서 세상을 본다. 따뜻한 인간미가 넘치는 평등한 세상과 공정사회, 그리고 부정부패 없는 평등한 사회를 외치고 있지만 현실은 그렇지 못하다. 위선적인 정치인, 부도덕한 기업가들이 얼마나 많은가.

살맛 나는 세상은 일상생활에 '조화와 질서'가 이루어져야 하는데 가진 자들의 갑질과 반칙이 우리 사회를 어지럽게 하고 있다. 개인의 가치와 공적 영역이 충돌할 수밖에 없는 사회구조다.

또한 많은 사람들이 좀비 세상에서 살아간다. 생산주의(productivism)와 소비주의(consumerism)에서 허덕인다. 하지만 우리는 경제사회적 환경 조건에서 벗어나 심리적 · 도덕적 · 영적 가치를 잃지 말아야 한다. 일하고 싶은 사람들은 일자리를 얻었을 때 살맛 나는 세상이다. 기업은 이익이 창출되고 종업원들이 덩실덩실 춤을 추며 일할 맛을 느낄 때 성장하는 것이다.

자식을 잘 키우고 사회적으로도 성공하여 노후를 잘 보낼 수 있다면 행복한 삶이고 살맛 나는 세상이라고 할 것이다. 부자/가난한 자, 못난 사람/잘난 사람 구분 없이 정이 오고간다면 살맛이 날 것이다. 이 시대의 아픔에 눈감지 말고 우리가 함께 아파하고 배려하는 사회, 이런 공동체가 살맛 나는 사회다.

자연친화적 삶

자연과 함께하는 순리적 삶이란 자연에 순응하며 몸과 마음을 자연스럽게 만들어 가는 것, 시공을 초월하여 자연과 하나 되는 것이다. 자연은 인간이 살아가는 근본이기 때문이다.

사실 인간은 늘 자연에 대한 그리움을 갖고 있다. 자연의 완전성으로 돌아가는 삶이 진정한 자연인이다. 자연에서 배우고 상한 감정과 육체를 다시 연결시키는 것이 자연친화적인 삶이고 자연치유(eco healing)의 방식이다.

에코 프렌들리(eco-friendly), 즉 자연친화적인 생활을 하는 것, 이것이 현대인의 바람이다. 땅에 플러그를 꽂고 지구의 에너지를 받으면서 충전하는 삶, 가공의 나를 멀리하고 자연인처럼 살아가는 것이 우리의 로망 아닌가.

이렇게 현대인이 바라는 자연친화적인 삶의 공간은 생태심리적 치유를 받을 수 있는 돌과 바람, 바다, 아름다운 산으로 칭송되는 자연이다. 자연의 색인 초록은 힐링의 색이다. 짙은 초록의 싱그러움이 몸속으로 들어온다.

니체는 "야외에서 생각하는 것이 우리의 습관이다"라고 했다. 아름다운 자연에 감동받지 않는 사람은 없다. 작은 풀 한 포기에도 저마다 고유의 특성과 질서를 가지고 있다. 한 뼘의 땅도 각기 다르다. 철모르고 핀 꽃들이 얼마나 아름다운가.

퇴계 선생은 노년기에 벼슬에서 벗어나 온전한 삶을 즐기는 모습을 보여 주었다. 그는 "술동이를 두드리고 노래하며 새 울음소리에 화답하고 안개와 노을로 집을 삼고 바람과 달을 벗 삼으며 한가한 정(情)으로 사슴을 바라보고 자연으로 돌아가 만물과 교감하며 삶의 즐거움을 누린다"고 했다. 퇴계가 도산서당을 짓고 즐거워하는 모습을 보는 듯하다.

영혼의 안식

인간에게 영적 차원이 있다는 전제하에 영적인 문제는 생물학적·심리학적 그리고 대인관계 차원과 구별되지만, 영성은 인간에게 큰 영향을 미친다. 사실 세상이 무의미하게 느껴질 때 종교는 인간의 영성 고양을 통해 삶의 목적과 미래의 위안, 용기를 제공한다.(Dotson, 2012)

그래서 육체적 건강뿐만 아니라 정신적(심리적) 자유로움, 자존감, 인간관계 등이 균형을 이룰 때 영혼은 춤추게 된다. 니체 또한 신체를 단련해 영혼까지 건강하게 만들라고 제안했다.

미국 멜 깁슨 감독의 영화 '핵소 고지(Hacksaw Ridge)'에서 비폭력주의자인 주인공 도스는 핵소 고지 전투에서 "주님, 제게 뭘 원하시는

겁니까. 전 이해할 수가 없습니다. 당신의 목소리가 들리지 않습니다"라고 기도한다.

이렇게 영적 만족을 추구하는 것은 긍정적으로 고통에서 벗어나려는 것이다. 우리가 '완전한 삶'을 추구하는 것, 이것은 영적 만족이다. 영성은 건강 회복 증진에 필수 요소이며, 영성은 건강 회복에 기여한다는 사실(JCAHO)이다. 세계보건기구(WHO)는 영적 이해는 삶의 질을 향상시키는 데 도움이 된다고 했다. 자신의 내면을 드러내고 이웃들과 터놓고 대화할 때 마음이 열리고 맑은 눈으로 세상을 보게 되는 것이다.

대부분의 사람들은 처음 만나는 사람이라도 "안녕하세요" 하고 인사한다. 오랜만에 만나면 "와, 얼굴이 훤하네" 하고 농담을 한다. 영적으로 밝고 살맛이 나는 사람처럼 보는 것이다. 그럴 때 나라도 흥하고 기업들도 흥하고 가정과 개인들도 흥이 난다. 느리게 살며 쉬고 돌아보고 다시 리셋해서 자신의 삶을 재구성해 보는 것이 살맛을 살려가는 영적 지혜다.

■ 왜 우리는 살맛을 잃고 살아갈까?

우리 삶은 정지된 상태가 아니라 늘 새로운 변화, 도전해 나가는 자아 실현의 진행형이다. 여기서 자아개념은 우울증, 불안, 외로움, 가난 그리고 사회적 접근의 어려움 등 인간을 둘러싸고 있는 환경에 의하여 형성된다는 점을 전제로 한다. 그러므로 자아개념에 영향을 주는 요인들이 다양하고 사람마다 다르겠지만 자아존중감에서 느끼는 정서적 감정은 자기 성취감과 인정감, 가족의 평안, 경제적 자립, 영적인 안녕 등이다.

살맛이란 자아존중감과 관련된 것으로 일상생활을 후회 없이 수용하고 현재 생활에 만족하며 과거-현재-미래 간에 조화된 견해를 가지고 궁극적으로 만족한 삶을 살 수 있는 감정이다. 이럴 때 내가 사랑받는 것이 아니라 남을 사랑하는 마음도 생긴다.

니체는 짜라투스트라에서 인간이 '낙타-사자-어린애'로 변해 가는 모습을 그린다. 여기서 사자의 은유는 '극적인 삶, 뭔가 원한다'는 이미지다. 무조건 체념하고 끌려다니는 낙타가 아니라 새로운 먹이를 추구하는 사자가 되는 것이다. 그리고 마지막으로 순진무구하고 자유로운 기쁨의 상태, 어린애가 되는 것이다. 어린애는 희망의 상징이다. 니체는 낙타-사자-어린애의 상태에서 인간 내면의 힘을 끊임없이 끌어내는 의지를 보여 주고 싶었던 것이다.

그런데 대부분의 사람들이 살맛을 잃거나 모르고 살아간다. 현대인들은 상실감, 피로감, 우울증, 강박증, 가치관의 혼란 등 병리적 현상을 겪는다. 슬픔도 곳곳에서 넘쳐난다. 그러다 보니 현대인은 하늘이 준 살맛을 누리지 못하는 것 같다. 가까운 곳에 있는 백화점, 영화관, 리조트, 레스토랑, 와인바, 이름난 맛집 등에서 쉬고 먹고 마시며 놀 수 있지만 이런저런 이유로 휴미락의 즐거움을 잊고 살아간다. 왜 그럴까?

첫째, 자신의 일에 대한 보람이 없기 때문이다. 한국의 직장인 중 62.2%가 자기 직업에 만족하지 못하거나 후회한다고 한다. 가장 큰 이유는 자기 일에 흥미가 없기 때문이다. 모든 시간이 생산성에 모아지고 있는 상황에서 특별한 재미와 삶의 감각을 느끼지 못할 수밖에 없다. 때로는 시간관리 방법을 잘 모르고 어영부영 살아갈 수도 있다. 어쩔 수 없는 무기력인지도 모른다. 이런 무기력은 미국 심리학자 마틴 셀리그만이 말하는 '학습된 무기력(learned helplessness)'이다. 극복할 수 없는 상황이 계속되거나 긍정이 아닌 부정적인 생각이 학습된 결과다. 하지만 자신의 삶을 꽃으로 피어나게 하는 계기를 만드는 것이 우리가 살아가는 맛이다.

둘째, 늘 시간과 돈에 묶여 살아가기 때문이다. 사람은 늘 '시간과 돈'에 부족함을 느낀다. 한정된 시간과 재화, 여기에다 커져만 가는 욕망 사이에서 어떤 선택을 해야 할지 갈등을 겪는다. 자신에게 좀 더 가치 있고 의미를 부여할 수 있는 분야에 돈을 쓰고 시간을 보내고 싶지만 이런 욕망이 충족되지 않기 때문이다. 그래서 미국의 행동심리학자 토니 슈워츠는 "어떻게 해서 만족을 얻는가" 하고 묻는다. 몰입과 집중, 휴식과 즐김이라는 삶의 리듬에 맞추어 자신의 삶을 재구성하라는 권고다.

시공간을 풍요롭게 이용하는 것은 열망과 행복, 기쁨과 만족을 만들 수 있는 삶의 방식이다. 사실이 그렇다면 물질주의 혹은 유물론적 관점에서 벗어나 자신의 살맛을 찾기 위해 새로운 삶의 계획이 필요하지 않을까. 사라지는 시간 속에 행동과 생각을 함께할 때 살맛이 나게 마련이다.

셋째, 정신적·육체적으로 늘 피곤하기 때문이다. 극심한 생존경쟁에서 자동인형처럼 반복되는 삶이 지겹기도 할 것이다. 인간은 희망하고 사랑하고 욕망하고 행동하는 존재지만 그렇지 못하다. 경제개발협력기구(OECD)에 의하면 우리나라 근로자는 연평균 2,163시간 일한다. OECD 평균(1,725시간)보다 438시간을 더 일한다. 현실은 팍팍하다. 요새 젊은이들이 '저녁이 있는 삶'을 꿈꾸지만 환상일 뿐이다. 오히려 투잡에 내몰리고 있지 않은가. 근로시간 52시간으로 단축되었지만 월급이 줄어들면서 투잡을 뛰어야 한다.

넷째, 뭔가에 늘 바쁘기 때문이다. 일에 쫓겨 시간이 부족한 '타임푸어족'으로 살아가는 사람이 많다. 덴마크 철학자 키르케고르는 어리석은 사람 중에서 가장 바보 같은 사람은 바쁘다고 하는 사람이라고 했다. 인간이 자신을 힘들게 하고 혼란에 빠지게 되는 것은 '바쁘다'는 데 있다고 보았다. 바쁨은 게으름에 대한 극단적 형태이기도 하다.

바쁨은 게으르기 때문이라고 생각할 수 있지만, 바쁘다 보면 정신적·영적으로 고갈되어 의미 있는 삶을 누릴 수 없다. 키르케고르는 자기 삶을 인도하는 원칙이 있었는데 "모든 것이 중요하지만 아무것도 중요하지 않다(Everything is important but nothing is important)"는 것이었다. 그는 바쁘지 않고도 활발하게 생활할 수 있다고 했다.

다섯째, 뭔가에 취하거나 몰입이 부족하기 때문이다. 그것은 우리 자신이 끊임없이 뭔가에 '취하자'는 것이다. 취한다는 것은 술이든 시(詩)든 놀이든 무엇이든 자기 마음대로 하는 것으로 '디카당스(퇴폐의 미학)'의 의미가 있다. 미하이 칙센트미하이가 쓴 《몰입(Flow)》에서 휴식=행복이라는 등식이 나온다. 그러나 행복하고 싶다면 능력을 뛰어넘은 일에 몰입하라는 내용이다. 몰입은 최적의 경험에 빠졌을 때 기분은 물 흐르는 것처럼 편안함, 하늘을 자유롭게 날아가는 느낌으로 묘사했다. 톱을 달리는 스포츠 선수들의 멘탈 상태는 뚜렷한 목표에 대한 믿음, 긍정, 행복감, 즐김, 집중이다. 우리는 뭔가 몰입 상태에서 살아갈 수 있는 유일한 사람이 아닌가.

이 세상에서 몰입 상태에서 살 수 있는 대상을 발견했다면 살 만한 세상이다. 자기 자리에서 주어진 일을 책임 있게 실천하는 것이 살맛 나는 세상을 만들어 가는 것이다. 엘라 휠러 윌콕스는 〈고독(Solitude)〉이라는 시에서 "웃어라, 그러면 이 세상이 너와 함께 웃으리라. 울어라, 그러면 너 혼자 울게 되리라" 했다.

■ 살맛 나게 하는 방법은 무엇일까

왜 우리가 '살맛'에 주목하는가. 그것은 살맛 나는 삶을 누리지 못하기 때문이다. 우문우답이다. 살맛이 떨어지는 이유는 안정적인 직업, 가족과의 친밀도, 지위와 역할의 영향력 등을 꼽는다. 또 이와는 대조적으로 나이 들면 빈 둥지 같은 삶 속에서 역할의 변화, 은퇴, 하찮은 일거리, 그리고 건강 악화 등으로 자존감이 떨어지면서 살맛을 잃게 된다.

살맛이 없어지는 것은 건강과 깊은 관련이 있다. 이럴 경우 낮은 자존감(low self-esteem)을 나타내게 되는데, 자기 부정과 자기 불만족을 느끼는 사람들이 그렇다. 온전하지 못한 가정이나 성장 과정에서의 열등감, 무능감에서 오는 불편한 현실 역시 살맛을 저하시

키는 요인이다.(Baumeister et al, 2003)

그러면 어떻게 해야 살맛을 느낄 수 있을까. 즉 가치 있는 삶은 무엇일까. 어떻게 해야 살맛을 느끼게 될까. 삶의 '문제'와 이에 대한 '해결책'을 찾아보는 것, 이것이 살맛 나는 세상을 만들어 가는 자세다. 추상적인 것이 아니라 '실용적' 입장에서 삶의 가치를 발견하고 이를 극대화하는 일이다.

하지만 우리는 대개 "너무 힘들어, 지루해, 비참해" 하면서도 '변화'를 주저한다. 습관적으로 편안함 때문에 새로운 것을 시도하지 못한다. 지금까지 살아온 습관 때문에 딥체인지(Deep Change, 근본적 변화)를 시도하기 어려운 것도 사실이다.

그러나 우리가 '절벽에서 떨어졌다'고 가정해 보자. 이제 끝인가? 꿈의 날개를 포기해야 하는가? 아니면 다시 비행하는 방법을 배워야 할까? 설사 불가능한 꿈일지라도 계속 꿈을 꾸고 방법을 발견해 나가는 것이 우리 삶이다. 퇴계 선생은 일상 속에서 "절실하게 묻고 가까운 데(삶의 현장)서부터 생각하는(切問近思) 삶"을 권했다. 이 세상은 좋은 삶을 살아갈 만한 가치가 충분히 있다는 것이다.

그렇다면 우리는 이렇게 생각해 볼 수 있지 않을까.

첫째, 정말로 재미있는 일을 만들어 즐기는 일이다. 진정한 재미(real fun)을 느끼고 싶다면 불가능한 일을 하라. 불가능하다는 것은 할 수 없다는 뜻이다. 그러나 실패를 두려워하지 않는 의욕, 용기의 눈을 가지고 성공의 계단을 오르면 성공할 수 있다. 미국의 만화영화 제작자 월트 디즈니는 "불가능한 것이 즐겁다"고 했다. 악을 마주

쳤을 때 그 악을 이기는 일이 우리가 해야 할 의무이며, 그럴 때 즐거움과 기쁨을 느끼게 마련이다.

둘째, 놀이(게임)를 찾아 즐기는 일이다. '놀이(유희)'는 놀면서 즐거움을 추구하는 것이다. 요한 하우징아는 '놀이하는 인간', 즉 호모 루덴스(Homo Ludens)를 말한다. 놀이 없는 곳에는 진정한 문명도 없다. 인간은 '놀이를 하는 존재'다. 놀이는 일상의 구속과 책임에서 벗어나 정신적 자유를 누리게 된다. 잘 노는 아이가 커서 훌륭한 인재가 된다는 말도 있다. 어린이 소꿉놀이, 어른들의 화투놀이, 학생들의 소풍(놀이), 공놀이는 모두 현실의 욕구와 이해타산에서 벗어나 정신적 세계를 즐기는 것이다. 공자는 제자 안자(顏子)에게 "한 그릇 밥과 한 바가지 물로 누추한 곳에 살면서도 그 즐거움을 바꾸지 않는다"(《논어》 옹야편)고 했다.

셋째, 선(善)을 즐기는 일이다. 사람에게는 이타주의 본능이 있다. 남을 도와주는 양육 본능도 있다. 중국 진나라 말기의 병법가 황석공은 《소서(素書)》에서 "선을 좋아하는 것보다 더한 즐거움은 없다(樂莫樂於好善)"고 했다. 불가에서는 '무재칠시(無財七施)'라는 말을 한다. 물질적 기부가 아니라 마음으로 하는 일곱 가지가 있다는 것이다. 호의가 담긴 눈으로 바라보고, 부드럽게 웃는 얼굴로 대하며, 어진 마음으로 배려하고, 공손하게 말하고, 친절한 행동으로 남을 돕고, 자리를 양보하고, 편안하게 쉴 공간을 제공하는 것이다. 맹자도 "측은지심(惻隱之心)이 없으면 사람이 아니다"라고 했다. 누군가를 돕고 누구로부터 도움을 받으며 자신의 삶을 향상시킬 의지만 있다면 세상은 살맛이 날 것이다.

넷째, 소소한 것에서 살맛을 찾는 일이다. 평범하고 일상적인 것에서 즐거움이 온다. 미국 시인 메리 하트먼은 '삶은 작은 것들로 이루어졌네'라고 읊었다. 로버트 트위거의 《작은 몰입》에서는 무리하게 장기적인 목적을 추구하는 대신 일상에서 작고 사소한 성취를 이루는 삶을 권한다. 세계적으로 힙(hip)한 라이프 스타일이 주목받는 이유도 그렇다. 한국에서는 2017년부터 '탕진잼(소소한 물건을 사는 재미)' 등 작은 것에서 기쁨과 즐거움을 느끼는 문화가 유행하고 있다. 일과 휴식은 상호보완적이라는 점에서 적당히 균형을 잡는 것이 중요하다.

다섯째, 홀로 지내는 삶을 즐겨라. 프랑스 시인 샤를 보들레르는 산문집 《파리의 우울》에서 "나는 삶이다. 견디기 힘든 냉혹함"으로 자신을 바라보면서 "혼자 있는 줄 모르는 이는 불행하다"고 했다. 독일의 수도자였던 종교사상가 토머스 켐피스의 입장도 비슷하다. "내가 이 세상에서 쉴 곳을 찾아보았는데 어느 구석방보다 책이 있는 곳이 더 좋다"고 했다.(한동일, p.182) 나 역시 구석진 방에서 책을 읽고 쓰고 배우는 것이 삶의 즐거움이다.

여섯째, 여행을 즐겨라. 세계는 넓고 발견하고 찾을 것이 많다. 여행은 행복지수를 높인다. 그래서인지 과거에 비해 국내 여행 경험 (2001년 61.5%)은 2016년에 77.2%, 해외여행 경험은 8.8%에서 33.2%로 크게 증가했다. 우리나라 국민 10명 중 7명이 1년에 한 번 이상 해외여행을 떠난다. 국내 여행은 국민 20%가 1년에 최소 5회 이상 즐긴다. 전반적으로 여행이 일상화되고 근로자의 '쉴 권리' 보장에 대한 인식이 확산되면서 국내 여행 수요가 꾸준히 증가하고 있다.

힐링 투어, 럭셔리한 투어, 테마 투어 등 고객 취향에 따라 맞춤형 서비스가 폭넓게 개발되고 있다.

일곱째, 쉼과 여유 있는 힐링 공간을 추구한다. 나만의 공간, 쉬고 재충전할 수 있는 공간 개념이 확대되고 있다. 다시 말해 어느 장소에 머문다는 것은 실존적 현실의 자연스러운 욕망이다. 시공간은 하나의 사회구조이며 의식의 세계다. 고단한 사회생활에서 벗어나 느리게 휴식하며 즐기는 공간, 이른바 DIY(do it yourself) 문화가 확산되고 있다. 호텔에 사는 것처럼 여행 같은 일상을 꿈꾸는 라이프 스타일 같은 것이다.

우리가 살아가면서 "나는 정말 멋진 인생을 살고 있는가? 그동안의 삶에 대해 깊이 감사하다고 생각하는가? 그리고 죽음에 대한 준비는 되었는가?" 하고 스스로 물어봐야 한다. 물론 대답이 궁색해질 수 있다. 이것은 매우 철학적이고 종교적인 질문이다. 좋은 삶을 상상하는 것은 철학적 주제와 관련이 깊다. 고등종교(기독교·불교·유대교·이슬람교)는 수세기 동안 사람들에게 좋은 삶을 안내했다. 인생은 살아가는 자체로 가치가 있다. 그중에서도 다시 일으켜야 할 것이 휴미락의 가치다. 그러므로 또 다른 하루를 살아갈 수 있고 그것을 깨닫는 일이다.

그런데 우리는 우울과 권태, 공포, 분노, 고통, 악몽, 신경증 등에 사로잡혀 귀중한 시간을 소비하고 분노와 갈등의 감정이 지배하는 '분노사회'에 살고 있다. 어느 블로그에 '시발비용(스트레스를 받아서 지출하는 비용)'이라는 말이 있다. 사회가 불안하고 박탈감이 확대되면서 분노 속에 시발비용도 늘어나고 있다. 뇌가 불행하니 사회적으로 '시발비용'은 늘어나는 것이다.

사실 이런 시발비용이 얼마인지 모른다. 자신이 '불행하다'는 감정이 크기 때문에 분노하고 때리고 부수고 술집을 찾는다. 이것이 현대인들에게 가장 큰 문제다. 행복하지 않으니 우울증이 생기고 살기 힘들어진다. 기대감이 채워지지 않으니 불행한 것처럼 자신을 학대한다.

결국 살맛이란 자신의 존재 가치를 느꼈을 때 찾아온다. 꿀팁으로 살맛 나고 인생을 후회 없이 살아가기 위해서는

- 입이 즐거워야 한다(맛있는 음식)
- 눈이 즐거워야 한다(미적 감각)
- 귀가 즐거워야 한다(아름다운 노래)
- 몸이 즐거워야 한다(남에게 베푸는 것)
- 마음이 즐거워야 한다(건강체력, 운동).

이것이 우리가 잊어버리고 있는 휴미락이다. 이렇게 된다면 얼마나 좋을까. 결국 스스로 꿈을 발견하고 주장하고 성장시킬 때 살맛이 나는 법이다.

휴미락에 대한 인문학적 성찰

휴미락은 인류의 기본적 삶의 형태를 구성하는 중요 요소다. 휴미락은 쉬운 말로 쉬고 먹고 즐기자는 것이다. 어떤 이데올로기도 아니고, 육체적·심리적으로 위로받고 삶의 의미를 찾아보자는 의미를 포함하고 있다. 동시에 휴미락은 서비스 산업의 핵심으로 레스토랑, 카페, 호텔, 게스트하우스 등이 포함되는 개념이다. 살맛을 잃은 사람들일수록 쉬고 먹고 놀면서 위안과 치유, 기쁨, 내면의 평안을 추구해야 한다.

더구나 인간의 생존 능력을 키워 주는 휴미락은 철학의 출발이기도 하다. 휴미락은 희로애락의 감정을 구성하는데, 이는 '이성'이 아닌 '정념(情念)'에 뿌리를 두고 있다. 인간이 스스로 느끼는 희로애락이 없다면 인공지능 로봇에 불과하다. 로봇이 칸트나 헤겔보다 똑똑하다고 하더라도 삶의 의미를 모른다. 그래서 인문학의 정점에는 삶의 본질인 휴미락이 자리한다. 지식, 철학, 인문의 요소가 모두 여기에 녹아 있기 때문이다. AI혁명이 진행되고 있지만 인문학적 성숙이 더 필요한 시대다.

그래서 요즘처럼 휴미락이 강조되는 시대도 드물 것이다. 심한 경쟁, 갈등, 분노, 지친 몸에 대한 저항이라고 할 수 있다. 휴미락의 가치와 진보는 지나친 도덕주의, 금욕주의, 성과주의에 대한 반성에서 비롯된 21세기의 트렌드다. 휴미락은 근원적인 삶의 조건에 대한 통찰의 대상이요 인간의 근원적인 존재방식이다. 그런 점에서 휴미락은 진정한 삶의 경험이다.

휴미락은 상상이 아니라 경험해 보아야 할 대상이다. 휴미락은 추상적인 의미가 아니라 쉬고, 맛보고, 즐기는 경험적 감각이다. 휴미락은 이성적인 로고스(논리)보다는 감성적인 파토스(정서)가 더 크게 작용하는 영역이다. 감성이 지성(이성)보다 더 진실에 가깝다는 것을 휴미락에서 느낄 수 있다.

■ 휴미락은 삶의 원초적 경험이다

휴미락은 구체적으로 삶의 현실을 반영한다. 경험을 통해 공감과 정서를 공유하는 것이다. 휴미락은 소비와 삶의 질 등 라이프 트렌드를 구성한다. 휴미락을 모르면 자연히 주변부로 떨어지는 소외를 느끼게 된다. 사실이 그렇다. 의심의 여지가 없다. 휴미락은 웰빙의 기본이기 때문에 그렇다.

휴미락은 인간의 가장 원초적이고 일반적인 경험으로 느껴지는 살맛이다. 단순한 휴미락이지만 깊게 긴 시간을 두고 돌아보아야 할 삶의 목표이기도 하다. 불꽃처럼 피어오르는 욕망-쉼, 맛, 락-은 긴 역사 속에서 형성되고 또 절대 포기할 수 없는 삶의 원동력이요 자기 보존 방식이다.

휴미락은 우리 의식을 지배하는 정서, 행동, 감정을 느끼는 것으로 모든 대상들과 상호작용하는 것과 관련되어 있다. 그러므로 일상생활에서 자기 욕구를 추구하고 실현하는 것이 참다운 살맛이다. 스피노자는 《에티카(Ethica)》에서 기쁨과 슬픔, 그리고 욕망의 감정들이 인간이 갖는 모든 감정의 기본요소라고 보았다. 최적의 신체 상태, 편안한 자세, 그리고 우리가 추구하는 즐거움은 모두 이런 감정의 결과다. 하지만 누구나 행복한 결말, 휴미락을 추구하지만 그렇지 못할 때가 너무 많다는 것이 우리 현실이다.

그럼 이 세상에 많은 일들, 무엇을 휴미락이라고 할까.

첫째, 휴미락은 일상생활에서의 '활기참'에 있다. 활기참은 생명을 유지하고 보람되게 하는 행동이다. 꼭 행동만이 아닌 삶의 질은 더 중요하다. 예를 들어 활기찬 라이프 스타일의 유지, 즉 걷기, 조깅, 웨이트 트레이닝 등 유산소 운동으로 혈관 확장과 혈액 순환을 촉진하는 계기가 되어 심뇌혈관 질환을 예방할 수 있다.

다시 말해 활기참은 신체는 물론 정신적으로 진보하는 삶이다. 현시대는 평생 능력 개발 시대라고 하지 않는가. 의미를 실현해 가는 활기참이란 꿈을 갖는 것, 목표를 세우는 일, 자신감을 갖는 일, 행동에 옮기는 일, 건강을 관리하는 일, 활동하기 좋은 환경을 만들어 가기, 지속적인 확인과 실천을 생활화하는 방향으로 진행된다.

휴미락은 자기 삶의 완성을 이뤄 나간다는 믿음에 있다.

둘째, 휴미락은 알파와 오메가 차원이다. 사람이 살아가는 데 있어서 시작이요 끝이며 위면서 동시에 밑이다. 자기 삶의 주체로서 치열하게 살고 편안히 쉬고 잘 먹고 즐겁게 사는 삶의 균형과 종합의 영역이다. 휴미락의 중심을 잘 잡으면 저절로 인생이 행복해진다. 사람들은 상처로부터 복구되어야 하며, 낡은 것으로부터 새로워져야 하고, 병으로부터 회복될 때 살맛이 나는 법이다. 휴미락이 삶의 바탕이 될 때 자연스러운 것이고 자유함이 만들어지는 것이다. 이런 것은 결코 실천 불가능한 것이 아니다.

셋째, 휴미락은 모두의 욕망 대상이다. 스피노자는 "나는 욕망한다. 그러므로 나는 존재한다(Desidero ergo sum)"고 했다. 그는 욕망이란 선하거나 악한 것이 아니며 심리적 현상도 종교적으로 단죄할 대상도 아닌, 그저 자연 만물에 따르는 자연법칙에서 생겨난다고 했다. 그래서 욕망을 무조건 없애거나 억압하는 것이 아니라 오히려 이를 통해 창조적이고 능동적인 인간의 조건으로 보았다. 물론 스피노자가 말하는 욕망은 인간의 능력과 자유의 문제와 관련되어 있기에 무작정 쾌락을 즐기라는 것은 아니다. 휴미락 역시 단순히 욕망이라고 해서 생명을 망치는 것이 아니라 기쁨을 얻는 대상이 되어야 한다는 점이다.

넷째, 휴미락은 아름다운 것이다. 쉴 때 사물이 아름답게 보이는 것, 경치가 드러나게 되고, 그리고 그것을 보고 느끼게 마련이다. 여기서 아름다움이란 삶이 온전해서 완전무결함으로 불안전한 상태가 없는 것, 휴미락이 균형되거나 조화를 이룬 상태, 삶이 유기적으로 전체를 이루니 감사와 감동이 넘치는 것이다.

음식도 맛이 있어야 하지만 시각적으로 아름다워야 한다. 그리고 나 자신이 아름답게 느껴질 때 그 힘으로 마음도 맑아진다. 뿐만 아니라 생명의 에너지를 느낀다. 감각기관이 다른 것들과 조화를 이룬다. 이것은 삶의 동력이다. 이런 힘은 공간과 시간 속으로 퍼져 나간다.

다섯째, 휴미락은 우리의 얼(혼, 정신)을 형성한다. 우리에게 얼은 매우 익숙한 말이지만 손에 잡히지 않는 정신적인 내면의 힘이다. 휴미락은 얼의 진행을 돕고 얼의 완성도를 높여 가는 힘이요, 운명에 영향을 미친다. 삶의 질이라는 관점에서 보면 '자유함'을 지향한다. 우리 삶에서 얼과 육체가 조화를 이룰 때 삶의 집중도(몰입) 역시 높아진다. 로버트 트위거는 몰입의 단위가 작으면 자주 성취할 수 있고, 이를 경험하면 할수록 큰 성공이 쉬워진다고 주장했다. 쉬운 예로 오믈렛 만들기, 돌쌓기, 글쓰기 등 소소할수록 더 좋아진다는 것이다.

그런데 사람들이 휴미락을 받아들이는 데는 세 가지 타입이 있다.

첫째, 휴미락 자체를 외면하거나 관심이 없는 사람이다. 이 세상보다 저세상에 모든 삶의 미래가 있다면서 세속의 안락으로부터 벗어나 영원한 해방을 구하는 은둔의 사람들이다. 이 세상의 삶과 제도에 관심이 없고 오직 하늘에 영원한 복락이 있다고 믿는 사람들이다.

둘째, 휴미락의 가치를 깨닫고 적극적인 삶의 스타일로 받아들이는 사람이다. 더 완전한 삶을 가꿔 나가는 것, 열심히 일하고 즐기는 현실주의적 활동가들이다. 가능한 어떤 지배 속에서도 평화를 찾고, 노동 속에서 즐거움을 노래하며, 풍요의 입맛을 즐기며 살아가는 사람들이다.

셋째, 휴미락을 하나의 꿈으로 생각할 뿐 주어진 현실에 안주하면서 그럭저럭 살아가는 스타일이다. 화려한 삶을 상상하지만 앞으로 나아가지 못하고 환상 속에 사는 사람들이다. 다람쥐 쳇바퀴 돌듯 살아가며 더 이상 자기 삶에 대해 치장하거나 열광하지 않는다.

그러나 휴미락에 대한 무관심 내지 포기는 자기 파괴요 죽은 생활이나 다름없다.

물론 궁극적인 휴미락의 가치는 저 너머에 있는 가치일 수도 있다. 저마다 개인의 경험과 취향에 따라 다르다.

따라서 휴미락에 대한 관심은 누구나 추구하는 가치이고, 반드시 주어지며, 삶의 비약이 일어난다는 사실을 간과할 수 없다. 그런 점에서 휴미락은 우리 삶의 생물학적 종합을 이루는 의식과 육체의 상승 수단이 된다. 휴미락은 생물학적 풍요를 갈구하는 것이면서 동시에 정신적 안정을 추구하는 매개다.

이런 생각을 하다 보니 휴미락의 예찬은 끝이 없다. 문제는 휴미락이 아무렇게나 하늘에서 쏟아져 나오는 것이 아니라는 점이다. 휴미락의 실현은 가장 기본이 되면서도 굉장히 어려운 과제다. 술독에 빠지는 것이 위험한 줄 알면서도 그 유혹에 끌려서 술을 먹는 것과 같다. 그 이유를 세 가지만 들어보자.

첫째, 휴미락은 심신일원론적 형태로 다가오고 끊임없이 지속되지만 이를 실현하기가 어렵다. 다시 말해 휴미락은 서로 상호작용으로 생물학적 차원의 조화를 통해 우리 삶을 구성하는 데 결정적 힘을 발휘하지만 이를 깨닫지 못하고 지나쳐 버릴 때가 많다.

둘째, 휴미락은 우연히 생기는 것이 아니라 본래의 욕망이고 각자에 따라 불균형적이다. 누구에게는 쉽게 다가오고 누구에게는 알지도 못하고 지나쳐 버릴 뿐이다.

셋째, 휴미락을 잃은 사람들에게는 '원래 있었던 욕구'를 끌어내 자기 삶으로 직접 연결시키지 못하기 때문이다. 휴미락이 현재 삶의 현장에서 변곡점을 발견해 적응해 가지 못하는 경우다.

그러나 휴미락을 알게 되면 우리 삶의 진화요, 휴미락의 의미를 발견한다면 지금과 다른 사람으로 변화될 것이다. 우리 모두는 주위에서 어떤 의미를 찾아야 할 의무가 있다. 어떤 의미(행복)에 도달하는 것은 휴미락의 진화라고 할 수 있다. 그 까닭은,

첫째, 휴미락은 생명력 유지의 기본 원동력이다. 생물학적 입장에서 접근하는 것으로서 무엇보다 심신이 건강해야 한다. 생명 활동의 전형적인 생식과 번성뿐만 아니라 생산 활동이 가능해지며 부와 명예, 사회적 역할 확대가 가능해진다.

둘째, 휴미락은 삶의 혁신적인 재창조를 돕는다. 일상생활에서 경험하는 복잡함과 불안정함에서 오는 피로를 해소하고 원기를 회복하기 위해서다. 모든 걸 해 보기 위해 찾아다니다 보니 쉽게 피로해진다. 일이 많아질수록 스트레스가 쌓이고 좌절하기도 한다. 이때

휴미락은 재창조의 기회가 된다.

셋째, 휴미락은 성숙함의 꽃핌이다. 생명체가 확장되어 꽃이 피고 열매를 맺듯 휴미락을 온전히 유지할 때 삶이 상승되고 꽃을 피우게 된다. 그럴 때 즐거워지고 삶의 변화를 느낄 수 있다. 이런 느낌은 오랜 세월 끝에 올 수 있고 반짝하는 순간에 올 수도 있다. 그러나 이 모두 흘러가는 시간 속에서 내가 붙잡는 것이 매우 중요하다.

거듭 말하지만 휴미락은 그냥 주어지지 않는다. 각자 정성껏 가꿔 나갈 때 휴미락은 내 삶이 된다. 휴미락은 수동적인 것이 아니라 지속가능한 성장을 위한 노력의 결과로 얻어진다. 제대로 된 휴식, 제대로 된 음식, 제대로 된 즐거움으로 가꿔 나가야 한다는 의미다. 그럴 때 당신은 품격 있는 삶을 살아갈 수 있다. 삶의 진행은 보다 여유로운 휴식(안식), 보다 맛있게 먹는 것(식도락), 보다 즐거움의 창조로 흐르게 하는 것은 오직 개인의 의지에 달려 있다.

또한 휴미락 역시 소비생활과 맞닿아 있다. 김난도 서울대 교수는 2018년 주요 소비 트렌드를 소확행(작지만 확실한 행복)이라고 진단했다. 미래를 위해 현재의 행복을 미뤄 둔 기성세대와 달리 젊은 사람들은 소소하지만 당장 행복감을 줄 수 있는 곳에 돈을 쓴다는 것이다. (트렌드 코리아 2018)

- 소확행(小確行) : 작지만 확실한 행복을 추구
- 워라밸 : work life balance의 준말로 일과 삶의 균형을 추구
- 미닝아웃(meanig out) : 자신의 취향과 가치관을 표출하는 소비

- 케렌시아(querencia) : 집, 카페 등 자신만의 힐링 공간 마련
- 플라세보(placebo) : 가격 대비 마음에 만족을 주는 제품 선호
   (가심비)

우리는 이와 관련해서 "어떻게 사는 것이 정상적인가?" 하고 묻게 된다. 에리히 프롬이 말한 것처럼 "진짜 삶이 무엇인가?" 하는 것이다. 그 답은 휴미락과 닿아 있다. 휴미락을 통해 내가 세상에 대해 "어떤 존재로 느끼는 것"이 아니라 "어떤 존재가 되어야 한다"는 것을 느끼는 것. 휴미락의 진정한 가치와 실현은 개인뿐만 아니라 사회의 역동성을 높이는 길이다. 앞에서 열거한 젊은 세대들의 소비 모습에서도 진짜 삶을 짐작할 수 있다. 그들은 소비를 통해 헛된 폼을 잡거나 스노비즘(snobbism, 속물주의)에 빠지는 것도 아니다.

휴미락의 본질은 억눌린 지금의 여기를 넘어 작은 것에 흠뻑 젖는 순간을 사랑하는 것이다. 특히 사회생활을 하면서 미움받기 싫어서 뭔가 하는 척, 괜찮은 척, 쫄지 않는 척, 웃는 척하는 것을 배격하고 자기의 삶을 살아가는 것이다. 타인의 시선을 의식해서 혹은 외부 조건 때문에 억지로 산다면 삶의 즐거움은 날아가 버리고 영혼의 상처는 커지게 된다.

■ 휴미락은 어떻게 우리를 진정한 삶으로 인도하는가

그런데 이런 의문이 생긴다. 휴미락의 길로 나간다면 나 자신을 더 승화시키고 우리 삶이 행복해질까? 다시 말해 우리 삶의 최대

화·최적화에 다다를 수 있는가의 문제다. 그러나 어떠한 이유로도 휴미락을 멀리할 수도 포기할 수도 없지 않은가. 휴미락을 모른다면 '나 없는 삶'이 아닐까. 멈출 수도 없고 무관할 수도 없는 욕망은 끝이 없기 때문이다.

사실 휴미락의 끝은 없는 것과 같다. 휴미락은 각자 생활 습관에 따라 생기기도 하고 사라지기도 한다. 휴미락의 목표가 명확하더라도 절대로 확신할 수 없다. 더구나 휴미락의 끝은 삶의 끝이다. 피할 수 없는 운명(죽음)에 이르러야 끝나는 기호다.

그러나 삶의 본질로 볼 때 그 생각의 의식까지 파괴할 수는 없다. 그냥 빛도 희망도 미래의 유혹도 없이 조용히 살아가려 한다면 그건 잘못된 생각이다. 사람은 휴미락을 기본으로 살아가기에 그렇다. 마하트마 간디는 "내일 죽을 것처럼 살고 영원히 살 것처럼 배우라"고 했다. 살맛 나게 배우고 익히고 기쁘게 인간답게 살아야 한다는 뜻이다.

그럼 중세 연금술처럼 휴미락의 진수를 만들 수는 없을까. 휴미락의 욕구를 어디서 해결해야 할까. 휴미락의 욕구는 선천적인가 후천적인가. 이에 대한 대답은 어렵지 않다. 휴미락의 본질은 타고나는 것이지만 후천적으로 노력과 연습을 통해 좀 더 나은 삶으로 바꿀 수 있다는 사실이다. 삶의 과정 속에서 크고 작은 사건의 여파로 휴미락이 영속성(permanence)을 띠는 것은 아니지만 좋을 때도 있고 나쁠 때도 있다. 휴미락을 즐길 수 있는 조건은 늘 변한다는 뜻이다.

이 점을 명확히 하자. 우리가 먼 길을 걷거나 힘든 노동을 할 때

첫 번째 기쁨은 '멈춤'이다. 고통스러운 시간을 참고 참다가 해결되면 모든 것이 기쁘다. 반대로 기쁘지 않다는 것은 욕구가 충족되지 않았기 때문이다. 휴미락의 삶을 잃어버리게 되는 것은 즐기는 음식, 좋아하는 옷, 좋아하는 놀이를 잃었을 뿐만 아니라 편안한 일상이 되지 못하기 때문이다. 그런 점에서 다음 세 가지 측면을 살펴보자.

첫째, 휴미락을 만들기 위해 새로운 시각으로 삶의 과정을 성찰해보는 일이다. 과연 내가 최소한의 휴미락을 실현하고 있는가의 문제다. 휴미락은 신경조직의 작용에 따른 것으로 의식과 감각의 문제와 관련돼 있다. 결코 우리 일상이 덤으로 얻는 삶이 아닌 것이다. 수많은 의식을 향해 가는 생명의 물결이요 내면의 흐름이다. 이런 의식과 감각은 휴미락의 정도와 질에 따라 소용돌이치는 곡선이다. 직선이 아니라 끊임없이 꿈틀거리는 생리현상이라는 말이다.

둘째, 의식의 상승과 삶의 고양을 위해 휴미락의 전개 원리를 찾는 일이다. 우리는 사회적으로 투쟁하는 삶이요 경쟁사회에서 살아가고 있다. 뿐만 아니라 자연 조건에 적응해 가며 살 수밖에 없다. 그렇다고 무기력에 빠질 수는 없다. 또 습관적으로 살아갈 수도 없다. 휴미락의 원동력을 다시 찾아서 세상을 자신처럼 사랑하는 것이다. 외부적인 힘의 문제가 아니라 내 안의 기질을 살려서 휴미락의 가치를 키워 나가는 일이다.

셋째, 지금 당신의 휴미락이 어떤 방향으로 흐르는지, 내 삶이 잘굴러가고 있다고 자신 있게 말할 수 있는가다. 결국 휴미락의 기회를 계속 이어나가려면 어떻게 해야 할지를 알아차리는 일이다. 현재 방향으로 나간다면 언젠가 그렇게 될 것이라고 믿는가의 문제다. 우리는 성장하는 과정에서 휴미락을 경험하는 것이며 휴미락을 통해서 즐거운 인생이 되는 것, 이것이 사람이 되어 가는 과정이니 그렇다. 다시 말해 평범한 일상 속에서 불만족스러워도 휴미락을 키워 나간다면 생각지 못했던 지평이 열리고 자유로워지지 않을까.

물론 이러한 논리가 초월적 아이디어는 아니다. 휴미락의 논리는 살아가는 우리의 거대한 드라마다. 사람이 살아가면서 나도 모르게 일어나는 일차적 욕구, 즉 먹는 것에 대한 유혹과 생식 본능이기 때문이다. 그리고 여기서 끝나는 것이 아니라 뭔가 즐기기를 계속 추구한다. 휴미락의 성격 자체가 그렇다. 일차적인 욕구가 크고 자극적인데 그것을 무시하거나 미래가 비극적이라고 느낀다면 살맛이 나지 않는 것은 당연하다. 그런고로 휴미락은 삶을 더욱 성숙하게 살맛 나게 하는 힘이다. 휴미락을 추구하는 것이 인생을 한 단계 끌어올리는 지름길이다.

■ 사람됨을 만들어 가는 휴미락

휴미락의 가치는 간단하다. 휴미락은 온전히 성장하면서 인격적인 사람됨(hominization)을 이루어가는 요소다. 사람됨은 신체적으로 몸 전체가 균형을 이루는 것이고 동시에 의식이 정상적으로 작용하는 것을 의미한다. 결국 휴미락의 순환은 쉬는 만큼 삶이 여유로워지며, 잘 먹는 만큼 건강해지고, 즐기는 만큼 행복해진다. 그리고 내가 행복한 만큼 세상을 가질 수 있다. 따라서 휴미락은 육체의 상승이요 의식의 고양이다. 자연과의 조화는 물론 영혼의 안식으로 이어지는 일련의 과정이다.

이러한 휴미락의 메커니즘은 우리 몸의 계속적인 진화(원시적인 생물포함) 속에 형성된다. 휴미락은 삶의 중요 영역으로 행동의 목표와 가치를 제공한다. 외부 상황으로부터 오는 자극을 감지하고 이를 분석(stimulus analyzer)하게 되는데, 이때 느껴지는 자극은 부정 또는 긍정적인가로 나눠 가능한 유쾌하고 긍정적인 요소를 받아들인다. 이어 긍정적 요소를 다시 수정 가능한 자극으로 변형시키면서 휴미락에 몰입한다. 게다가 휴미락의 가치와 의미(편안함)는 자유의지(volition)에 따라 자기 삶의 예측과 계획을 세워 간다. 휴미락의 본질인 즐거움, 놀이, 건강을 유지하기 위해 변하는 환경에 적응하고 습관화할 때 그 효과는 배가 된다.

따라서 인간은 기존의 동기에 해악/안전, 이기적/이타적, 건강/질병 등에 좋은지 나쁜지에 따라 자기가 원하는 방식으로 선택하며 진화한다. 특히 인간은 휴미락의 극대화로 삶의 동기를 높이고 위해한 요소를 제거하며 유익한 동기를 형성하기 위해 자기 신체를 건강하게 만든다.

또한 평균적인 휴미락의 극대화는 이용가능한 범위에서 최대한의 살 만한 가치를 만들기 위해 신체 활동(변형)을 강화한다. 한마디로 인간 개발에 있어서 휴미락은 지배적인 요소가 된다.

더 놀라운 휴미락의 동기는 행복을 부르는 성격, 습관, 행동으로 이어지는 법이다. 그것이 쌓일 때 행복을 느끼며 지속되기를 갈구한다. 하지만 이것이 쉽지는 않다. 우리나라는 상대적으로 행복지수가 낮다. 유엔 자문기구인 지속가능발전해법 네트워크(SDSN)가 발표한 '2017년 세계 행복지수'에서 한국은 156개국 중 57위다. 우리 사회는 분노와 멸시, 억압, 결핍 속에 싸여 있다. 삶의 경이로움을 잊고 살아가는 것이다. 무한경쟁을 하는 시대에 휴미락을 즐기다가 일에 지치기 십상이다.

그럼에도 사람들은 조용한 저녁을 기대하고 마음에 고요한 휴식을 원한다. 지금 한국에 부는 휴미락에 대한 바람은 소소한 행복의 출발이다. 그런 점에서 우리다움의 휴미락 문화를 만들어 내는 것이 중요하다. 우리다움이란 고유의 전통, 멋, 가치, 자신감 그리고 풍류를 즐기는 DNA를 일깨우는 일이다. 결국 휴미락을 알아야 살 맛이 나고 내 사람을 얻는다. 비약적이지만 휴미락이나 워라밸 문화가 확산될 때 출산율도 올라갈 것이다.

어차피 이 세상은 사라져 가는 거품이다. 우리 영혼 안에 우리 생각 안에 우리 기억 속에 우리 삶은 전승되고 진화한다. 휴미락의 전통도 그렇다. 우리의 감각과 감정에 깊이 잠재해 있는 것이 휴미락이요, 반짝이는 휴미락을 즐기는 것이 인생이다.

나아가 복잡하고 오묘한 것이 휴미락의 수수께끼다. 휴미락은 사회생활의 구조를 구성하는 근본 요소들이다. 더구나 미래의 삶의 문제는 삶의 질(QOL)을 만족시키는 데 있다. 휴미락의 욕망 역시 삶의 질을 높이고 행복해지는 비결이다. 늘 밥값을 해야 하는 강박감 속에 살아가는 우리의 소망과 그에 대한 답을 들어보자.

- 쉬고(휴) 싶어요 – 이제 자연과 하나가 되겠구나.
- 먹고(미) 싶어요 – 이제 즐거움을 알겠구나.
- 즐겁게(락) 살고 싶어요 – 이제 시간 가는 줄 모르겠구나.
- 휴미락을 알 것 같아요 – 이제 세상을 아는 철학자가 되었구나.

이렇게 휴미락의 가치가 다양한 까닭은 우리 삶에서 꿈틀거리는 본능 때문이다. 요즘 휴미락이 자연스럽게 부각되는 것도 같은 맥락이다. 수동적인 삶 혹은 운명적인 의미의 팜 파탈을 넘어 긍정적이면서 능동적인 삶을 살아가려는 가치가 휴미락의 핵심이다. 팜 파탈은 원래 치명적으로 아름다운 여성을 뜻한다. 여인의 아름다움, 성적 매력을 지닌 운명적인 여인상이다. 말인즉 성적 아름다움에 빠지더라도 스스로 책임질 줄 알고 발전시켜 나가야 한다는 책임 윤리 의식이다. 더구나 휴미락의 개발은 문화의 오아시스다. 휴미락은 자신이 직접 개척해야 할 영역이다.

그럼 휴미락을 실천에 옮기려면 어떻게 해야 할까.

- 자기가 좋아하는 것을 찾아내고
- 그것을 방해하는 요소를 없애고
- 즐길 수 있도록 행동 계획을 짜고
- 그것을 실천하며 즐길 수 있어야 하고
- 남으로부터 인정받고 그들에게 기쁨을 주어야 한다.

이제 어느 정도 답이 나온 듯하다. 이 책에서 말하고 싶은 일관된 관점은, 우선 휴미락이 인간 본능의 현상이지만 여러 삶의 조건에 따라 생명 현상 그 자체를 이룬다는 사실, 그다음은 휴미락이 삶의 과정에 따라 다양하게 변화 가능성을 내포하고 있다는 점이다.

전자의 경우 우리 본능에는 하나만 존재하는 것이 아니라 삶의 필요에 따라 여러 가지 본능으로 표출된다. 후자는 본능인 휴미락이 고정된 것이 아니고 변화하는 것, 의식의 운동이고 생명의 과정이며 우리 삶 속에 다양하게 작용한다는 의미다. 이것이 인간이 살아가는 필연적 현상이요 무한대로 변화무쌍하게 변하는 이 세상에서 살아가는 존재 방식이다.

■ 휴미락의 윤리적 측면 : 이성과 감성의 충돌

우리는 가끔 어떤 문제를 보고 '씹어 볼 만한 것'으로 생각한다. 니체는 《즐거운 학문》에서 학문을 씹어 먹는 '맛있는 음식'이라고 했다. 글쓰기는 맛있는 음식을 만드는 것과 같다는 뜻이다. 모든 대상을 음식 씹듯이 살펴볼 것을 강조하려는 것이다.

우리는 생각의 권리, 살 권리, 먹을 권리 등을 세밀히 따져보고 평가하고 받아들이거나 배제하기도 한다. 그 모든 평가는 자기 세계관 혹은 욕망으로 나타난다. 자기에게 이익이 되는 방향으로 움직이게 됨은 물론이다.

휴미락 역시 마찬가지다. 육체는 정신을 표현한다. 육체는 생각의 집이다. 그러기에 휴미락의 욕망은 순간적 혹은 지속적으로 생산되고 소멸한다. 분명히 우리의 정신구조와 생존방식과 관계된 휴미락은 불안정한 생활로 인해 그것을 모를 수도 있고 또 반대로 뜨거운 바람으로 확산될 수 있다.

그런데 다시 한 번 생각해 보자. 인간의 오감이 얼마나 불완전한가. 이성의 오류가 실패를 가져온다. 미인과 산다고 다 행복하지 않다. 5천만 원짜리 희귀 와인 샤토 무통 로트칠드(1945년산)를 먹는다고 행복할까. 글쎄다. 인간의 운명을 한 형태로 규정하는 것은 위험하다. 원초적인 충동 행위가 다 행복한 것은 아니다.

뿐만 아니라 휴미락은 열정과 깊은 관계가 있다. 열정(passion)은 욕망, 격정의 표현으로 당해 낼 수 없고 극복할 수 없는 욕망이다. 정신분석학자 프로이트는 욕망과 성(性)의 충동이 인간의 행동과 동기를 만든다고 했다. 수많은 욕망과 본능에 흔들리는 존재라는 뜻이다. 그럴 때 누구나 거칠게 행동하기 쉽다. 사람들은 도덕 윤리적 문제에서 벗어난 일탈을 감행한다. 쾌락 충동에 빠진다. 이성과 감정의 충돌인 셈이다. 일탈은 세상 밖으로 나가는 행위다.

그럼 열정을 일으키는 사랑이란 무엇일까? 인간과 괴물의 차이는 무엇일까? 나이에 관계없이 일어나는 성폭력, 성매매, 관음증이 사회를 어지럽게 하고 있다. 며느리를 성추행한 시아버지, 여성 신도를 몰래 찍어대는 부도덕한 목사, 미투 운동 때문에 사회지도층 인사가 성희롱 사건으로 재판에 넘겨진 것도 웃음거리다. 게다가 불륜이 발각돼 목숨을 끊는 사람도 있다. 몰래 사랑을 나누다 들키면 죽음이다. 남녀 관계는 가장 즐겁고도 가장 아픈 것인데, 칼 위에서 사랑을 나누는 것이 인간의 나약함이다.

그러나 이런 욕망을 억제하며 건강한 삶을 살아간다면 후에 오는 '지연된 만족감(delayed gratification)'을 느끼게 된다. 지금의 만족을 통제하고 억제하며 장기적으로 오는 만족을 기대하는 것, 앞으로의 만족을 위해 지금의 만족감을 지연시키는 것이다.

하지만 우리는 식당에서 10분을 참지 못한다. 운전 중 신호가 바뀌었을 때 3, 4초만 늦어도 참지 못하고 빵빵거린다. 극단적으로 모든 자유는 좋은 것, 억제하는 것은 나쁜 것이라는 메시지에 젖어 있는 현대인들이다. 플라톤은 온순하면서도 동시에 대담한 성품을 찬양한다. 플라톤은 "훌륭한 생활 습관은 훌륭한 덕으로 이끌지만 부끄러운 생활 습관은 나쁨(악덕)으로 이끌어 간다"고 했다.

우리가 자동차를 몰고 가는데 액셀러레이터만 밟을 수 없지 않은가. 종종 브레이크를 밟아 광기를 조절하여 과욕을 부리지 않는 자기 절제, 그럴 때 뻥 뚫린 길에서 치명적인 실수를 줄일 수 있다. 인기 저널리스트 대니얼 액스트는 "성공한 사람들이 왜 더 행복하지 않은가?" 하고 질문하면서, 그 이유로 자기 절제가 어렵기 때문이라고 진단했다. "유혹의 과잉시대에 어떻게 대처할 것인가?"에서는 자기 절제가 미덕이라는 것이고 모든 선택은 자유의지에 달려 있다는 것이다. 절제 없는 쾌락, 절정의 체험, 이기적 자아실현은 자기 파괴적인 삶으로 변질될 수 있다고 경고했다.

결국 휴미락의 윤리적인 면을 무시할 수 없다는 사실에 이른다. 인간이 지향하는 모든 행위에 대한 윤리적 판단으로 막스 베버는 '책임 윤리(Verantwortungsethik)'와 '심정적 윤리(Gesinnungsethik)'를 말한다. 심정적 윤리는 행위의 결과가 아니라 행위자의 심정, 의향,

자기 중심 가치적인 행동을 의미한다.(Weber, 2009)

베버는 심정(신념)적 윤리를 종교적·절대적 가치를 믿고 의식적으로 행동하는 것으로 풀이했다. 이때의 심정은 정(情)적인 감정이요 사랑의 마음이고 내면의 측은지심이다. 당연한 말이지만 휴미락을 실현해 가는 것은 멋진 일이다. 우리가 '기쁘다'는 것은 해롭지 않게 즐기는 것이다. 디오니소스(술의 신)의 방종이 아닌 도덕적·윤리적 차원의 즐거움이다. 어렵더라도 지연된 즐거움을 견지한다면 약간의 시간과 노력이 필요할 것이다.

휴미락 경제의 현재와 미래

현시대는 새로운 세상이다. 비슷하다고 할지 모르지만 이전 세대와 많이 다른 새로운 세상이 펼쳐지고 있다. 이 순간에도 시대는 진화하며 변하고 있다. 원시사회로부터 농업사회, 산업사회, 지식정보사회 그리고 4차 산업혁명사회로 발전하고 있다.

문제는 이에 따라 우리 삶의 성격과 수준이 달라지고 있다는 것이다. 감각과 직관도 따라서 변한다. 시대가 변하니 사람의 생각도 바뀌게 된다. 우리는 그런 세상에서 살아간다. 이를 잘 따라가는 젊은이들을 '신인류'라고 하지 않는가.

눈부시게 발전하는 과학은 우리가 살아가는 과정의 불편한 점, 질병, 장수의 문제를 풀어나가고 있다. 생명의 부족한 부분을 수정해 완벽에 가까운 새로운 종을 만들려고 한다. 몽테뉴는 "우리가 끊임없이 새로 살기를 시작한다"고 했다. 과학기술의 반전은 하루가 다르게 변하고 있다. 황창규 KT 회장은 5G와 AI에 의한 급변기가 온다면서 5G(5세대 이동통신) 인공지능(AI)을 통해 각종 사회문제를 해결하고 사회적 가치를 창출한다고 했다. 아울러 지식, 정보, 문화, 감성, 여가 등 정신적 영역인 문화산업, 여가산업, 관광산업이 다양하게 폭넓게 발전해 가고 있다. 휴미락 산업이 또한 그렇다.

그런데 휴미락이 지나치게 자유를 표방하는 시장경제 속에서 상업주의에 지배당하는 듯하다. 사람들은 다른 가치보다 돈을 벌거나 물건을 사고파는 욕구에 시달리면서 순수한 의미가 퇴색되고 있는 것이다.

휴미락을 비즈니스 대상으로 여겨 기업들은 시장경제에서 과도한 이익을 내려고 하는가 하면, 소비자들은 돈을 많이 벌어 즐기는 데 온갖 노력을 기울인다. 심지어 영혼을 팔며 소비주의에 빠지기도 한다. 휴미락과 관련한 마케팅은 라이프 스타일, 삶의 태도, 소비자 행동을 집중적으로 분석해 브랜드 마케팅에 열중하고 있다. 그래서 휴미락이 자본의 포로가 되는 것은 아닌지 돌아보게 된다.

휴미락 산업은 쉼(숙박), 맛(음식), 즐거움(여가)과 관련된 서비스 산업을 말한다. 미국 코넬대학 마이클 스터먼 그룹이 낸 책 제목이 "Hospitality Industry"인데, 우리나라에서는 '휴미락 산업'으로 한데 묶어 《코넬대 휴미락 서비스업 완벽 강의》라는 제목으로 출간되었다. 여기서 영어 표현인 hospitality는 접대, 환대, 환락의 뜻을 가지고 있다.

- 휴(休) : 잘 자고 푹 쉬는 것, 일하고 쉬는 안식 ⇒ 숙박, 접대,
  환대산업(호텔)

- 미(味) : 건강한 먹거리, 건강유지 ⇒ 음식산업
- 락(樂) : 즐겁게 놀기, 기쁨의 유지 ⇒ 여가산업

이런 맥락에서 유통업체들은 돈으로 행복을 살 수 있다는 마케팅 전략으로 안락한 쇼핑, 여유 있는 시간, 즐거운 먹거리 등으로 소비자를 끌어들이고 있다. 고객들에게 시간을 넉넉히 갖고 행복한 쇼핑을 하도록 공간을 적절히 배치하고 관리하는 등의 마케팅 전략을 새롭게 개발하고 있는 것이다.

예를 들면 요리보다 집꾸미기(홈가드닝, 홈인테리어)가 트렌드다. 단순한 물리적 공간으로서의 집이 아니라 안락한 생활 공간을 의미하는 홈(home) 꾸미기다. 소비 트렌드가 '자기만족형'으로 변하고 있는 것이다. 김난도 등이 지은 《트렌드 코리아 2020》에 '라스트 핏 이코노미'라는 말이 나온다. 그건 최종적인 만족을 의미한다. 마지막 순간에 느낄 수 있는 주관적인 만족을 더 중시하는 쪽으로 소비 성향이 변한다는 말이다. 소득 1만 달러 시대에서는 차를 사고, 2만 달러 시대에는 집을 바꾸고, 3만 달러 시대에는 가구를 바꾼다는 말이다. 이른바 라이프 스타일 시장이 확산되는 추세다.

이렇다 보니 각종 아름다움, 안락함, 서비스 산업이 크게 발달하고 있다. 선진국은 서비스 산업의 비중이 전체 고용의 80%를 넘어섰다. 우리나라는 70% 정도를 차지한다. 비약적이지만 휴미락의 실천은 경제적 삶을 가능케 하는 자아실현에 있다고 하겠다.

■ 휴(休)산업은 어떻게 발전하고 있는가

혹시 도시형 생활주택(아파트)이나 여유 공간이 없는 닭장주택에서 벗어나고 싶지 않은가. 고즈넉한 숲속 호텔 혹은 리조트에서 쉬고 싶지 않은가. 이른바 K리빙−휴미락의 실현이다. 우리는 사회적 관계에서 권리, 계약, 약속, 의무, 책임 등 일상적 관습들로부터 해방되기를 원한다. 뿐만 아니라 나만의 공간과 시간을 소망하며 살아간다. 하루하루 모든 순간을 알차게 채우고 싶은 것이다.

이러한 요구를 충족시키려는 것을 휴산업(vacation industry) 혹은 접대산업(hospitality industry), 휴일사업(holiday business)이라고 일컫는다. 특히 접대산업은 호텔, 테마파크, 이벤트 기획, 카지노, 교통, 관광을 말하지만 주로 '침실 영업'인 호텔 리조트를 중심으로 이뤄지는 숙박업이다. 이들은 방을 판매하는 것이지만 소비자는 운영자의 경험, 디자인, 서비스 등을 사는 것이다. 요즘 침실 영업은 예술과 디자인의 경계를 넘나드는 자연친화적인 곳에 보고 느끼고 즐기는 안락하고 고급스런 공간으로 대체되고 있다.

또한 숙박업의 서비스 수준은 날로 좋아지고 있다. 호텔업계는 20년간 엄청난 변화를 겪으며 재편되거나 서비스 품질이 향상되었다. 그렇다면 숙박업은 앞으로 어떻게 변할까? 그리고 호텔 경영방식은 어떻게 진화할까?

첫째, 숙박업은 소셜네트워크에 의한 여행 정보에 민감하게 반응한다. 가상커뮤니티가 성장하는 가운데 소셜네트워크에 의한 고객의 선호도가 투명하게 나타나고 있다. 숙박업계는 소셜미디어 플랫폼을 만들어 브랜드 가치를 홍보하며 고객을 끌어들이고 있다. 특히 '공유경제(sharing economy)' 방식으로 업체들끼리 플랫폼을 만들어 고객 욕구에 부응하는 서비스를 강화하고 있다.

둘째, 고객들은 온라인 여행사(OTAs) 증가와 함께 호텔 및 근처 맛집을 검색해 보고 결정한다. 여행객의 15%는 스마트폰을 이용해 모바일 앱과 웹사이트를 통해 여행 정보를 얻고 있다. 숙박업소 검색과 예약은 75%가 모바일을 통해 이뤄지고 있다.

셋째, 디지털화에 의한 고객 경험을 극대화하고 있다. 고객에게 제공하는 서비스 이용 관리 방법을 공개해 특별한 경험을 선택하도록 한다. 오늘날 접객업은 온라인 모바일 클라우드, 사물인터넷(IoT), 블록체인 도구는 물론 어플리케이션을 기반으로 하는 100% 디지털 기술산업으로 전환되고 있다.

넷째, 여행 인구의 증가로 호텔업은 호황을 기대하고 있다. 글로벌 대량 관광시대로 진입하면서 활기 넘치는 저가 항공사의 증가로 합리적 가격으로 세계를 여행할 수 있다. 또 노동현장의 유연성과 경제성장에 따라 여행할 기회가 많이 주어지면서 숙박업계는 계속 성장할 전망이다.

다섯째, 호텔업계는 체험 여행(experiential travel) 프로그램을 내놓고 있다. 개인화 혹은 독특한 경험을 추구하는 세대를 위해 낚시, 등산, 승마, 사냥, 스파 등 즐길거리 프로그램을 함께 제시한다. 미국 코넬대 게리 벨 스키와 토마스 길로비치 교수의 행동경제학(behavioral economics) 연구 결과에 따르면, 사람들은 물건을 살 때보다 뭔가를 체험할 때 더 행복을 느낀다고 했다.

여섯째, Y세대부터 Z세대(밀레니얼 세대), 즉 1980~2000년 사이에 태어난 사람들의 요구에 부응하는 상품을 내놓고 있다. 이 밀레니얼 세대가 미국의 경우 2025년까지 여행자의 50%를 차지할 것으로 예상하고 있다.

일곱째, 대체숙소(alternative lodging)의 성장이다. 팜스테이, 템플스테이, 수도원, 캠핑, 호스텔 등의 대안숙소는 전통적인 호텔과 구분이 엷어지고 있는데, 이런 시설들은 homestay.com이나 airbnb 등을 통해 예약할 수 있다. 적은 돈으로 현지인들과 멋진 경험을 할 수 있는 장점이 있다. 직접 요리해 먹고 자유롭지만 룸서비스가 어렵다는 것이 단점이다.

이와 같은 숙박시설은 집 같은 편안한 인테리어, 지역문화 및 전통문화와의 연계 프로그램으로 개발되고 있다. 가능한 색다른 분위기로 감각 욕구를 충족시켜 주는 예술작품을 걸어 놓거나 연주회를 함께 열기도 한다. 그리고 주변을 자연친화적으로 만들어 가고 있다.

또한 숙박업계는 맞춤형 솔루션을 제공하기 위해 고객이 원하는 맞춤 서비스는 물론 좋은 상품(식사, 편의시설)을 제공해 잊지 못할 경험과 즐거움을 선사하는 경영전략을 발굴해 가고 있다.

그리고 로봇을 이용한 고객 접대는 물론 로봇을 프런트에 배치해 간단한 질문에 답하거나 수화물 운반을 돕는 호텔이 등장하고 있다. 간단하게 대화할 수 있는 로봇(chatt bots)은 인공지능(AI) 기능을 갖추고 있어 고객의 요구에 즉각적인 서비스를 제공하고 있으며,

사물인테넷(IoT)으로 실내 온도 조절, 체크인/체크아웃을 자동으로 수행할 수 있고 창문으로 들어오는 빛의 강도를 자동 조절해 준다. 모든 시설이 스마트룸으로 변하고 있다.

뿐만 아니라 현대인들은 주말여행이나 휴가를 미리 계획하고 떠나는 것이 아니다. 가고 싶을 때 바로 떠난다. 이에 따른 서비스의 차별화·고급화는 물론 인플루엔서(influencers) 마케팅도 뜨고 있다. 즉 고객이 다른 여행지를 가려고 할 때 다양한 정보는 물론 고객이 즐길 수 있는 경험적 데이터를 미리 제공해 준다.

요즘 자연친화적인 휴양림을 찾는 사람들이 무척 많아졌다. 도심을 피해 자연휴양림, 친환경리조트, 산림욕장, 공원, 올레길, 둘레길을 자주 찾는다. 생생한 자연체험 활동으로 정서적 안정감을 추구한다. 친환경 생활용품, 유기농 식품이 소비자들을 유혹하고 있는 것도 같은 맥락이다. 에코힐링게스트하우스, 에코힐링투어, 에코힐링캠프, 에코힐링워킹, 에코힐링바디, 에코화장품, 에코힐링매장, 힐링페스티벌, 힐링콘텐츠개발 등이 유행이다.

■ 음식(味)산업의 미래

이제 식문화도 하나의 패션처럼 되어 가고 있다. 한 그릇이라도 균형을 맞춰 실용적이고 건강한 음식이 각광을 받는다. 좋은 예로 요즘 식품시장은 3S 바람이 거세다. 그것은 Single(1인가구), Silver(고령화), Slime(다이어트)를 의미한다. 칼로리를 줄인 라면, 아이스크림,

씹기 쉬운 견과류, 외식이 부럽지 않은 가정간편식(HMR)이 그렇다.

이것은 밥상혁명이 일어나고 있다는 뜻이다. 음식의 세계화, 메뉴의 다양화, 그리고 편의성이 강조되는 음식산업이 새로운 트렌드다. 유연해지는 노동시장, 증가하는 소비자, 캐주얼한 식사를 즐기는 사람들이 늘어나고 있기 때문이다. 개인의 취향에 따른 새로운 식사 솔루션이 개발되면서 레스토랑은 차별화를 꾀하고 있고, 새롭게 개발되는 음식들, 레스토랑의 수는 지속적으로 늘어나고 있다.

음식산업은 어떤 형태로 변해 가고 있는가

사람들은 새로운 음식과 맛을 찾는다. 건강과 음식의 선호도가 신제품 생산을 부추기고 있다. 더 건강하고 활기차게 보내기 위해 육체적·정신적·정서적으로 기분 좋은 음식을 먹고 싶어 한다. 전세계 식품산업의 추세를 나타내는 말은 대체(alternative), 지속가능성(sustainability), 고객맞춤형(customization) 식단들이다.

요리를 단순히 감각적이고 즐겁게 먹는 것만이 아니라 일상생활에서 이루어지는 먹기의 양식, 소비 관행만을 의미하지 않는다. 내가 먹는 음식이 단지 개인 취향의 표현뿐만 아니라 집에서 먹거나 외식을 하든 지역문화와 계급문화, 그리고 생활양식에 뿌리를 두고있다. 전국 각지의 대표 음식을 찾아다니는 맛집 프로그램과 각종 조리법과 음식점을 소개하는 잡지가 넘쳐나고 있다.

따라서 현대의 음식산업(food industry)이 상품물신주의로 흐르는 듯하지만 고급 레스토랑, 다양한 음식맛, 간편한 식사, 외식의 즐거움을 추구하는 형태로 발전하고 있다. 그 변화의 모습은 다음과 같다.

재택식사(eat-at-home meals)가 늘어나고 있다

온라인 주문의 증가, 온라인 배송 디지털화에 따라 집에서 먹는 사람이 늘어나고 있다. 스타벅스에서 테이크아웃 해서 먹는 형식이다. 미국의 경우 50%가 실제로 집에서 소비되고 있다. 레스토랑에 주문해서 먹는 모바일 음식 배달 앱이 빠르게 발전하고 있다는 얘기다.

이런 흐름 자체가 디지털화됨에 따라 미국의 경우 2017년 전체 매출의 6%에서 2025년까지 30%로 급증할 것으로 예상한다. 이들 소비자 5명 중 3명은 일주일에 한 번 이상 주문해서 식사를 해결한다. 미국의 배달 음식 시장은 연평균 20% 이상 성장해 지금 350억 달러(약 40조 원) 시장규모가 2030년이면 3,650달러까지 늘어날 것으로 전망하고 있다. 특히 코로나19로 인해 집에서 주문해 먹는 사람이 대폭 증가하고 있다.

패스트 캐주얼 식사를 즐긴다

미국은 패스트푸드 시장의 고향이다. 패스트푸드 시장은 계속 확대되고 있고 패밀리 마트에는 인스턴트식품이 진열대를 메우고 있다. 또 음식자판기 혹은 편의점에서 거의 모든 음식을 먹을 수 있다.

그런데 이런 패스트 음식이 조금 다른 형태로 변하고 있다. 패스트푸드 국가였던 미국이 패스트 캐주얼 푸드 국가로 옮겨가고 있다. 패스트 캐쥬얼 식당(fast causel dining, FCD)은 패스트푸드와 레스토랑의 중간 형태로 식당에서도 식사가 가능하고 테이크아웃도 가능하다. 요즘 식당은 점잖은 복장으로 들어가는 사람들보다 청바지 차림으로 가볍게 드나들 수 있는 저렴하면서도 질 좋은 식사를 즐긴다.

식물성 기반 메뉴(plant-based menue)가 활성화된다

육류 소비에 대한 거부감, 항생제에 대한 두려움, 건강에 대한 관심이 높아지면서 식물성 식품 메뉴들이 개발되고 있다. 미국의 화이트 캐슬은 2019년 4월부터 육류 없는 임파서블 슬라이더(meat free impossible buger slider)를 출시하면서 식물성 단백질로 바꿔 가고 있다. 그 이유는 건강에 대한 집착의 단백질 선호도로 변하기 때문이다.

단백질 마니아가 늘고 있는데 마크 펜은 《마이크로 트렌드 X》에서 이들을 '친단백질족(pro-proteiner)'이라고 불렀다. 이 말은 단백질 마니아의 증가 추세를 말하는 것으로 탄수화물보다 단백질이 많은 닭고기류의 화이트 미트를 선호하는 현상이다.

케어푸드(care food) 시장이 확대되고 있다

케어푸드는 건강 때문에 필요한 이들을 위한 기능성 영양식품이다. 미국의 케어푸드 관련 시장은 환자, 고령자, 영유아, 다이어트 대상자 등 다양한 계층을 대상으로 약 26조 원 규모의 시장으로 확대되고 있다. 즉 건강산업으로서의 기능성 식품(functional food)이 증가하는 것이다. 웰빙산업으로 식당에 가지 않더라도 건강식품이나 기능성 음료(functional beverages)를 길거리 자판기 등에서 쉽게 사 먹을 수 있다. 이들 음식은 저칼로리, 저지방인 것이 특징이다.

유산균 시장이 커지고 있다

김치, 장(醬), 젓갈류 등의 유산균 식품과 프로바이오틱스(섭취 후 소장까지 도달해 배변활동을 돕고 신체면역력을 키워 주는 유익균을 지칭하는 가공식품)가 발전하고 있다. 프로바이오틱스 제품들이 건강과 면역, 아토피 개선, 각종 성인병 예방에 도움을 준다는 것인데, 일종의 그린 푸드들이다.

슬로푸드(slow food) 운동이 일어나고 있다

유럽은 미국의 패스트푸드에 대한 슬로푸드 운동의 본 고장이다. 슬로푸드 운동은 1986년 이탈리아에서 시작되었는데, 이는 지역 특산물과 지속가능성을 추진하면서 천천히를 강조한다. 현대인들이 걸어다니면서 혹은 운전하면서 햄버거를 먹는가 하면, 다른 한편으로는 느긋하게 바닷가재 요리를 즐기는 사람들로 나눠진다.

실버푸드 시장이 성장하고 있다

실버세대를 위한 음식, 고령자 맞춤형 식품들이 출시되고 있다. 실버푸드 시장의 성장은 고령화에 따른 업계의 대응이다. 노인 인구가 꾸준히 늘고 있는데, 우리나라의 경우 2026년에는 65세 이상이 전체 인구의 20% 이상을 차지하는 초고령사회에 진입하게 된다. 현대그린푸드 관계자는 2018년 1조1,000억 원 규모의 실버푸드 시장이 2020년 16조 원에 이를 것으로 전망하고 있다. 아워홈은 행복한 맛남, 케어플러스, 연화식 양념 4종을 B2B 시장에 선보였다. 모두 노인, 환자를 위한 연식 등 이른바 소프트 메이드 식사류가 개발되고 있는 것이다.

슈퍼푸드 식품이 개발되고 있다

건강식품 개발에 힘입어 종합건강식품이 많이 출시되고 있다. 다이어트 식품, 스트레스 감소 제품 등 다양하다. 미네랄 토코페롤이 많이 함유된(브라질너트) 슈퍼푸드 식품이 당뇨병, 심장병, 갑상선 질환 등을 예방하는 데 좋다고 한다. 심지어 질병을 치유하는 음식들이 출시되고 있은데, 생명공학의 발전으로 질병을 치료할 수 있는 기능식품이 발전하고 있다. 코넬대 연구진은 바나나에 간염 예방 백신을 이식하는 연구를 진행 중이고, B형간염 예방 백신이 함유된 토마토와 감자, 비타민A를 넣은 황금쌀(golden rice)이 나올 수 있다. (앨빈 토플러, 435쪽)

간편대용식(CMR, Convenient Meal Replacement)과
가정간편식(HMR, Home Meal Replacement) 트렌드가 가속화되고 있다

가정간편식(HMR)은 조리과정 없이 먹을 수 있는 식사 대체식품들이다. 기존 HMR이 요리시간을 줄일 수 있다는 점을 강조한다면 CMR은 식사시간까지 줄인 개념이다. 보통 귀리나 쌀 등 곡물에다 과일이나 야채 등을 넣고 만든 그래놀라는 미국, 일본, 유럽 등지에서 빠르게 성장하고 있다. 특히 북미 지역에서 건강하고 간편한 대용식에 대한 수요가 늘면서 그래놀라 시장 규모가 급성장하고 있다. 일본의 시리얼 시장은 6,010억 원 규모인데 그중 그래놀라가 차지하는 비중은 4,330억 원으로 70%에 이른다. CMR 시장은 바쁜 사람들이 언제 어디서나 쉽게 먹을 수 있는 간편식 식품이다. (중앙일보, 2018. 7. 4, B4뉴스)

편의성을 강조한 가정간편식(HMR)은 부드러운 불고기덮밥, 구수한 강된장비빔밥, 저염식 특수 영양분을 더한 기능성 케어푸드 등으로 발전하고 있다. 일본의 가정간편식은 가격, 맛, 품질, 편리성, 예쁜 디자인으로 가공식품 분야에서 세계 1등이라고 할 만하다. 아무 데서나 먹기 쉽고 보관하기 쉬운 간편식은 1인가구와 고령인구, 맞벌이 가구가 증가하는 추세에 맞춰 등장하는 식품들이다

푸드테크(food-tech)가 개발되고 있다

로봇이 음식을 만들어 나르는 푸드테크가 개발되고 있다. 빅데이터, 인공지능(AI), 로보틱스 등 정보기술을 활용해 식음료 생산은 물론 음식조리, 배달, 음식물 쓰레기 폐기 등 식품산업 전반을 혁신하는 기술이다.

정보통신기술의 ICT 접목으로 스마트팜 제품들이 출시되고 있다. 로봇이 일하는 패스트푸드점도 늘어나고 있고, 피자도 AI로봇이 굽는 시대가 되었다. 패스트푸드점 역시 자동기계를 통한 주문 등 자동화된 점포들로 변하고 있다.

꽃으로 만든 음식이 주목받고 있다

미국 홀 푸드마켓(Whole Food Market)은 2018년 음식 트렌드 중 하나로 꽃을 이용한 음식을 꼽았다. 먹는 꽃이 식탁을 점령하고 있는 것이다. 식용 꽃이 식품 트렌드로 꼽힌 이유는 맛과 건강, 시각적 요소를 다 갖추고 있기 때문이다. 처음에는 꽃에 대한 인식이 관상용에서 식용으로 전환되면서 꽃의 무한 번식에 주목을 받았다. 한식 음식

점에서는 꽃비빔밥, 꽃쌈샤브샤브 메뉴를 선보이고 있으며, 세계 음식시장은 꽃으로 음식을 해 먹을 수 있는 준비를 서두르고 있다.

이 모두가 멋진 발전이다. 잘 놀고 잘 먹는 기술의 혁신이다. 세계 인구가 증가하면서 곡물 생산의 한계, 육류 소비량의 증가 속에 다양한 식품개발이 한창이다. 계절과 날씨에 상관없이 신선하고 안전한 먹거리가 개발되고 있는 것이다.

유전자 조작으로 비게 없는 돼지가 탄생할지 모른다. 안전성 문제가 제기되지만 배양육이라고 불리는 체외고기(In vitro meat)가 생산될 전망이다. 2013년부터 영국 등지에서 맛있고 식품으로서의 안정성도 담보되는 배양육 연구가 진행 중이다.

이와 같이 소비자가 먹고 마시고 입고 하는 것은 삶의 표현이다. 이에 따라 푸드테크가 크게 발전하고 있고 새로운 음식을 먹을 때마다 맛을 느끼고 레시피에 관심을 갖게 된다.

구스미 마사유키는 《먹는 즐거움은 포기할 수 없어》에서 고독한 미식가를 묘사한 힐링 먹방 이야기를 재미있게 소개했다. 하지만 까다로운 입맛을 충족시키는 맞춤형 주문 생산은 어렵다는 것이 업계의 설명이다. 그리고 음식에 대한 높은 윤리적 가치를 중시하고 있는 추세다. 식품기업들은 소비자의 요구에 귀를 기울여 좋은 식품의 라벨링 마케팅에 열중하지만, 가공 음식은 자연식품과 직접적인 연결이 끊어진 것이어서 결국 식품산업 전반에 대한 도덕적·윤리적 문제가 제기된다.

■ 즐거움(樂)을 창조하는 여가산업의 진화

여가산업에는 여가상품의 개발 제조, 원거리 여행이 가능한 여가 서비스, 특히 현장에서 제공 가능한 여가서비스산업으로 구성된다. 여가산업 중에 서비스가 가능한 것은 자연경관 및 명소 안내, 역사 유적지 탐방, 문화유산 답사, 기타 쇼핑하기로 모아진다. 이런 곳은 구매자의 오락과 유희 요소를 극대화하는 상품과 서비스로 시장이 날로 확대되고 있다.

실제로 여가산업(leisure industry)은 휴양, 오락, 스포츠, 관광과 관련한 상품 및 서비스를 포함한다. 오락연예산업(entertainment) 혹은 놀이(recration)와 같은 레저산업은 오락과 각종 놀이, 관광과 관련한 상품 및 서비스를 제공하는 데 초점을 맞추는 비즈니스다.

엔터테인먼트는 오락, 연예, 흥행을 목적으로 한다. 주로 관객의 수요에 맞춰 흥미를 유발시키는 서비스로 제공자의 관점이 반영된 개념이다. 반면에 레크리에이션은 여가 여흥을 위한 주체적·재량적 활용이라는 서비스로 수용자의 관점이 강하게 반영된 개념이다.

이러한 엔터테인먼트 산업은 다양한 공연, 스포츠 행사, 놀이, 공원, 테마파크, 오락 목적의 전시가 가능한 컨벤션, 대규모 파티/연회 등을 포함한 매우 조직적이고 의도적이며 오락, 연예 서비스를 제공하는 산업이다. 레크리에이션 산업은 놀이산업으로 독서, 운동, 여행, 사냥, 파티 등 우리가 일상적으로 놀이, 취미, 여가 활동이라고 부르는 수많은 주체적·재량적 활동과 관련된 산업이다.

또한 관광산업을 구성하고 있는 기본요소는 호텔을 포함한 숙박업

(lodging industry), 항공 교통을 포함한 운수산업(transportation industry), 관광외식산업(tourism food and beverage industry) 등이 포함된다. 관광 형태는 레저/휴가, 비즈니스, 문화탐방, 생태체험, 연구/학술활동, 종교순례, 건강관광, 스포츠/축제관광 등으로 다양하다. 요즘은 문화적 명소를 찾아가는 관광객이 증가하고 있는데, 프랑스 루블 박물관은 연간 810만 명이 방문한다고 한다.

관광산업에 대한 정의 범위가 다양하지만 세계관광기구(World Tourism Organization)에 따르면 관광객은 여가, 업무, 기타 목적으로 일상 환경을 벗어나 다른 지역으로 여행하고 체류하는 사람들로서 한 지역에서 계속 1년 이상을 머무르지 않는 사람들이다.

또한 최근에는 웰리스 관광(Wellness tour) 시대 혹은 힐링 관광이 꾸준히 증가하고 있다. 2013년 전 세계 웰리스 관광 규모는 4,326억 달러(약 500조 원)로 전체 관광산업의 14% 규모였다. 우리나라 웰리스 관광은 한방 등 전통문화와 뷰티, 스파 등 현대 문화와 어우러진 관광자원을 말한다. 즉 한방치유, 명상, 뷰티스파, 자연숲 등이 꼽힌다.

이와 관련된 여가산업은 피로를 풀어 주는 산업이다. 삶에 지친 현대인들의 피로, 스트레스, 고통을 관리하는 '피로산업'이 주목받고 있다. 피로산업은 곧 피로 해소를 돕는 산업으로 행복 충전소로서의 힐링을 돕는 휴식공간이 곳곳에 있다. 백화점도 영화관도 리조트도 쉬고 먹고 마시는 복합문화공간으로 진화하고 있는 것이 좋은 예다. 그렇다 보니 요즘 소비자들은 쇼핑 자체를 힐링으로 받아들이고 있다.

그럼 왜 여가산업이 발달하는가? 우선 레저활동에 대한 사람들의 기대치가 높기 때문이다. 펜션업, 여행 및 관광, 술집/레스토랑, 스포츠/게임 분야가 레저산업이다. 많은 관광객들은 바다에서 요트를, 섬에서는 스킨스쿠버를, 해변에서는 서핑을, 강이나 계곡에서는 카누를, 산악지방에서는 등반이나 트레킹을, 문화센터에서는 요리 배우기와 도자기 굽기를, 평원이나 산지에선 사냥 등과 관련한 레크리에이션 활동 기회를 제공하는 쪽으로 변하고 있는 것이다. 그 이유를 알아보자.

- 건강에 대한 관심이 높아지면서 건강한 식생활, 운동의 필요성에 대한 인식이 높아졌다.
- 핵가족화 혹은 1인가구의 증가로 단순하게 의사결정을 할 수 있기 때문이다.
- 여성들의 사회 활동 증가와 함께 짧은 휴식 시간의 선호로 더 빨리 더 간단하게 쉬고 여행하는 휴식문화가 확산되고 있다.
- 테마파크 등 복합 놀이터의 발전이다.
- 여가 활동을 돕는 다양한 게임기와 프로그램의 발전과 이에 따른 보급이다.
- 디지털 기기의 발달로 여가 활동을 다양하게 즐길 수 있다.
- 생태적 삶에 대한 인식(전원생활, 정원 가꾸기)이 높아지면서 '상품화된 자연(Commodified nature)'을 피해 풍경 좋은 곳에서 여가를 보낸다.

이렇게 레저산업은 본질적으로 새로운 혁신과 경제발전(이익 추구의 다양화)으로 인한 변화다. 새로운 혁신의 좋은 예는 핸드글라이딩, 번지점프 같은 에어스포츠(air sports)다. 기타 여가산업 중에는 여성의 성생활을 돕는 약물과 기구 등이 인기다.

더구나 여가산업이 발전하는 것은 아시아 지역에서는 중산층 증가, 경제적 성장, 세계화를 통한 문화적 경향이 뚜렷해지기 때문이다. 노동의 유연성 증가와 노동복지의 지원 확대, 레저상품의 질이나 서비스가 성공적인 열쇠다. 또한 여가 활동은 모든 사람들에게 기쁨의 원천이다.(Iwasa et al, 2012) 한 연구에 의하면, 일주일에 20분 이상 여가 활동을 실천하는 사람은 덜 피로한 것으로 나타났다.

제2장

休味樂
-
쉼

쉼(休)의 의미

우리는 가끔 상상한다. "어디서 자유롭게 쉬고 먹고 놀까!" 하지만 현대 시장원리와 자유주의는 이런 안식을 허락지 않는다. 우리 사회구조가 기꺼이 누려야 할 즐거운 시간을 빼앗고 있다. 워라밸이 무너진 환경에서 스트레스만 쌓여 가는 것이 우리의 현실이다.

그러나 쉬지 않고 일하는 시대는 갔다. 일과 휴식은 상호보완적이다. 가족과 보내는 시간이 건강한 사회다. 쉼표 있는 삶을 추구하는 시대, 근로자 휴가지원제도와 대체 공휴일 확대, 주 52시간 근무제 등으로 언제든지 훌쩍 떠날 수 있는 여건이 되어 가고 있다. 일상생활 속에서 채움과 비움, 경쟁과 공존의 균형, 휴식은 그 절묘한 균형에서 오게 된다.

그럼 쉼이란 무엇인가. 쉬운 예로 엄마 품에 안겨 잠든 아기를 보라. 얼마나 편안한 쉼인가. 쉼은 마음의 평정을 찾는 삶의 기술이다. 휴식은 중력이 아니라 편안하고 완벽하게 느슨해지는 신체 활동이다.

일할 수 있도록 충분히 쉬는 것이 자연의 순리다. 그래야 새롭게 힘을 얻고 일할 수 있다. 쉼은 긴장을 풀고 재충전의 기회를 제공한다.

■ 휴식의 특성과 의미

현대 사회에서 휴식은 무엇을 의미하는가. 불행한 일이지만 현대를 살아가는 사람들은 휴식 시간을 잘 모르는 듯하다. 아니 휴식 시간이 거의 없다. 하루에 두서너 개 프로젝트를 수행하거나 투잡을 뛰면서 바쁘게 살아가다 보니 그렇다. 인간은 성공을 갈구하기에 그만큼 쉬는 게 어렵다.

과연 그렇게 바쁘게 사는 것이 옳은가? 휴식하는 날을 만들어 가족과 친구를 만나고 긴장을 푸는 기회, 창의적 아이디어를 얻는 내면의 의미를 성찰하는 기회를 갖는 것이 바로 진정한 쉼이다.

먼저 쉼(休), 휴식(rest)에 대해 살펴보자. 그것은 말 그대로 편히 쉼(安息)이다. 그럼 '안식(sabbaths)'이란 무엇인가. 안식은 깊고도 평화로운 경험이다. 쉼은 라틴어 퀴에스 의미의 'Quies(조용한)'와 관련돼 있다. 그래서 '쉬는 인간(homo quieticus)'이다. 인간은 '늘 일하는 존재(homo laborans)'이지만 동시에 쉬는 존재로서 일과 휴식의 연속선상 어느 지점에 존재하는 것이다. 일과 휴식은 불가분의 관계이며 서로 보완적이다.

특히 안식이라는 단어는 종교적 의미가 더 크다. 기독교에서는 안식이란 말이 '휴식'이라는 말과 맥을 같이 하지만 '쉬는 것(katapausis)'을 의미하는데, 이는 능동적으로 쉬는 것과 수동적으로 쉬는 의미를 갖는다. 하느님의 안식(이사야 66:1), 백성의 안식(열왕기 상 8:56), 안식일의 안식(예 35:2)은 능동적인 안식이다. 마땅히 지켜야 할 안식이다. 사도행전(7:49)에서 하느님의 안식은 동사 형태인 카타파와(katapauo)로서 어떤 '행동의 끝' 혹은 억압(부자유)으로부터 벗어나 휴식을 얻는 상태로서 고통을 멈추는 것이 휴식이다. 다시 말해 '일을 멈추고 쉬는 것'이 휴식이다.

영어 표현의 휴식이라는 단어 'rest'는 히브리서 3장, 4장에서 8번 사용되는데, 이는 진정한 안식은 하느님으로부터 오는 것을 뜻한다. 또한 '안식일의 휴식(a sabbath rest, sabatismos)'은 히브리서 4장 9절에 나오는 하느님의 창조 후의 안식이다. 창조의 역사가 끝나고 쉬는 휴식은 바로 백성의 휴식으로 이어졌다.

휴식이란 안식과 구원이라는 뜻을 내포하고 있다. 구원은 죄의 형벌로부터 원죄의 존재로부터 구원받을 때 진정한 휴식이고 안식을 얻는다는 것이다. 이것이 기독교에서 말하는 영원한 안식이다. '영원한 안식(eternal rest)'이란 죄의 형벌로부터 그리스도에 대한 믿음으로 얻어지는 구원이다.

또한 종교적 의미에서 하느님 안에서 형제와 이웃 간에 정의와 평화 속에서 쉬는 것을 강조한다. 쉼을 통해 모든 것을 내려놓는 삶, 삶의 근원을 돌아보는 것, 우리가 하던 일을 멈추고 휴식할 것을 권하고 있다.

그런가 하면 세속적으로 쉼의 가치는 인간이 계속 일을 해서는 안 된다는 의미다. 그래야 지치지 않고 계속 일할 수 있다. 만일 인간이 휴식 없이 과도하게 일할 때 건강에 문제를 일으킨다.

예를 들어 밤낮으로 쉬지 않고 일을 한다고 하자. 엄청난 스트레스는 물론 집중력의 저하를 가져와 효율성이 떨어진다. 휴식 시간이 없으면 견디기 어려운 고통이다. 더구나 워커홀릭에 빠지면 몸이 망가진다. 휴식은 몸과 두뇌의 피로를 풀기 위해 반드시 필요하다. 나아가 휴식은 우리를 더욱 생산적이고 창의적으로 살아가도록, 그리고 우리 삶을 더욱 풍요롭게 충만하게 만들어 준다. 인류 발전에 기여한 작가, 음악가, 과학자, 사상가들 모두 휴식의 절대 필요성을 인정하고 있다.

그렇다고 휴식이 침대에서 늦도록 자는 것을 의미하지 않는다. 휴식은 모든 노력이나 활동을 중단해야 한다는 의미가 아니다. 휴식은 게으름이나 나태를 의미하지 않는다. 쉬는 것은 태만을 정당화시키지 않는다. 휴식은 일을 멈추는 것이 아니라 계속 일을 하기 위해서다. 원하는 행동이나 열매를 맺기 위해 에너지를 축적하는 시간이요 생산적인 휴식이 필요한 것이다.

■ 휴식의 철학

일과 휴식 사이의 균형이 필요하다. 돈을 벌어 쌓아 놓는 것 못지않게 휴식하면서 새로운 경험을 쌓는 것이 더 좋은 삶의 자산이 된다. 이때 경계해야 할 것은 무조건 쉬다면서 목적 없이 빈둥대는 것도 바람직하지 않다. 세네카가 말하는 성과 없이 하루 종일 뭔가 바쁘게 돌아다니는 '분주한 게으름'의 생활 태도를 지양해야 한다.

영국의 은행가이자 생물학자였던 존 러벅은 빈들거림과 휴식의 차이에 대하여 "휴일은 가장 큰 축복이지만 반면에 빈둥거림은 가장 큰 저주다"라고 구분했다. 진정한 쉼은 에너지 보충을 통해 일의 효과, 즉 생산성을 높이기 위한 것이다. 장거리 도보여행을 하다가 잠깐 쉬어 간다는 것은 남은 목적지까지 가기 위한 휴식이다.

그런 점에서 일과 휴식은 반대 개념이 아니다. 자연은 휴식을 거부하며 뭔가 생성, 변하고 있지만 인간은 제대로 먹고 쉬고 운동을 해야 살아갈 수 있다. 건강한 휴식은 뇌가 휴식을 취하고 신진대사를 돕는다. 심신에 충분한 휴식을 주면 놀라운 치유력을 갖는다. 우리 영혼도 그렇다. 결국 휴식은 에너지를 재충전하는 기회요, 창의적으로 문제를 해결하게 되는 기회이면서 자유스러운 것이다.

휴식(쉼)의 본질은 자유로움이다

휴식은 자유로운 순간이다. 쉼은 자기 해방의 과정이다. 직업으로부터, 물질로부터, 사회적 속박으로부터, 사랑으로부터 벗어나는 것이 진정한 자유다. 마치 바람의 속성처럼. 삶을 재발견하는 기회, 정지된 자유, 환상의 멍에에서 벗어나는 자유, 속도와의 관계에서 벗어난 시간과 공간으로부터의 자유, 삶의 수직적 관계에서 수평적 야생의 삶을 느낄 수 있다.

휴식과 자유, 즐거움은 결국 하나다. 그런 의미에서 쉼은 단순히 쉬면서 쾌락을 추구하는 것이 아니다. 완벽한 분리의 자유, 자기 존재의 정체성을 찾아내는 것이다. 기존 틀에 갇히지 않고 '자유인'으로 탄생할 때 날갯짓이 바람이 되어 어디론가 날아갈 수 있다. 휴식은 자신의 삶을 크게 구속하지 않고 자유로운 상태에 있는 것이다.

쉼은 잔잔하고 편안하다

우리의 생명운동은 잠시도 멈추지 않는다. 계속 변한다. 틀림없이 뭔가 생명의 끝이 연결되어 새로운 삶을 창조해 가는 것이 쉼이다. 우리가 편히 쉴 때 여기저기 신경망은 몸속 깊은 곳에서 긴장을 풀어 나갈 것이다.

고독하게 걸어도 긴장은 풀린다. 나 자신으로 돌아가는 데는 쉼과 침묵이다. 힌두교에서는 '침묵의 날(네피, Nyepi Day)'이 있다. 침묵하고 기도할 때 자신을 알게 되는 자각 능력이 확대된다.

꼭 말로 해야 소통하는 것은 아니다. 0.1초의 침묵도 하나의 언어다. 독일 의사 출신 막스 피카르트는《침묵의 세계》에서 "침묵은 결코 수동적인 것이 아니고 단순히 말하지 않음이 아니며, 침묵은 능동적인 것이고 독자적인 완전한 세계"라고 했다. 그런 자연 속에서 침묵은 영적인 힘을 얻는다. 경험적으로 느끼는 것이지만 교회 수도원, 사찰은 위대한 침묵의 공간이 아니던가.

쉼은 삶의 자원이다

휴식하지 못하는 것은 '시간 초과'와 같다. 휴식하지 못한다는 것은 정해진 시간을 넘긴다는 뜻이다. 그러니 시간에 쫓기지 말고 가능한 느긋해야 한다. 시간이 부족하다 싶으면 스트레스는 물론 대충대충 처리하게 되어 결국 생산성이 떨어진다. 심지어 피로가 쌓이면 안전사고도 일어날 수 있다. 그러니 휴식이 필요하고, 쉼은 우리 생활의 주요 자원 중 하나다.

워라밸에서 보자. 개인적으로 일하는 것이 먼저이고 그다음이 라이프(life)다. 라이프에만 매달리면 각자 의무와 책임을 남에게 돌리는 것이나 다름없다. 쉼은 일할 수 있는 힘과 자원을 제공한다.

쉼은 관념이 아닌 라이브다

충분히 휴식을 취하면 집중력이 강화되고 좋은 하루가 된다. 즉 신체의 변화가 일어난다. 휴식에는 숙면이 필요하다. 수면이란 뇌파 활동, 호흡, 심박수, 체온, 기타 생리기능의 휴식을 취하는 것이다. 덧붙이면 휴식 활동은 인지 장애와 관련이 있다. 수면이 부족하면 인간의 인지 기능이 줄어든다. 신경과민으로 인한 몸의 불균형을 초래한다. 요즘처럼 바쁘게 보낼 때 숙면은 생산적인 결과를 얻을 수 있다. 그래서 건강한 수면이 필요하고 일과 쉼의 균형이 이루어져야 한다.

쉼은 유용한 비노동(useful non-work) 시간이다

이 말은 실업을 의미하는 것이 아니라 잠시 일손을 놓고 피로를 풀거나 자기가 하고 싶은 것을 해 보는 것이다. 책을 읽고 여행을 하고 아이들과 놀아주는 일 등이다. 주어진 시간을 유효하게 보낸다는 뜻이다.

그래서 쉰다는 것은 일을 하지 않는 것이 아니라 일하면서 쉬는 것이다. 기계적인 삶이 아니라 자연스런 시간이다. 쉰다는 것은 느슨한 형태의 삶이라고 할 수 있다. 윌리엄 제임스는 《휴식의 복음》

에서 "열정적으로 쉴 새 없이 바쁜 생활은 강함의 징표가 아니라 나약함과 열악한 환경의 징표"라고 했다.(SHORTER, p.314)

쉼은 휴식의 즐거움(rest pleasure)이다

휴식의 즐거움은 진정한 휴식의 가치다. 휴식과 노동이 균형을 이룰 때 좋은 저녁이 될 것이다. 불교에서 말하는 사마디(samadhi, 고요함, 적멸)는 마음이 혼란스럽지 않고 고요하게 머문 상태, 즉 마음을 한 곳에 집중한 상태다. '사마디' 같은 즐거움을 맛보는 사람에게는 활동의 즐거움이 없어질지 모르지만 휴식의 즐거움이 있으면 강력한 활력을 얻게 된다. 휴식의 즐거움을 느낄 때 성장, 놀이, 애정 등 포유동물로서의 본능을 일깨우고 나아가 사회관계를 좋게 한다. 사회 활동과 적정한 휴식은 저울추와 같은 균형을 이루어야 한다.

쉼은 자기 연민의 예술(the art of self-compassion)이다

우리는 자기 몸을 얼마나 연민의 정으로 대하는가. 인간은 자기 자신이 되어야 한다는 사명을 가진 존재로 창조되었다. 인간은 자기 자신을 잘 대접해야 한다는 얘기다.

미국 가톨릭 작가 토머스 머튼이 말한 '자기 연민(self-compassion)'은 자기 사랑이요 연민의 정이다. 나와 타자 간의 상호 의존에 대한 예리한 인식이다. 바쁘거나 일에 열중하다 보면 자기 몸을 잊고 살아가는 경우가 많다. 완벽한 목표를 달성하고 높은 자부심을 추구하다 보면 가혹한 자기 상실감을 느끼게 된다. 이때 자기 연민으로 자신을 돌보는 것이 진정한 휴식이다.

휴식은 하나의 삶의 과정이며 신체와 심리적으로 활력을 되찾고 새로운 아이디어를 발견하는 것이다.

휴식이 사회 활동에 매우 긍정적이고 사회 참여를 적극 확대시키지만, 한편으론 계층에 따라 휴식하는 태도가 다르다. 지위와 역할, 신분에 따라, 직업에 따라 일의 목적과 쉼의 즐거움, 일의 보상이 동일하지 않다는 것이다.

하지만 자유시장경제를 택한 선진국들은 휴식 프로그램 혹은 마음 챙기기 프로그램을 권장하고 있다. 주로 여행, 도자기 굽기, 스포츠 경기, 도보여행, 바닷가 산책, 밤길 찾아가기 등 다양하게 개발하여 실천하고 있다. 이 모두가 의도적인 휴식을 통해 상한 마음, 혼란스러운 마음을 진정시킴은 물론 정서적 여유와 활기를 되찾아 생산의 효율성을 극대화할 수 있게 된다.

■ 휴식이 주는 자유

단 하루라도 근심 없이 온전한 즐거움 속에서 시간을 보내는 사람이 있을까? 시끄러운 세상에서, 일에서 벗어나 혼자만의 시간을 가지며 자유로운 휴식을 원하지만 그렇지 못한 것이 우리 삶의 한계다. 사람은 스스로에게 '자유'를 줄 수 있는 자연스러운 감각을 유지할 때 긴장도 풀리게 된다.

일로부터의 자유

일로부터의 자유는 누구나 원하는 가치다. 일주일 일하고 하루 쉬는 것, 즉 일로부터의 분리다. 매주 40시간 혹은 50시간 일하도록 강제하는 것은 근로자의 삶을 풍성하게 하는 것이지만, 기업 입장에서도 생산 라인의 변화를 가져오게 된다. 근로자와 사용자 모두에게 일의 신선한 관점, 작업의 효율성, 새로운 아이디어를 얻을 수 있는 기회가 확대된다.

생산성 압박으로부터의 자유

진정한 휴식은 생산의 효율성을 방해하는 것이 아니다. 1928년 존 메이나드 케인스는 과학기술의 발전으로 100년 이내에 주당 근무 15시간으로 단축될 것이라고 내다봤다. 1960년대 미국 상원위원회는 2000년까지 일주일에 14시간씩 일할 것으로 예상했다. 사실 그렇게 변하고 있다. 생산성의 급격한 증가는 단순히 소비주의를 촉진하는 것이 아니라 더 높은 생산성을 추구하게 되었다. 4차 산업혁명시대로 접어들어 더 높은 효율성과 생산성이 강조되면서 노동의 근본적인 변화가 불가피해졌다. 그것은 생산성의 압박으로부터 벗어나 근로자들에게 좀 더 많은 휴식 시간을 부여하는 것, 이것이 생산성 압박으로부터의 자유다.

불안으로부터의 자유

하루에 7~8시간 일하면서도 계획한 목표를 달성할 수 있을까 하는 불안감이 늘 존재해 왔다. 그래서 저녁 늦게까지 아니면 밤새워 일하면서도 안절부절했다. 그러나 안식일, 휴식을 통해 자신이 추구하는 삶을 개척해 나가는 것, 자급자족에 대한 욕망, 자기 자신이 주체라는 자아의식이 강해지면서 불안을 해결할 수 있는 방법을 찾아내기 시작했다. 진정한 쉼은 주변 세상과 업무와 분리되는 순간으로 근로자들에게 불안을 제거하면서 나은 삶을 선사하는 것이다.

소비문화로부터의 자유

우리는 끝없는 욕망, 끊임없는 생산성, 끝없는 재화의 축적, 그리고 참지 못하는 소비 욕구 속에서 살아간다. 그중에서도 쇼핑, 구매활동에서 소비를 줄여 보자는 것이다. 21세기 문화적 트렌드에서 사회의 변화와 우리 삶을 시장 요구에 맞춰 가려는 소비는 진정한 쉼을 방해한다. 소비문화에 빠져 사는 것이 아니라 자신의 생활에서 기쁨을 얻고 소소한 것을 소유하고 가꾸는 시간이 무엇보다 중시되고 있다.

시간으로부터의 자유

사람들은 가끔 "휴식이 필요해, 좀 쉬어야 하는데…"라고 하지만 쉬지 못한다. 일에 대한 강박관념 때문에 도저히 쉴 시간이 없는 것이다.

반대로 요즘 느림의 삶을 추구하는데, 이는 시간으로부터의 자유를 의미한다. '빨리빨리' 문화병에서 벗어나기 위해 느림을 찬양하는 문화가 퍼져나가고 있다. 느린 여행, 느린 삶, 느린 도시, 느린 사고 등을 강조한다. 느린 사고는 직관적이고 창조적으로 우리 삶을 풍요롭게 만든다. 이것이 시간으로부터의 자유다.

변화의 자유

휴식은 단순히 하던 일을 멈추는 것이 아니라 '변화'의 계기가 된다. 진정한 휴식은 새로운 변화의 계기로 만들 수 있다. 일요일은 쉬고 다시 월요일부터 새로운 하루가 시작된다. 지친 몸을 회복하고 새 힘을 얻어 일을 하게 된다. 진정으로 살맛을 느끼기 위해서는 일상생활에서 자신이 주인이 되어 변화의 계기를 만드는 것이다. 쉼을 얻으면 모든 부분에서 더 큰 희망을 갖게 한다. 그것이 변화의 자유다.

이렇게 휴식의 가치가 중요해지고 있다는 얘기다. 하지만 우리는 왜 마음이 편하지 않은가. 자유가 없는 까닭이다. 자유란 그냥 '있는다' 함이 곧 자유다. 걸림 없는 것이 자유요, 이런 자유를 '소유(所遊)'라고 한다. 사람들은 자신이 부자유한 이유를 잘 모른다. 자유를 잘 모르고 살았기 때문이다. 여기서 부자유란 인간의 소유욕에서 비롯된 것이다.

소유욕 없이 노는 것보다 더한 자유는 없다. 자유의 근본적인 감각은 어떤 사슬에 얽매이지 않는 것, 다른 사람들에게 노예화된 것으로부터의 자유다. 나머지는 막연한 감각이거나 은유다. 자유가 있다면 꿈에서만 자유롭다. 나머지 시간은 뭔가에 잡혀 있는 삶이다.

따라서 휴미락은 철학적 화두라기보다는 사람들로 하여금 육신적 존재를 깨닫게 하는 것이다. 휴식과 건강관리의 실천은 우리 삶과 죽음, 피로감으로부터 탈피해 자율성을 추구할 수 있는 기회이기도 하다. 휴식은 인간의 성장과 번성, 의미 있는 삶의 길로 인도한다.

일상생활의 잠재적인 목표를 달성해 가는 계기가 된다. 다시 말해 정상적인 삶을 유지하도록 도와준다. 미니멀 라이프를 추구하는 세상에서 쇠똥구리가 어떻게 굴러가는지 눈을 맞춰 보는 것도 흥미로운 일이다.

■ 휴식이 주는 기쁨

휴식을 통해서 기쁨을 발견하는 것, 하루 쉰다는 것은 단순히 바쁜 일과와의 단절이나 비활동으로 볼 것이 아니라 삶을 개선하고 방향을 바로잡는 잠재력을 키우는 기회로 본다. 그것은 우리 삶에서 최고의 가치를 깨닫고 키워 나가는 삶의 목표와 일치하는 것이다. 존 러벅은 "휴식은 게으름이 아니다. 때로는 여름철 나무 아래 풀밭에 누워 물소리를 듣거나 구름이 하늘을 가로질러 날아가는 것을 보는 것은 결코 시간 낭비가 아니다"라고 말했다.

선진국에서는 법으로 '휴식의 날(Day of Rest)'을 정해 실시하고 있다. 일종의 '쉴 권리(Right to Rest)'다. 시간 있는 대로 쉬는 것이 아니라 시간을 내서 쉬는 '의도적인 휴식(purposeful rest)'이 필요하다는 것이다.

또한 휴식은 우리 생각과 자율신경에 쉼을 준다. 휴식은 조용한 시간 몇 분간의 침묵이고 두뇌의 휴식이다. TV를 보면서 소파에 앉아 몇 시간 쉬는 것보다 몇 분이라고 조용히 보낼 때 에너지 충전이 더 높아진다. 휴식의 순간만은 모든 것이 따뜻해진다.

'쉰다'는 말을 들을 때 무엇이 생각나는가. 쉰다는 것을 사치처럼 생각한다면 늘 피곤할 수밖에 없다. 많은 사람들이 휴식, 특히 수면과 회복 시간을 과소평가하고 있다. 영국 처칠 수상은 일생 동안 낮잠 자기를 지켰다. 전쟁 중에도 작전본부에서 한두 시간 낮잠을 잤다고 한다. 세상에 이름을 남긴 작가들과 과학자들은 맹목적인 근면 성실이 아니라 '계획적인 휴식'을 취했다.

휴식과 회복 상태는 현재의 신체 상태에 따라 길어질 수도 있고 짧아질 수도 있다. 결국 지친 몸의 회복은 시간이 필요하다는 얘기다. 이를 위해 즐겁게 휴식 시간을 만들어 가는 일이 중요하다. 더구나 하는 일이 즐겁지 않으면 쉽게 피로감을 느끼게 된다. 직장에서 자기가 하는 일에 열정을 느끼지 못한다면 시간의 지루함만 있을 뿐이다. 하는 일이 지루해지면 자신의 목표와 가치를 이뤄 나갈 수 없을 뿐더러 행복감도 느끼지 못한다. 우리가 잠시 일을 멈추고 휴식을 취할 때 삶의 기쁨이 온다.

쉼이 없는 현대 사회

우리는 기계지향적인 문화에 젖어 있다. 틀에 얽매인 삶이다. 그 것은 피곤, 분노의 원인이 된다. 계속 업무에 시달리다 보면 반체 제, 반기업 정서가 서서히 드러날 수 있다.

우리는 잠자리에 들 때도 아침에 깨어날 때도 스마트폰을 본다. 디지털 기기를 손에서 놓지 못한다. 그러니 잡다한 정보가 뇌의 빈 공간을 채우기 시작한다. 이것이 우리가 살아가는 삶의 형태다.

휴식의 중요성을 간과하는 것은 분명히 현대 사회의 문제다. 기술 의 발전으로 노동시간이 단축되어 쉼의 기회가 많아졌지만 현실은 그렇지 못하다. 초등학생들까지 학원가를 맴도느라 스라밸(study and life balance, 공부와 삶의 균형)이 무너져 버렸다.

■ 일과 휴식의 불균형

일과 생활의 균형을 맞춘다는 것은 무슨 의미일까. 사실 직장인이 일과 삶의 균형을 맞추기란 쉽지 않다. 일과 삶의 균형이 뭔지 알지도 못한다. 오히려 노력과 도전만 있을 뿐이다. 일을 해도 멀티태스킹이다. 아이들과 놀 때도 늘 일을 생각한다. 특히 워킹맘의 하루를 보자. 엄마, 아내, 며느리, 육아, 직장 생활, 가사노동, 사회봉사 등 너무 피곤하고 바쁘다. 정말 자기 삶이 있는 걸까?

인간의 삶은 기업의 요구를 채워 가는 것, 현대 사회는 도구(기계)가 우리 삶을 지배하고 있다. 생산과 소비가 우리 생활에 미치는 영향을 제한하는 것이 쉼이다.

캐나다의 논픽션 작가 마이클 해리스는 《잠시 혼자 있겠습니다》라는 책에서 복잡한 세상 속에서 나를 지키는 자유의 심리학(Solitude)과 외로움이 없어진 사회, 딴생각을 할 수 없는 자유의 위기를 지적했다. 스스로 선택한 삶의 리듬이 아니라 경제사회적으로 강요된 리듬에 따라 살아간다는 것이다.

사실 현대 사회는 '홀로 있기'가 어려운 생활이다. 노동시간과 여가시간이 분리되지 않고 섞여 있다. 홀로 있는 시간이 없는 삶은 위축된 삶이다. 다시 말해 홀로 있음의 가치를 찾아가는 지혜가 필요하다.

일과 휴식의 불균형이 계속되면 신체뿐만 아니라 마음의 여유도 없어진다. 죽음을 마다않는 욕망의 굴레, 내면의 자아를 상실한 채 살아가는 현대인들은 사물인터넷(IoT)에서 벗어날 수 없는 상태, 혹은 쉴 수 없는 시간과 공간의 빈약함, 나아가 기계적인 사회구조 속에서 자신을 찾기가 어렵다. 현대인들이 파괴적인 삶에서 벗어나지 못하는 이유는 무엇일까?

첫째, 휴식과 게으름을 혼동하고 있다. 휴식은 매일 일하지 않고 허송하는 시간을 의미하지 않는다. 열심히 일하면서도 개인적으로 의미 있는 일(event)을 만들어 즐기는 것이 휴식의 진정한 가치다. 우리는 주당 60~52시간 이상 일하는 사람들을 칭찬하고, 40시간 일하는 사람은 잘못된 것처럼 여긴다. 열심히 일하고 쉬는 데 익숙지 않다는 것이다.

둘째, 휴식을 단순히 육체적인 것만으로 생각한다. 휴식은 정신적·감정적·영적인 것 이상이다. 내면의 휴식을 기르는 것이 진정한 휴식이다. 두뇌의 쉼이 필요하다. 풍요로운 휴식이 물질의 풍요함보다 중요한 인자로 작용한다. 또한 혼돈과 공허를 넘어 충분한 시간을 갖는 것이 행복의 기본이다. 휴식의 여유가 삶의 질을 좌우한다는 것이다. 문제는 누구나 하루 24시간을 살아가지만 대부분 시간 부족을 느끼게 되고, 결국 이런 감정은 삶의 만족도와 행복감에 영향을 미친다.(Gleick, 2000)

셋째, 돈에 대한 열망이 지나치다. '시간은 돈이다'는 자본주의 시각, 물질만능주의, 돈에 대한 노예상태로 살아간다. 우리는 더 많은 것을 얻기 위해 소중한 것을 잃고 있다. 일부는 돈 때문에 도덕적 가치, 인격, 가족을 희생시킨다. 일차적으로 많은 사람들이 돈이 있어야 행복하다고 생각한다.

넷째, 성공만을 최상의 목표로 여긴다. 이런 인간상은 허구이거나 허무로 돌아간다. 지위 상승 욕구, 보다 많은 저축, 큰 주택, 좋은 자동차 등 물질적인 부의 소유를 성공처럼 여긴다. 불행하게도 오직 성과주의, 성공지상주의, 능력지상주의, 일등주의만 외치다 보니 삶 자체가 피곤하다. 사람은 크게 성공했어도 많은 것을 가졌더라도 영광의 월계관에 만족하지 않는다. 그러다 보니 각자 소중한 삶의 의미를 잃고 살아간다.

다섯째, 쓸데없는 정보에 매몰되어 있다. 현대는 지식정보사회다. 수많은 정보가 우리를 괴롭힌다. 정보의 과부하, 끝없는 산만함, 스토리 대신 앱이나 단편 뉴스, 그러면서도 사람들은 외로움에 젖어 있다. 사실 필요한 정보도 아닌데. 디지털 시대는 분명 좋은 삶을 살아가도록 안내하지만 오히려 그런 문명으로부터 주변부가 되는 삶이 아닌지 성찰해 볼이다.

그런 자유주의 사조에서 오는 강박감, 끝없는 경쟁에서 벗어나 자기 삶에 대한 감사, 자기만족을 느끼는 삶으로의 전환이 필요하다. 우리는 현재뿐만 아니라 미래를 위해서도 적당한 휴식이 필요하다. 휴식을 가질 때 경이롭고 낯선 또 다른 무엇을 만날 수 있다. 쉰다는 것은 책과 서류, 비즈니스를 잠시 멈추고 노는 것이다. 쉼은 '일터 밖'에서 시간을 보내는 것이다.

결국 초경쟁사회 속에서 인간 우선화는 삶을 추구하되 노동현장에서 과노동ㆍ과부화 현실을 혁신하면서 노동의 유연성 등 휴식의 기회를 확대해 사람들로 하여금 살맛 나게 하는 일이다.

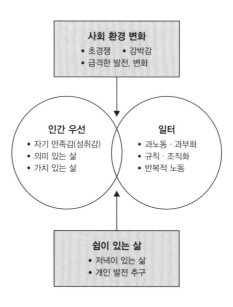

사회 환경 변화
- 초경쟁
- 강박감
- 급격한 발전, 변화

인간 우선
- 자기 만족감(성취감)
- 의미 있는 삶
- 가치 있는 삶

일터
- 과노동 · 과부화
- 규칙 · 조직화
- 반복적 노동

쉼이 있는 삶
- 저녁이 있는 삶
- 개인 발전 추구

그림 2 일과 휴식(쉼)의 구성 요소

지금은 개인 생활이 중시되는 시대다. 일과 삶이 균형을 이루어야 한다. 쉬는 것이 게으르다거나 죄악시되는 것이 아니라 휴식을 즐길 수 있는 '휴식권'을 제도화하는 일이다. 요즘 기업들은 직원들의 '쉼'도 책임진다는 자율근무제 혹은 유연근무제를 확대하고 있다. 여성 직원에게는 물론 남성 직원들에게도 육아 휴직을 부여하는 기업이 늘고 있다.

■ 죽도록 일하는 사회

현대 사회를 과로사회 혹은 피로사회라고 한다. 전 세계를 지배하는 '과노동' 현상, 즉 과노동 기준인 법정 노동시간을 초과하는 것이 아니라 '죽도록 일하는 사회'(모리오카 고지)라는 것이다. 그러다 보니 쉬는 게 죄악시되는 사회가 되었다. 특히 한국인들은 너나없이 바쁘다. 지나친 과잉 상태에 빠져 있다. 수년간 워커홀릭 상태였다.

우리나라 직장인의 연평균 근로시간은 총 2,069시간으로 OECD 회원국 중 2위다. 업무량이 많다 보니 스트레스 강도가 높은 것은 물론이다. 우리나라 헌법 34조 ①항은 "모든 국민은 인간다운 생활을 할 권리를 가진다"고 했다. 이어 35조 ①은 "모든 국민은 건강하고 쾌적한 환경에서 생활할 권리를 가진다"고 규정하고 있다. 그리고 '근로기준법'(2019. 1. 15일 개정) 제50조(근로시간)에선 "일주간의 근로시간(휴식 시간 제외)은 40시간을 초과할수 없다"고 규정하면서 특정 근로시간을 52시간 이내로 정하고 있다.

노동시간을 법적으로 규제하고 휴식의 기회를 제공한다. 2018년 7월부터 300인 이상 작업장부터 단축 근무제가 본격적으로 시행되었다. 잔업수당, 휴일수당 등의 문제가 있지만 저녁이 있는 삶을 기대하는 것이다. 고용주들은 근로자를 쉬게 하는 것이 법적·윤리적 의무다. 우리는 일에서 잠깐 벗어나는 타임아웃이 필요하다. 그것이 개인에게도 가족에게도 사회에도 이익이다. 다이나믹한 행동과 휴식은 서로 보완적이다.

주 5일제 근무, 근무시간 단축(52시간)이 시행되면서 왠지 잘못된 듯한 기분이 든다. 더구나 우리 사회문화가 특별한 이유 없이 쉬는 것 자체를 부정하거나 사치처럼 여긴다.

물론 기회를 최대한 활용하는 것은 간단치 않다. 단순한 것도 아니다. "저 먼저 갑니다" 하고 퇴근하는 사람들, 우리는 일을 너무 많이 하다 보니 휴식 시간을 갖는 것을 어려워한다.

■ 시간이 부족한 삶

누구나 한창 일할 때는 바쁘다. 직장 생활, 가족 대소사 혹은 다양한 사회 활동으로 늘 시간이 부족하다. 현대인들이 느끼는 '시간 부족'은 사회적 피로감을 가져올 뿐만 아니라 스트레스 등 삶의 만족도가 떨어지는 원인이 된다.

게다가 주관적 삶의 만족은 개인적 기준으로 이해할 수 있지만 실제로 우리가 살고 있는 삶의 터전, 일터, 공동체 속에서 느끼는 만족감과 효과는 사람마다 차이가 있다. 휴식의 정도도 마찬가지다. 휴식의 만족감은 물리적인 24시간을 어떻게 보내느냐에 따라 삶의 질이 달라지게 마련이지만, 대개 물질적 부(富)보다 정신적 행복, 즉 '비물질적 기쁨'이 더 크다는 것이 일반적인 견해다.

말을 바꿔서 물질이 아닌 '시간의 풍요함(time affluence)'을 더 강조한다. 카셀은 행복한 삶을 위해서는 물질적인 풍요보다 시간의 풍요함을 추구하라고 주장했다. 많은 재산을 가졌다고 해도 주관적 웰빙은 주어진 시간을 잘 보내는 일(운동, 명상, 독서, 사랑하는 사람과 같이 있는 순간)이 더 행복감을 느낀다고 한다.

우리는 모두 어느 시간 속에 존재한다. 그 시간의 경제학은 변하고 있다. '시간은 돈이다'는 말이 있지만 요즘은 각자의 시간 관리에 대한 새로운 인식으로 '시간의 풍요함'이라는 개념이 관심을 끌고 있다. 많은 연구자들은 돈보다 희소가치가 높은 시간이 더 삶의 만족감을 높여 준다고 주장한다. 시간의 풍요함을 잃고 살아가는 현실에 대한 반성이다.

"당신은 오늘도 총알 같은 시간을 보내고 있나요. 굼벵이가 부럽지 않나요?"

시간이 부족하다고 느끼기 시작한 것은 1990년대부터다. 개인의 행복에 장애가 되는 것은 시간의 부족이며, 물질 재산보다 시간의 풍요함이 우리 삶에 더 큰 행복감을 안겨 준다. 펜실베이니아 와튼 스쿨의 캐시 모질너 교수는 시간을 크게 세 가지로 나누었다.

- 다른 사람을 위해 일하고 시간을 기부하는 것
- 주어진 시간을 낭비하지 않는 것
- 자신을 위해 시간을 투자하는 것

그중에서도 단 몇 분이라도 다른 사람을 돕거나 다른 사람을 위해 시간을 활용하는 사람일수록 행복한 감정으로 성취감을 느낀다고 한다. 다시 말해 시간적인 풍요함을 원한다면 바쁜 시간 속에서도 잠시 다른 사람을 위해 시간을 선물하는 것이 큰 기쁨이다. 시간의 풍요함이 주어질 때 진정한 휴식을 즐길 수 있다.

실리콘밸리 컨설턴트이자 스탠퍼드대 연구원인 알렉스 수정 김 방은 《일만 하지 않습니다》에서, 각 분야에서 세계 최고의 사람들은 1만 시간의 의도적인 연습 후에 1만2,500시간의 의도적인 휴식에

3만 시간의 잠이 필요하다면서, 진짜로 일을 잘하려면 의도적인 몰입 시간의 1.25배에 해당하는 의도적인 휴식 시간을 가지라고 조언했다.(111쪽)

여기서 의도적인 휴식이란 완벽하게 쉬고 집중적으로 일하는 것이다. 즉 하루 4시간을 온전히 집중하는 것으로 아침 시간과 산책, 낮잠, 의도적 멈춤, 충분한 수면을 가질 때 완전히 창의적인 삶을 살 수 있다는 것이다.

쉼을 만들어 가는 지혜

■ 일과 휴식(여가) 문화

현대 사회는 건강, 편리함, 편안함, 속도, 힘, 오락, 여행, 지식정보 등 과학기술의 진보와 더불어 인간의 자립과 자율, 자급자족의 정신이 더욱 절실해지고 있다. 지금 사회는 분명히 풍족한 사회, 사회적 부가 증가하고 있지만 사람들은 더 피곤하고 소외감과 박탈감은 더 커져만 가고 있다. 돈을 많이 벌어 사고 싶은 집과 좋은 자동차를 타고, 명품 쇼핑 등으로 소유의 기쁨을 만끽하고 있지만 늘 결핍감에 젖어 있다.

21세기는 일하고 노는 세기다. 놀이를 즐기는 것은 시간을 지배하는 것이나 다름없다. 일과 놀이, 일과 휴식의 경계가 허물어지는 시대다. 조셉 파이퍼는《여가 : 문화의 기초(Leisure:The Basic of Culture)》에서 "우리는 침묵과 통찰의 기회, 쉬는 능력을 회복하지 않는 한 진정한 휴식은 없다"고 했다. 우리가 여가 기회를 갖지 못한다면 일을 제대로 할 수 없다는 것이다.

여가의 기회를 갖는 것이 아니라 자신의 마음을 여는 태도가 중요하다. 붙잡는 사람이 아니라 놓아주는 사람이 되는 것, 그리고 자신을 놓아주는 것이 진정한 쉼이요 휴식이다. 조셉 파이퍼는 여가의 범주를 이렇게 구분했다.

- 종교적 : 묵상, 기도, 예배, 안식일
- 철학적 : 사물의 본질에 대한 통찰력, 진리, 자유
- 사회적 : 가족, 자원봉사, 사회참여
- 미학적(음악·예술·영화·드라마) : 애정, 아름다움, 경외감
- 기타 : 걷기, 여행, 스포츠, 수면

또한 여가의 세 가지 요소는,

- 여가는 침묵의 한 형태로서 고요함, 영혼의 힘. 창조의 힘을 얻는다. 여가는 소비와 오락을 통한 탈출구가 아니라 창조의 힘이 된다.
- 여가는 축제의 한 형태다. 축제는 쉬고 먹고 즐겁다. 우리 삶의 중심에는 여가문화로서 축제와 잔치가 포함된다. 그래서 축제는 기쁜 시간이고 구성원의 일체감을 가져다준다.
- 여가는 측정할 수 없는 가치를 지닌다. 경제적 의미에서 아무것도 생산하지 않는 시간이다. 하지만 여가는 생산적 가치와 사회

적 기능을 확대하는 계기가 된다. 여가를 위해 일이 존재한다.

우리가 모두 경험하는 것이지만 현대 사회는 더 빨리 더 많이 일할 것을 요구하고 있다. 그리고 많은 사람들이 빚을 진 채 살아간다. 그러니 돈을 벌기 위해 늘 바쁘다. 비약적이지만 일에만 매달리면 프롤레타리아가 된다. 일에 묶여 있는 노동자일 뿐이다. 바쁠수록 더 많은 휴식이 필요하다. 그것을 무시하고 계속 지내면 건강을 해칠 수 있다.

우리는 아는 사람을 만나면 "어떻게 지내고 있어?" 하고 묻는다. 그러면 "바빠, 정신없이 바쁘네" 하고 대답한다. 이렇게 사람들은 늘 시간이 없다고 푸념을 늘어놓는다. 쉴 시간도 없고 다른 일에 도전할 시간도 없으며 남은 시간을 어디에 사용할지도 모른다.

따라서 휴식 시간을 관리하는 것은 현대인들의 주된 관심사다. 뻔한 소리지만 휴식은 건강의 비결이다. 식사-운동-수면이 균형을 이루어야 건강한 삶을 살아갈 수 있다. 그러나 일상생활의 구조와 리듬에 대해 거의 생각하지 않는다. 철학자 찰스 테일러는 우리는 일을 끝내기 위해 획일적이고 일회적인 시간을 보낼 수 있는 환경만이 구축되었다고 했다. 초월적인 의미의 상실로 인해 만족스러운 삶이 사라졌다는 판단이다.

저녁이 있는 삶

우리는 바쁘다는 이유로 생각할 겨를도 없이 살고 있지만 '저녁이 있는 삶'을 추구한다. 저녁이 있는 삶은 '편안함, 여유로움'이라고 할까, 어떤 한계를 정하지 않고 집에서 가족과 함께 보내는 슬로 라이프다. 우리나라도 주 52시간 근무제가 시행되면서 큰 비용 들이지 않고 '소확행'을 추구하면서 취미활동, 관심 분야에 집중하기, 가족과 함께 보내기, 자기계발, 여행, 봉사활동 등에 참여하는 사람들이 늘고 있다.

나는 2017년 봄 스페인 산티아고 순례길을 40여 일 걸으면서 그곳 사람들의 삶을 지켜보았다. 저녁마다 광장 혹은 레스토랑에서 즐기는 사람들이 많았다. 광장은 시민들의 쉼의 공간이요 소통의 공간으로, 사회철학자 미셸 푸코가 말한 현실 속 '꿈의 장소'라고 할까. 장소에 대한 사유로 헤테로토피아(heterotopia)라고 하는데, 유토피아와 대비되는 현실화된 유토피아적인 공간이 다름 아닌 광장이 아닐까 싶다. 저녁이면 광장 주변의 음식점, 뒷골목에서 길맥족(길거리 광장에서 맥주를 즐기는 사람들)들은 "맥주 천국, 와인 천국, 놀기 좋은 나라"라고 흥분을 감추지 못하며 즐기고 있었다.

아리스토텔레스는 2000년 전에 "사람이 바쁜 만큼 여가 생활도 필요하다"고 했다. 저녁이 있는 삶은 좋은 여가 시간이다. 가족이나 이웃들과 함께하는 시간, 이 모두가 사회생활과 가정생활을 관리하는 기술이다. 예를 들어 일을 멈추고 아이들과 보낸다면 그것은 아이의 시간이 아니라 당신의 휴식 시간이다.

잭 니콜슨과 모건 프리먼이 출연한 영화 '버킷리스트 : 죽기 전에 꼭 하고 싶은 것들'에서 앞만 보고 달려온 자신의 삶이 얼마 남지 않았다는 사실을 느낄 때 사람들은 자유로워지며, 가족들과 함께 지내는 사소한 일들이 행복을 가져다준다고 했다.

결국 휴식은 감정의 세탁 과정이다. 오래된 상처, 슬픔, 분노 등의 나쁜 감정을 세탁하지 않으면 곪아 터진다. 각자 주어진 휴식, 주어진 여가 시간을 잘 사용할 수 있는 '삶의 관리자'가 되어야 한다. 누구에게나 자신을 관리할 능력이 있다. 행복한 가치와 만족을 만들어 가는 것이 삶의 과정이요 본성이다.

여가 생활이 어려운 현실

직장인들의 여가 생활은 사회 변동에 따른 구조적 문제요 현대인들의 생활과 직접 연결되는 영역이다. 여가 생활은 자녀와 함께 살아가는 전통적 생활 양식이 변하면서 부부끼리 혹은 배우자 사별 후 혼자 생활해 가는 기간이 길어지는 것과 무관하지 않다. 핵가족화, 가족 기능의 변화, 세대 간 갈등으로 인해 소외감이 증가하면서 여가 시간이 오히려 늘어나게 되었다. 또한 경제 성장으로 소득 수준이 향상되고 건강한 노후생활과 웰빙 열풍을 타고 은퇴 후 여가스에 대한 사회적 가치와 개인의 행복 차원에서 여가 활동에 대한 관심도 날로 높아지고 있다.

그런데 원래 '여가'란 단순히 남는 시간 혹은 쉬는 시간이 아니라 교육, 학습, 문화예술, 자유 창조라는 넓은 의미를 갖고 있다. 구속력이 없는 자유로운 활동으로 예술, 철학, 스포츠, 게임 등 문화 창조적 활동을 뜻한다. 특히 여가는 노동 등 억제된 시간이 아닌 자유로운 분위기에서 살아가는 것으로 이해할 수 있다.

여가 취미 생활은 공식 활동이나 가정 내 역할에서 벗어나 여유로운 시간을 갖는 것, 일정한 역할 없이 시간을 소비하는, 즉 생산적

노동에서 벗어난 여가 시간을 총칭한다. 그런 점에서 일하는 청장년기의 생산 활동 중에 갖는 심신 피로 회복의 여가(쉼) 성격과는 좀 다르다.

그러나 문제는 늘어난 여가 시간을 어떻게 활용하느냐다. 노년기의 경우 은퇴 후 사망하기까지 활용할 수 있는 시간은 대략 7만 내지 10만 시간이다. 이 시간은 즐거움이라기보다 무료함 혹은 상실감에 빠질 수 있는 기간이다. 여가 시간을 의미 있게 보내는 데는 계획이 필요하다. 이를테면 일도 필요하지만 여가 활동을 통한 사회적·심리적 욕구, 심신의 건강을 증진하는 데 있다.

하지만 여가 생활을 선택하기가 생각보다 쉽지 않다. 그렇다고 포기하면 내일은 없다. 내가 존재하고 그것을 실천해 가는 것이 살아 있다는 증거다. 일하는 것이 꼭 밥값을 구하는 것은 아니지만 바쁜 생활 속에서도 희망을 놓치지 않는 것이다.

잘 노는 사람이 행복하게 잘 살 수 있다. 놀이의 본질은 상상력이다. 살아가면서 여유를 갖는 것은 길옆에 늘어져 있는 가로수나 꽃, 작은 돌멩이 하나하나에 관심을 갖는 관조의 생활이다.

- 즐거움(pleasure)을 주는 것이어야 한다. 긍정의 심리학에서는 생활 가치를 만드는 것을 즐거움으로 본다. 즐거운 취미 생활은 우리 삶에 전반적인 감각 기능을 향상시키기 때문이다.
- 긍정적 효과로 스트레스를 해결(eustress)하는 분야여야 한다. 어떤 자극 혹은 유행에 따른 것이 아니라 자기 적성에 맞아야 한다. 재미와 흥미는 스트레스를 이기는 창의적인 방법이다.

- 사회적 소비(socialoutlet)를 위한 다양한 그룹들을 만난다. 각종 동호회를 찾아 그들과 교류하며 시간을 보낸다. 때로는 지원단체들을 찾아가 도움을 청하기도 한다.
- 만족감(gratification)을 얻는 것이어야 한다. 재미가 있으면 자연히 만족감이 따른다. 개인 선호도에 따라 스트레스를 해소하며 만족해야 평상심을 유지할 수 있다.

휴식 문화를 어떻게 만들까

휴식은 치유의 시간이다. 바쁠수록 치유와 회복이 필요하다. 육체는 죽어서 멈추지 않는 한 휴식 또는 운동을 요구한다. 우리가 생각하는 것보다 훨씬 더 많은 휴식을 필요로 한다. 마음의 통증에서 벗어나기 위해 휴식하는 것이다.

미국 육상선수 버나드 라가트는 2016년 41세 나이로 다섯 번째 올림픽에 출전했다. 그가 오랫동안 선수 생활을 할 수 있었던 비결은 1999년에 데뷔한 이래 매년 재충전을 하기 위해 5주간 달리기를 중단하고 휴식을 취했던 것이다. 경기가 많아질 때는 더 휴식 시간을 늘렸다.

이와 비슷한 연구 결과가 있다. 미국 역학저널(American Journal of Epidemiology)에 따르면, 주당 40시간씩 일하는 것에 비해 일주일에 55시간 이상 일한 사람은 정신 능력에 있어서 일시적 감소를 가져왔다고 한다. 장시간 일하면 업무 능력이 저하된다는 것이다. 특히 경제적으로 어려운 사람이 연중무휴로 일한다면 건강상태가 나빠지는 것은 물론이다. 그것은 개인의 잘못된 논리가 아니다. 다시 말해 여가 활동을 못하게 되는 사회구조적인 문제도 있다.

사실 휴식과 건강은 하나로 연결되어 있다. 여가 시간을 잘 보내는 데는 일(work)도 필요하지만 여가 활동을 통한 사회적·심리적 건강을 증진시키는 데 있다. 그것이 진정한 '생활 속 휴식 문화'다. 현대 사회에서의 휴식은 여행, 관광 등을 꼽지만 혼자 휴식을 취하거나 산책, 아니면 영화를 보거나 운동을 하면서 휴식을 취하는 것이 좋다.

- 완전한 휴식 시간(비활동 시간)을 갖는다.
- 휴식은 충분한 수면에 좌우된다.
- 당신이 내성적인가 외향적인가에 따라 쉼을 선택한다.
- 자신이 좋아하는 곳을 찾아가 휴식을 취한다.
- 자연친화적인 휴식을 소원한다.
- 운동, 레포츠로 휴식을 즐긴다.
- 기분 전환의 기회를 만들어 긴장을 풀어라.
- 독서 등 정서적인 생활 습관을 기른다.
- 자기만의 휴테크를 만들어 즐겨라.

■ 안락한 장소 찾아가기

누구나 안락한 집을 원한다. 많은 사람이 휴식 장소를 찾아 헤매는 것도 같은 맥락이다.

그럼 지금 있는 곳이 자신의 휴미락을 만족시켜 주는 곳인가. 아니면 현재 삶의 방식을 바꿔야 할까. 사실 일에 시달리다 보면 가끔 어디론가 도망치고 싶은 유혹을 느낀다. 디지털 기기, 소음과 산만한 분위기를 피하고 싶은 것이다.

삶의 공간은 자신의 '정체성의 지대(geography of personal identity)'를 형성하며 '지리적 자아(geographical self)'를 갖게 해 준다. 이는 토포필리아(Topophilia)라는 개념과 비슷한데, 그리스어로 장소를 뜻하는 토포스(Topos)와 사랑을 의미하는 필리아(Philia)의 합성어로 '장소에 대한 사랑'이다. 특정 지역에 대한 그리움, 아직까지 가보지 못한 곳에 대한 호기심, 한줌의 땅을 차지하기 위한 열망 등 다양한 방식으로 나타나는 심리다.(Bonnett, 2014)

휴식의 보금자리 '우리 집'은 어떤 곳인가

우리는 더 좋은 공간, 안락한 곳에서 살기를 원한다. 그래서 소득 3만 불 시대에는 별장 개념의 집을 구하려는 욕구가 강해지는 추세다. 주 5일 근무제 확산으로 주말에 가족과 함께 편히 즐길 수 있는 세컨드 하우스형 아파트가 뜨고 있다.

대개 쉼은 밖으로 나가 쉬는 것으로 생각한다. 그러나 집을 떠나 여행을 가는 것이 곧 쉼은 아니다. 오히려 고통이 될 수 있다. 원래 여행이라는 영어 투어(tour)는 라틴어 토르누스(tornus, 돌다, 순회)에서 유래된 것으로 출생지 혹은 출발지로 다시 돌아가는 그 이상의 여행을 하는 사람들을 의미한다. 여행은 일상 환경을 벗어나 다른 지역에 가서 체류하는 것을 말한다. 이때 여행이 힘들 수도 있다. 그래서 여행가(traveler)는 노고(travail)을 감수하는 사람이라는 의미를 갖는다.

집은 휴식의 궁전이다. 인간에게 집은 즐거움의 둥지다. 먹고 입고 자고 아이를 낳아 기르며 행복을 만들어 가는 장소다. 소소한 행복은 집에서 시작된다. 집은 최상의 휴식 장소다. 삶의 둥지를 나만의 방식으로 새롭게 단장하는 것이다.

요즘 '미래전망서'에서는 집의 재발견을 꼽는다. 뜰에서 바비큐 식사를 즐기고 하얀 눈길을 걸을 수 있는 자연친화적인 주택을 원한다는 말이다. 집이 자연과 함께 있는 것을 가장 좋은 주거지로 꼽고 탈도시화 바람이 불고 있는 것이다. 그리하여 백화점에 옷보다 가구와 유명 주방기구 등 리빙 매장이 늘고 있다. 호텔 같은 아늑한 공간을 원한다.

특히 '공간에 대한 웰빙화(well-stay)' 개념으로 주택의 효용성뿐만 아니라 노년기에 이웃들과 어울려 살되 독립된 집(staying independent in old age)들이 다양하게 개발되고 있다. 집 인테리어에서부터 먹을거리, 패션을 즐기는 덴마크의 휘게(Hygge), 스웨덴의 라곰(Lagom), 프랑스의 오캄(Au Calm) 같은 것이다. 지나치게 많지도 않고 적지도 않은 상태를 의미한다. 주로 겸양, 공평함을 뜻한다. 소박하지만 여유 있는 삶, 자연친화적인 삶을 추구하면서도 안정되고 평온함을 느끼는 곳을 찾아다닌다.

스페인어의 안식처 또는 피난처를 의미하는 케렌시아(Querencia)도 이와 비슷하다. 이들 공간은 애정, 애착, 안식, 귀소 본능이란 뜻으로 나만의 공간을 의미한다. 누구에게도 방해받지 않고 재충전을 할 수 있는 나만의 피난처다.

제3의 공간을 찾아가는 사람들

집을 떠나 즐길 수 있는 제3의 공간은 어떤가. 사람들은 집 밖의 공간을 막연히 상상한다. 집(제1공간), 일터(제2공간)에 이어 제3의 공간은 놀이 공간, 여가의 공간, 출입이 자유로운 공간 같은 곳이다. 동시에 그곳은 도전의 공간이요, 내가 선택하는 공간이다. 광장은 먹고 마시는 놀이문화 공간, 휴식 여가의 공간, 출입이 자유로운 공간이다.

인간은 자기만의 장소를 만들고 그곳을 좋아하며 의미를 부여하고 싶어한다. 열자(列子)는 자연을 삶의 본질로 보았다. 이른바 무위자연(無爲自然)으로 본래의 자연으로 돌아가는 것은 인간의 본성대로 살아간다는 뜻이다. 인간의 본성은 진실한 감정, 천진난만한 삶을 영위하는 것이 자연적이라는 것이다.

미국의 생물학자 에드워드 윌슨은 《바이오 필리아(Biophilia)》에서 모든 생물이 자연환경에 대한 사랑을 가지고 있다는 의미에서 '생명 사랑(biophilia)'를 말했다. 여기서 biophilia는 자연, 생물(bio)과 사랑(philia)을 합성한 용어다. 직설적으로 표현하면 인간은 본능적으로 '생물 사랑'의 감정이 있다는 것으로 '인간과 다른 생명체 관계의 사랑'을 의미한다.

인간이 무의식적으로 자연과 함께 깊은 관계를 맺는 것은 핵심적으로 생물학에 뿌리를 두고 있다는 데서 출발한다. 이를테면 우리 감정이 생물들의 서식지, 생명체, 자연환경으로 향하는 감정이 있기 때문이다. 그러므로 우리가 삶의 질을 향상시키기 위해서는 생태 중심 생활로 전환하고 이에 맞춰 가는 삶이 바람직하다. 생태적 감각 혹은 생태 영성(eco-spirituality)을 느끼며 살아가는 것이 우리 삶이다.(Shepard, 1998) 자연친화적, 즉 생물친화성은 인간의 본질이다.

나 역시 거처를 몇 번 옮겨 보았지만 꼭 맘에 드는 지역이나 집을 발견하지 못했다. 한평생 한국에서 살았으니 몇 년만이라도 외국에서 살아보려고 돌아다녔지만 꼭 맘에 들지 않았다. 캐나다 밴쿠버에서 몇 년 살 생각을 했지만 문화적 이질감과 소외감을 극복할 수가 없어 접고 돌아왔다. 돌고 돌아 제주도에 작은 집을 마련해 살고 있지만, 제주살이 역시 낯설기는 마찬가지다. 점차 내 삶의 공간과 시간의 터전으로 자리잡아 가겠지만 불편한 점이 한두 가지가 아니다.

어쨌거나 집에서 휴식을 취하든 밖에 나가 새로운 경험을 하더라도 조용한 곳을 찾아 휴식해 보라. '조용하다'는 말은 쉬는 것, 일하는 것을 그치는 것이다. 자연에 의한 자기 정화(self-cleansing)의 기쁨까지 느끼는 데가 좋은 곳이다.

■ 일과 쉼의 균형 찾기

현대인들은 끝없는 욕망, 축적, 상승에 대한 열망 때문에 극심한 경쟁과 갈등 속에 살아간다. 반복적이고 규칙적인 휴식을 반납하고 일에 대한 유혹을 받는다. 이를테면 일이 넘쳐나 '과부하 증후군(over road syndrome)'에 빠져 만성 피로 상태다. 그리고 일 속에서도 충족을 느끼지 못하고 결핍에 허덕인다. 행복이 아닌 고통을 느끼고 자신의 정신적·육체적 에너지를 자유롭게 사용할 수 없다고 느낀다.

우리는 오직 돈을 벌기 위해서만 일을 하는 것은 아니다. 현대인들의 '과잉 적응'도 문제다. 소속 집단에서 자기 실현을 위한 과잉 적응이 일어난다는 뜻이다. 물론 노동하는 삶은 고달프지만 하나의 소명이다. 소크라테스는 "일하는 사람에게는 축복이자 이익이다. 게으른 행동은 해로운 악"이고, "휴식은 수치스러운 일이 아니다"라고 했다. 하지만 가만히 있어도 알게 모르게 피곤하다면 신체적 정신적으로 지친 것이다. 조용히 혼자 쉬는 시간이 필요하다.

쉼이 있는 삶

우리가 처한 현실로 돌아가 보자. 주말을 즐길 준비가 되어 있는가. 쉼이 있는 삶을 살고 있는가. 노는 것이 오히려 불안할 때가 있다. 두 사람 중 한 사람은 채워지지 않는 욕망과 갈등 속에서 쉴 수도 없고 집에서 평화롭게 지낼 수도 없다. 뭔가를 내려놓지 못하고 다시 일터로 나가는 것이 우리 삶이다.

유대인 랍비 아서 와스코우는 휴식의 날을 영원의 리듬, 즉 계속되는 일과 존재 사이의 균형이라고 했다. 삶의 깊이는 이 두 가지 사이의 할 일을 마치고 또 다른 일을 시작하려고 할 때 창조적인 삶을 누릴 수 있다는 것이다.

안식 끝에 일을 하지 말라는 교리가 있지만 노동에서 벗어날 수 없다. 노동자는 생산 활동에 참여함으로써 생활비를 받는다. 안식은 창조적인 삶의 해방으로 중시되지만, 그러나 안식이 가져다주는 휴식의 사회적 · 정치적 합의는 지키기 어려운 것이 현실이다. 휴식은 홍수 때 마실 물이 없는 것같이 평소 귀중한 줄을 모른다. 쉬는 시간이 비생산적인 시간이 아니라 생산적인 시간이다. 쉬지 못하고 일하다가 몸살이라도 나면 그것은 고통이요 비생산적인 것이다.

그럼에도 사람들은 휴식의 기회를 마련하지 못하고 허둥댄다. 사회는 여가 생활 자체를 방해하는 구조다. 개인의 선택 의지에 문제가 있지만 휴식 시간 없이 일할 때는 불행하다고 느낀다. 게다가 사회적으로 휴식에 대한 이해가 부족하거나 과소평가하는 경향이 있다.

그리스 신화에 나오는 시간 개념으로 기계적이며 물리적인 크로노스(cronos) 시간이 아닌 주관적이며 특별한 시간을 의미하는 카이로스(kairos) 시간을 만들 수 없을까. 하루 한 달 일 년의 시간으로 천천히 혹은 빠르게 흐르는 시간이 바로 사유하는 시간으로.

너무 바빠서 일하는 시간, 행동하는 시간, 쉬는 시간을 모르고 지나가 버린다. 그러니 사람들은 일에 치이고 수면이 부족하니 달콤한 휴식을 취하지 못한다. 바빠서 쉬지 못하는 것은 고통이다. 휴식은 긴장감 없이 편안해야 한다.

브라질 작가 코엘류는 수필집 《흐르는 강물처럼》에서 "일에만 매달려 삶의 의미를 도외시한다는 것은 저주"라고 했다. 모든 존재는 어느 순간 사라지게 마련인데 왜 그렇게 여유를 갖지 못하고 살아가느냐고 묻는다. 그는 이어 "인생은 예술품이 아니고 순간은 영원한 것이 아니란 걸 깨닫게 한다"고 했다. 그런 점에서 우리 삶을 흥미롭게 만드는 것은 우리가 당면한 큰 도전이 아닐 수 없다.

키르케고르는 바쁜 상태를 인간의 공통된 결함으로 진단했다. "먼 미래에 집착하면 무척 바쁘게 지내게 되고 현재의 삶이 피곤

해진다. 자신의 먹는 것과 일에 대해 관심을 가지고 살아가는 사람
이 제대로 사는 것이다."

쉼은 가족이나 친구뿐만 아니라 이웃을 멀리하면서 보내는 것이
아니다. 현실 속에 잘 반응하면서 생명의 숨결을 가다듬는 것이다.

일과 놀이의 균형

일은 생산적이고 사회적인 기본 활동이다. 일은 한순간을 넘어서
어딘가에 흔적을 남겨 놓고자 하는 것이 인간의 본능이다. 노동, 사
회 참여, 예술 활동, 글쓰기 역시 자기 일을 하는 것이다. 혹시 직업
을 갖지 않았더라도 직장 생활을 하는 것처럼 활동함으로써 뭔가 성
취할 수 있고 얻어진 결과에 흐뭇해할 것이다. 이상적인 일터가 아
니더라도 직업이 있고 그것을 좋아하고 그것으로 인해 항상 일하고
있다는 느낌을 갖게 될 때 살맛을 느끼게 된다.

인간은 경제적 인간, 즉 호모 이코노미쿠스(homo economicus)이며
소비하는 삶을 산다. 경제 활동을 열심히 하는 사람은 생활 만족도
가 높다. "노동 없는 삶은 죄악이다(life without labor is guilt)"라는 금언
은 누구에게나 적용된다. 다들 힘들다고 하는데 자기 혼자만 일을
하지 않으면서 살맛 나는 세상을 누린다면 그건 잘못된 삶이다. 군
자는 어느 상황이든 지금 머무르고 있는 자리에서 자기 도리를 다하
며 자족하는 삶을 살아가는 것이다.

또한 일터를 잠시 떠나 휴식 혹은 놀이를 즐기는 일은 여행객처럼
쉬고 보고 느끼며 살아가는 것이다. 영혼을 한 끼 식사, 한 시간의
일과 바꾸지 않는다. 그러면 살아가면서 하고 싶은 일, 놀고 싶은

것을 즐기며 남다르게 살아가는 방법은 무엇일까.

구체적으로 취미 생활과 여가를 통해 스트레스 등 질병 치료에 필요한 활동은 화분 키우기(정원 가꾸기), 사진 찍기(예술활동), 스크랩하기(신문, 사진), 물고기 기르기(수족관), 퍼즐게임(두뇌능력), 그림 그리기(회화, 드로잉), 공예(뜨개질), 악기 배우기(노래교실), 글쓰기(시나 수필), 수집(우표, 동전)을 꼽는다.

자신이 기쁘고 자부심을 가질 수 있는 방법을 습득하는 데 힘을 쏟아야 삶이 즐겁다. 하루에 6~8시간 일하고 그다음에 좋아하는 것을 한다면 평생 즐겁게 보낼 수 있을 것이다.

물론 밤을 낮 삼아 일하는 수많은 미생들에게 저녁이 있는 삶은 버거운 일이다. 흔히 놀 줄 모르는 사람들에게 "바보야, 인생은 즐겁게 노는 거야" 하고 소리치지만 놀이는 쉽지 않다. 놀기(play)는 일종의 '장난기'다. 취미 놀이는 개인의 정체성을 드러내는 수단이다. 우리가 '논다'는 것은 감동의 시간이요, 참을 수 없는 즐거움이며 휴식의 달콤함이다.

놀이는 신체뿐만 아니라 정신의 흥분을 자아낸다. 놀이에 빠지면 흥분하게 되고 시간 가는 줄 모른다. 놀이는 우리 삶을 미소 짓게 만든다. 하고 싶은 일을 함으로써 몸에 엔도르핀이 돌게 된다. 통증을 감소시키고 당신이 행복해질 때 옥시토신이 분비되어 더 기쁘게 한다. 이런 호르몬은 스트레스와 우울증에 대한 최상의 해독제다.

가끔 "휴식은 각자 알아서 하는 거야" 하고 가볍게 여기는 경우가 많다. 과연 그런가. 자기 취향대로 하면 잘 쉬는 건가. 사실은 휴식의 필요성은 자신이 더 잘 안다.

나의 경우는 걷기가 좋다. 걷기는 나에게 워킹 플레이(walking play), 즉 걷기는 놀이다. 걷기가 좋다고 느껴지니 그것이 진짜 내 놀이다. 그래서 동해안 해파랑길(770km), 스페인 산티아고 순례길(800km), 강화나들길(300km), 지리산 둘레길(270km), 일본 시코쿠 순례길(1,200km) 등 장거리 도보여행을 즐겼다. 하이데거가 암시하듯 인간은 '먼 곳을 가는 존재'라고 하지 않던가. 인간은 본질적으로 자기가 있던 곳으로부터 다른 먼 장소로 향하도록 돼 있다.

일과 놀기, 휴식과 수면의 균형을 이루는 것이 휴식이다. 일과 휴식, 비움과 채움이 따로 없다. 비움, 내려놓기를 통해 안정을 찾는다. 휴식은 생물학적 생존 문제까지 일으키지는 않지만 휴식을 통해 인간 공동체에 적극 참여하게 된다. 그렇게 될 때 휴식(휴가)은 가족과의 친밀도 유지, 사회적 관계의 정상화, 건강하지 못한 몸을 추스르는 '중간 영역'이 된다. 중간 영역에서 치유받고 해방되는 기회가 된다. 더 빠르게 발전하는 과학기술 발전, 끝없는 경쟁 구조 속에서 휴식을 잃어버린 삶이 되었지만, 존재의 균형을 이루는 편안한 휴식은 절대 필요하다. 휴식 없는 삶은 앙꼬 없는 찐빵과 같다.

게으름이 찬양되는 시대

모든 인간은 휴미락을 향유하며 안전하게 살고 싶어하는 사회적 존재다. 잘 쉬고 먹고 보다 즐기기 위해 죽기까지 노력한다. 그런데 사람들은 쉽게 권태나 지루함을 느낀다. 여기서 '지루함(boredom)'은 만족하지 않다는 신경 반응이다. 만족하기를 원하지만 불가능한 혐오스러운 경험이다.

지루함은 휴식을 취하지 못해서 오는 감정으로 오랫동안 반복되는 일을 할 때, 먼 길을 갈 때, 대기실에서 기다릴 때 느끼는 스트레스와 같은 느낌이다. 지루함이 계속될 때 무가치한 감정이거나 인생은 더 이상 살 만한 가치가 없다는 생각들, 또는 강렬한 불안감, 시간에 대한 통제력이 떨어진다. 때로는 공허감, 슬픔, 좌절감으로 나타나며 삶의 의미를 잃게 된다.

우리 몸은 지속적으로 뭔가 해야 하는 진행 모드로 프로그램되어 있지 않다. 계속 쉬지 않고 일을 하거나 집중할 때 건강에 심각한 부정적인 영향을 미칠 수 있다는 뜻이다. 실제로 일에 끌려 다니다 보면 건강을 해칠 수 있다. 일을 멈추고 혹은 아무것도 하지 않으면 처음에는 불안감을 느끼지만, 그러나 적당히 쉬고 속도를 늦추면 실제로 창의적이고 행복해지며 생산성을 높일 수 있다. 지루해지기 위해서 살아가는 것은 아니지만 충분히 쉬면 마음이 상쾌해지고 활력을 되찾을 수 있다.

다시 말해 게으름을 찬양하는 사람도 있다. 스테판 로빈슨은 《게으름의 중요성(The Importance of Being Idle)》에서 게으름에 대해 시간 낭비라고 생각하지 말고 실제로 문명의 근원으로 받아들이라면서 미친 듯이 바쁘게 살지 말고 조언한다. 가끔 안락한 의자에 앉아 커피를 마시고 명상을 하며 호기심을 자극하라는 메시지를 던진다. 책 제목대로 2005년 8월 영국에서 이 책의 내용을 반영하는 앨범도 나왔다. 현대인들의 바쁜 생활을 피해 게으름을 찬양하는 노래다.

"여자 친구가 말했지, 자기 너무 게을러. 시간이 나를 죽이라고 있는 것은 아니지만 역시 난 그냥 게으른 건가 봐. 신경 안 써, 빛나는 별 아래 누울 침대만 있다면 말이냐. 괜찮을 거야, 사람한테는 한계가 있지 않아. 마음을 다해 일하지 않을래."

그러면 게으름이 무조건 나쁜 것일까. 지루함의 이점을 주장하는 피터 투히의 《권태 : 활기찬 역사(Boredom : A Lively History)》에 보면 지루함 혹은 권태는 일반적이고 건설적인 감정 중의 하나라고 한다. 사람들이 여가, 휴식, 성찰의 기회가 없으니 권태 혹은 지루함 등의 정신적 피로를 느낀다는 것이다.

이와 관련해 그는 지루함을 '단순한 지루함(simple boredom)'과 '존재적 지루함(existential boredom)'으로 나눈다. 전자는 길고 단조로운 시간이 계속 반복되는 것으로, 자동차를 오래 타면 지루해지는 경우다. 몸이 피로해지고 하품이 나온다. 후자는 복잡한 불쾌감으로 우울, 고립감 혹은 허무주의에서 오는 감정이다. 감옥 생활을 오래 하는 사람들에게 나타나는 실존적 지루함이다. 사르트르가 쓴 《구토》에서 나타나는 현상이다.

풍요로운 휴식 시간 만들기

누구에게나 하루 24시간이 주어진다. 시간을 아껴서 활용할 수 있지만 더 많은 시간을 얻을 수 있는 방법은 없다. 다만 주어진 시간을 최대한 활용하는 지혜가 필요하다.

모든 사람은 각자의 시간을 다르게 사용한다. 김 과장은 성공적인 자기계발에 많은 시간을 투자할 것이고, 박 대리는 가족들과 지내는 시간에 더 집중할 것이고, 최 상무는 건강 관리에 더 많은 시간을 할애할 것이다. 가능한 하루 일을 줄이고 시간을 더 소비하면서 자기가 좋아하는 일에 시간을 쓰려고 한다.

시간을 최대한 유효하게 쓰는 유일한 방법은 자신이 하는 일 중에 가장 중요한 일이 무엇인가를 깨닫고 우선순위에 따라 행동하는 것이다. 그리고 가능하면 속도를 늦추는, 즉 느리게 살아가면서 삶의 의미를 깨닫는 것이다. 예를 들어 아름다운 숲길을 걷는다고 생각해 보자. 바쁘게 걷다 보면 의미 없이 지나쳐 버릴 것이다. 그러나 느리게 즐기며 걸을 때 주변의 풍광, 새소리, 풀냄새를 느낄 것이다. 속도가 느려질수록 10배 이상의 의미를 발견할 수 있다.

현대는 이성이 아닌 감성과 상상력에 호소하는 사회다. 감성과 상상, 즉흥성이 우리 삶이다. 이성이 아닌 경험이 더 즐거움을 준다. 그런 시간을 풍요롭게 소비하는 것은 열망과 행복, 기쁨과 만족을 만들 수 있는 삶의 방식이다. 물질주의 혹은 유물론적 관점에서 벗어나 자신의 주관적 행복을 찾기 위해 새로운 시간 활용 계획이 필요하다. 그런 점에서 '시간 없음'에서 '시간 있음'으로 만들어 가는 지혜가 필요하다.

- 당신만의 시간표를 만들어 실천한다.
- 가장 가치 있는 활동, 즉 가족과 보내는 시간, 취미 생활, 개인의 성장 노력 등을 살펴서 관리한다.
- 명상, 기도, 독서, 정원 가꾸기, 종교 활동 등을 늘려 삶의 부정적

찌꺼기들을 걸러낸다.

- 신체적 운동으로 하루 30분 이상 걷기 등 운동으로 정신적·신체적 건강을 유지한다.
- 게으르게 시간을 낭비하지 않는다. 하루를 지루하게 무의미하게 보내는 익숙한 습관들로부터 벗어난다.

그런데 어떻게 '쉼'을 얻을까. 여기서 쉼과 쉬었음은 의미가 다르다. 쉬었음은 일할 마음과 능력이 있지만 별다른 이유 없이 일하지 않고 빈둥댄다는 뜻이다. 임시직 일용직 일자리가 줄어들면서 마땅한 일자리를 찾지 못해 막연히 쉬는 것은 진정으로 쉼이 아니다. 집에서 일 없이 시간을 보내거나 하루 종일 뒹구는 것은 진정한 휴식이 아니다. 오히려 피로가 쌓일 뿐이다.

결론적으로 기본 생존 욕구가 충족되면 더 이상 행복해지지 않는다는 사실이다. 기본 욕구의 충족, 안전, 부와 웰빙을 넘어 더 강력한 욕구가 한없이 작용하기 때문에 지속적 행복감을 느낄 수 없다는 것이다. 오히려 시간을 재미있게 보내기 위해서는 외부 보상(재산, 돈, 인기, 매력)보다 시간의 풍요함을 느끼는 것이 더 행복하다. 물질보다 시간 부자가 더 풍요로운 삶을 살아갈 수 있다.

하지만 기본적으로 물질적 빈곤 상태에서 벗어날 때 시간의 풍요함도 즐길 수 있다. 무엇보다 물질적 뒷받침이 보장될 때 시간의 풍요함을 누릴 수 있다. 어떤 이는 "돈 외에는 아무것도 없다"고 외치지만 개인적으로 의미 있는 활동을 추구할 수 있는 여유로운 돈과 시간이 균형 있게 주어질 때 삶의 만족감이 높아지는 법이다.

휴미락의 탄생

쉬고(休) 먹고(味) 즐김(樂)의 인문학 수업

제3장

休味樂
–
음식

먹음의 미학

음식은 '문명의 산물'이고 맛은 본능적 현상이다. 음식은 인간의 욕구일 뿐만 아니라 이를 즐기는 것이다. 먹는 것도 즐거움이며 사는 데 필요한 에너지를 얻는 것도 생존의 몸짓이다.

요즘은 살기 위해서 먹는 것보다 즐기기 위해서 먹는다고 한다. 음식이 입안에서 맛과 혀의 촉감 등을 즐기고 목으로 넘어가 위에서 소화되는 과정에서 만족감을 얻는다. 그러나 마음이 깨끗해야 만상을 음미하듯 음식도 마음이 맑고 즐거울 때 맛을 더 느끼는 법이다.

우리가 말하는 식욕이란 생명의 존속에 필요한 인간의 3대 욕구 중 하나다. 그러기에 오묘한 입맛에 대한 철학적 성찰이 필요하고 미학의 대상이기도 하다. 식사를 할 때 음식맛을 감각적으로 느껴 보는 것이다.

어떤 이는 눈물 젖은 빵을 먹으며 눈물, 콧물을 씻어 낼 것이고, 부자는 세상 진미를 느끼며 행복해할 것이다. 그러기에 부자든 가난

하든 일용할 양식을 얻기 위해 온갖 고통을 마다하지 않는다. 그러나 잠깐 멈추고 생각해 보자, 지금 내가 먹고 있는 음식이 "어떻게 만들어지고 어디서 왔을까? 누구 손을 거쳐 나에게까지 왔을까?" 하고 돌아보는 것이 진정한 삶의 여정이요 먹음에 대한 덕목이다. 휴미락의 스토리가 그렇다.

■ 심미적 대상으로서의 음식

아름다움을 추구하는 것은 우리 삶의 중요 부분이다. 보통 아름다움은 '미적'이라는 말을 쓴다. '심미'에 대해서 종교적 · 철학적으로 경멸하는 경향이 있는데, 이는 심미/쾌락 사이의 관계가 깊기 때문에, 또한 청교도적 문화에 뿌리를 두고 있다. 그럼에도 사상가나 철학자들은 아름다움, 미학에 대하여 진지하게 다루고 있다.

음식 역시 심미적 대상이다. 그냥 때가 되어 습관적으로 먹는 것이 아니라 먹고 있는 음식에 대해 편안한 마음(mindfulness)으로 천천히 풍미를 느끼며 먹는 것이다. 우리가 느끼는 맛, 배고프다 배부르다는 감각은 다양한 감정의 한 부분이다. 그 감정은 다름 아닌 맛있는 음식을 먹고 싶다는 욕구이기도 하다.

반대로 식욕이 없으면 먹어도 그 맛을 모를 것이다. 준비된 음식이 없거나 부족할 때는 배고플지도 모른다는 불안감에 쌓이기도 한다. 또 치명적인 질병, 이를테면 식도암 환자는 밥 한 숟가락 먹는 것이 최고의 소망이다.

음식의 미학적 차원이란 배고프다는 느낌뿐만 아니라 눈으로 보는 시각(겉맛 보기)으로부터 냄새, 맛, 즐거움을 말한다. 여기서 '보기'는 시각적 요소로서 맛보다 보기에 좋은 음식(美食)을 선호한다. 음식도 시각적으로 보기 좋고 냄새도 좋아야 입맛을 느끼게 한다. 맛은 혀와 머리로만 느끼는 것이 아니라 미각, 시각, 청각, 후각 등 오감으로 느끼는 것이다. 음식에 대한 심미적 평가는 먹는 사람들의 취향에 따른 긍정적이고 도덕적인 문제다.

그래서 음식은 사회과학적 논리로만 설명되지 않는다. '꿈의 맛'은 사람마다 다르다. 음식은 우리 삶의 원초적 부분이지만 그 맛은 신비롭다. 맛은 우주의 감각과 맞닿아 있다. 칸트는 비판적 대상으로의 음식과 음료를 보는 것이 아니라 먹고 마시는 즐거움의 대상으로 '맛의 상상(gustatory imagination)'을 말한다.

맛에 대한 상상은 먹는 순간의 느낌과 감각, 맛의 기쁨, 배를 채움, 행복감 등을 경험하는 것이다. 입안에 들어온 음식 맛이 온몸에 퍼질 때 기쁨을 얻는다. 아니면 배가 부르거나 허기를 느낄 때는 모두를 잊게 한다. 그래서 음식은 비이성적이다. 건강을 위해 먹는다고 생각하는 것이 이성적이라면 맛에 빠져서 음식을 즐기는 순간은 비이성적이다.

더구나 우리가 음식을 먹는 것은 자신의 신체를 느끼는 것이다. 음식을 먹으면서 흔한 말로 맛보기(品味, flavor), 몸으로 깨닫기(體悟)가 있는데, 동양에서는 미학적 요소들로 어떤 대상에 대해 몸으로 깨닫는다고 할 때 보기(觀), 맛보기(味), 깨닫기(悟)로 이어진다. 요리를 영양학적으로 레시피에 따라 만드는 것이 아니라 신체의 탐구이자 감각의 성찰 대상으로 보는 것이다. 요리를 통해 신체가 어느 상태에서 어느 시간대에 음식이 필요한지를 알아가는 세심한 탐험으로 그려진다. 이를 프랑스 철학자 미셸 옹프레이는 "음식의 선택은 실제로 실존적 선택"이라고 했다.

아닌 게 아니라 먹는 즐거움은 포기할 수 없는 기호다. 먹는 즐거움은 씹으면서 맛을 느끼는 것이다. 송나라 명재상 범희문(范晞文, 일명 范仲淹)은 "한참을 잘 씹어야 그 의미를 알게 된다(咀嚼既久 乃得其意)"면서 "맛보기는 음식을 씹으며 맛을 음미하는 것, 그리고 다 먹고 나서 오묘한 맛을 완전히 느끼는 것이다(岳陽樓記)"라고 했다. 여기서 '씹는다'는 것은 맛을 몸으로 느끼는 것, 맛을 찾는 것, 맛을 구분하기를 잘할 때 비로소 깨달음에 이르게 된다는 의미다.

그의 일화는 식습관을 중시했다는 사실이다. 범희문는 일 년 내내 죽만 먹고 힘들게 살았다. 이런 모습을 본 주위 사람들이 어느 날 맛있는 음식을 대접했다. 하지만 그는 음식을 입에 대지 않았다. 그래서 왜 먹지 않았느냐고 묻자, "먹지 않아 음식이 상하면 남들이 욕을 하겠지만 저는 죽만 먹고 살아가는 데 익숙해 있습니다. 일단 맛있고 기름진 음식을 먹기 시작하면 나중에 고생을 견디지 못할까 걱정됩니다" 하며 음식을 거절했다는 것이다.

■ 요리도 예술이 되는가

프랑스에서는 16세기 이후 탐미의 시대답게 다양한 요리법이 개발되고 요리가 예술의 한 분야로 자리잡게 되었다. 일본 화식(和食)의 대가 기타오지 로산진은 "나는 음식을 먹지 않고 아름다움을 먹는

다"고 했다. 요리가 예술이 되는 시대임을 강조한 사람이다. 식욕을
미(美)로 끌어올려 놓은 것이다.

프랑스의 천재 요리사 마리 앙투안 카렘은 웨딩케이크를 처음 만
들었는데 당시로서는 놀라운 발전이었다. 프랑스에서는 유명 요리
사를 높이 평가한다. 2018년 초 프랑스의 위대한 셰프로 평가받는
폴 보퀴즈가 91세로 세상을 떠나자 에마뉘엘 마크롱 대통령은 "보
퀴즈는 프랑스 요리를 바꾼 인물로 전국의 주방에서 요리사들이 눈
물을 흘리고 있다"며 애도했다.

예술 문학작품은 삶의 탄생과 생애의 희로애락 그리고 죽음을 설
명하는 유효한 도구이지만 '요리예술(Culinary arts)'은 우리 살과 뼈,
장기 등을 창조하는 것이다. 음식은 다른 동물이 만들 수 없는 창조
물로 우리를 기쁘게 한다.

좋은 음식은 탁월한 것이 아니라 내적인 것의 미학과 관련된 것이
다. 빵 한쪽이라도 파삭파삭한 질감, 향기로운 버터 맛, 우리의 김
치 맛, 그리고 단순함, 절묘함 등이 모두 손끝에서 나온 창조물이
다. 즐겁게 본 오페라는 쉽게 잊어버릴 수도 있지만, 맛있는 음식은
초월적인 감각을 제공함으로써 잊을 수가 없다. 그것이 바로 요리
의 예술이다.

문학예술에서 에토스(ethos, 작가의 도덕성과 신뢰성)에 대한 판단을
파토스(pathos, 작품에 담긴 정서적 감성)에 대한 판단보다 우선시하는
시대로 접어들었다. 저작자 자신이 똑똑하고 윤리적 흠결이 없다는
사실을 청중을 설득하여 신뢰를 얻어야 한다는 말이다. 마찬가지로
음식이 예술이라고 한다면 셰프의 감성보다는 셰프의 도덕성(에토스)

이 더 중요하다. 단순히 정서적 호소로서 동정심을 얻는 것이 아니라 맛을 잘 내는 실력으로 맞서야 한다. 좋은 음식을 만들어 사람들을 행복하게 해 주고 싶은 것이 셰프들의 꿈 아닐까.

■ 존재의 굶주림은 어디까지

미식(味食, gastronomic)이란 단순한 배부름만을 위한 것이 아니라 즐거움을 추구하는 것이다. 따뜻한 우동 한 그릇이 봄날의 행복을 가져다주는 것도 음식의 묘미다. 먼 길을 걷다가 우연히 얻어먹는 빵 한 조각은 남다른 기쁨을 준다. 맛있는 음식은 일종의 카타르시스 역할을 한다. 그런 점에서 음식을 이해하는 데는 음식의 종류, 음식을 어떻게 볼까 하는 인식론, 음식의 미학, 식량의 정치경제학적 측면, 식사의 사회적 의미, 조리법(레시피), 식품의 안전성 문제가 포함된다.

본질적으로 인간은 배고픈 존재다. 배고프다는 것은 존재의 굶주림이다. 굶주린 사람에게는 아름다운 꽃 한 송이가 아니라 빵 한쪽이 더 중요하다. 빵 한 조각을 얻기 위해 일을 하고 도둑질도 한다. 우리 속담에 "금강산도 식후경"이라 했다. 아무리 좋은 것, 재미있는 일이 있어도 배가 부르고 난 뒤에야 좋은 줄 안다. 또 "목구멍이 포도청"이라는 속담 역시 먹고 살기 위해 어떤 일이라도 해야 한다는 것이다.

미국 뉴멕시코대 인문학부 샤먼 앱드 러셀 교수는 《배고픔에 관하여(Hunger : An Unnatural History)》에서 배고픔이 우리 몸을 얼마나 처참

하게 파괴하는지를 고찰했다. 생리학적 측면에서 하루, 일주일, 한 달 동안 음식을 먹지 못할 때 어떤 상황이 나타날까. 인간은 "배고픔 없이 살 수 없는 존재인 동시에 배고픔을 참을 수 없는 존재"라고 한다. 몸이 약해지면 식욕도 떨어지고 이상하게 권위의 힘도 약해진다. 그래서 배고프다는 것은 자연스럽고 부자연스러운 인간의 조건이다.

미국 노스텍사스대 데이비드 카플란 교수가 쓴 《생각을 위한 식욕 : 철학자와 음식》은 음식에 대해 철학적 접근을 모색한 책이다. 철학자들이 긴 인류 역사에서 음식의 발전, 음식에 대한 철학적인 문제들, 무엇을 먹어야 할지, 음식이 안전한지, 좋은 음식이 무엇인지를 분석 평가했다.

그러면서 음식에 몇 가지 의미를 부여했다. 즉 영양가(객관적 신체 에너지 공급원), 인공적인 것이 아닌 자연식품(오염되지 않는 식재료), 문화로서의 음식(민족, 국가마다 음식이 다름), 식품의 사회적 필요(가난한 자에 대한 지원, 분배), 욕망으로서의 음식(기아, 굶주림), 미적 대상으로서의 음식(감각적·예술적 의미), 영성으로서의 음식(종교적으로 음식에 대한 거부 혹은 금기 식품) 등으로 나누어 설명했다.

한마디로 축약하면 배고픔 없이 살 수 없다. '허기'는 세상과 교류하게 만든다. 음식은 생존의 영양을 제공할 뿐만 아니라 즐겁고 사치스러운 물질이다. 음식은 사치뿐만 아니라 삶의 질에 관한 것이다. 동시에 도덕적 문제로 먹을 것이 없거나 먹지 못하는 사람들에게 먹을 것을 권하고 나눠 주는 배려의 마음이 필요하다. 특히 카플란은 음식에 대해 세 가지 덕목을 제시했다.

- 접대 : 음식을 다른 사람들에게 제공할 책임
- 절제 : 탐식 등의 조절
- 테이블 매너(식사예절)

'허기'는 사람에게 있어서 가장 중요한 요소다. 음식이란 허기의 이미지다. 허기가 음식을 당기는 것이다. 말할 필요도 없이 음식은 생명의 절대 요소다. 음식을 준비하고 먹는 데 우리 삶의 50~60%를 차지한다. 일상생활에서 느끼는 기분, 감각 그리고 삶과의 조화를 이루는 것이 영양소다.

■ 먹음의 정치학

배고픔은 인간을 악으로 만든다. 자원 부족, 식량 부족은 식량이 공정하게 균등하게 분배되지 않는다는 사실이다. 굶주림에 대한 윤리적 판단은 무색해진다.(Kaplan, 103~106)

음식은 생명을 유지해 나가는 호흡, 폐의 순환과 같이 생체기능에 있어서 절대적인 요소다. 음식이 없으면 살 수 없고 굶주림이 심해지면 인지능력이 떨어지고 마지막으로 죽게 된다. 먹는 것과 소화는 가끔 불일치할 때가 있다. 배탈이 나거나 위장병으로 고생할 수 있다. 배고파하는 사람에게 음식을 제공하는 것은 주인으로서 상대방을 환대하는 것이다.

식량 문제는 식량 생산과 무역거래, 식량정책 등 국제적 차원의 문제다.(Emily Brady) 미국 플로리다대 제프리 버크 하르트 생명공학

교수는 '식량의 윤리'를 제기하면서 식량 안보를 우선시한 나머지 동물 식량화를 비판했다. 질 좋은 고기를 먹으려면 찬환경적 사육이 필요하다면서 동물 복지를 강조하고 있다. 또한 동물들에 대한 학대, 고통, 스트레스를 최소화하는 동물 보호를 앞세우며 음식 가공류로 생산되는 동물에 대한 윤리적 측면을 상기시켰다.

인간이 음식을 얻기 위해 동물을 죽이는 것은 고대로부터 논쟁의 대상이었다. 고대 그리스의 피타고라스와 그 문화생들은 인간과 동물의 혈연관계가 강하게 연결되어 있다면서 동물을 식량으로 삼거나 종교적 희생물로 죽이는 것을 거부했다. 옛 로마 신플라톤주의 철학자 포르피리는 동물들이 식량 생산 수단으로 이용되는 문화를 비판하면서 채식 위주의 식사를 강조했다.(kaplan, 190~210)

캐나다 기자 출신인 마르타 자라스카는 《고기를 끊지 못하는 사람들》이라는 책에서, 동물성 단백질이 반드시 필요한 것이 아니라는 연구 결과에도 불구하고 많은 사람들이 동물성 단백질을 필요 식품(necessary food)으로 여기고 있다고 했다.

다른 유기체의 살점을 먹는 육식의 역사는 약 15억 년 전부터 시작되었으나, 앞으로 콩고기 같은 육류 대체품을 이용하는 사람이 늘어날 것이다. 인간은 고기를 섭취한 덕에 뇌를 키우고 더 일찍 번식할 수 있었으며, 고기는 부와 권력의 상징이었다. 일부 과학자들은 "우리를 인간으로 만든 것은 고기"라고 했다.

미국의 경제학자 제레미 리프킨는 《육식의 종말(Beyond Beef)》에서 인류의 소고기 탐식이 세상을 얼마나 황폐하게 만드는지, 인간의 욕심이 어떻게 다른 인간과 동식물을 괴롭히는지, 무관심 속에 우리 생태계가 얼마나 파괴되고 있는지를 설파했다. 지구상에는 현재 12억8천만 마리 소가 사육되고 있는데, 이는 전 세계 토지의 24%를 차지하고 있다면서 고기를 먹지 말아야 지구와 인류가 살 수 있다고 했다. 고기 한 점이 식탁에 오르기까지 얼마나 자원이 낭비되고 생태계가 파괴되는가. 10억 명의 사람들이 넘쳐나는 지방질을 주체하지 못하고 35억 명도 단백질 사다리의 최상층에 있다.

미국 노스캐롤라이나 대롭던 생물학 교수는 《바나나제국의 몰락》에서 식량 탐욕과 자연생태계를 한데 묶어 모양 좋고 맛난 먹거리를 위해 자연 질서를 헤쳐서는 안 되며, 생물다양성을 지키는 것이 인류의 미래를 지키는 일이라고 주장했다.

또한 제오프 안드레는 '슬로푸드' 운동을 강조했다. 슬로푸드 운동은 패스트푸드 체인점과 슈퍼마켓, 대규모 농산물의 지배에 대한 대안으로 이탈리아에서 설립되었다. 자연친화적이고 공정한 거래, 건강한 식품을 먹자는 의미에서 식량 생산 및 소비의 수준을 다운사이징하자는 운동이다. 1960년대 이후 반문화에 뿌리를 두고 있는 범세계적인 운동으로 미식가들과 환경운동단체들을 중심으로 확대되고 있다. 이 운동은 농촌공동체를 복원하고 세계화에 대한 대안을 마련하는 선순한 개념에 기초하고 있다.

그런데 소득 격차가 먹기의 양식이 달라지고 비만율의 차이로 이어진다. 자본주의 선진국에서는 비만율이 고소득자보다 저소득층에서 더 높게 나타나고 있다. 왜 이런 현상이 일어날까. 여러 가지 원인이 있겠지만 빈곤층은 건강을 돌볼 시간과 돈이 없어 불규칙적으로 값싼 인스턴트식품 혹은 정크푸드를 먹고 음식 섭취량이 고소득

층보다 더 높기 때문이다.

음식에 대한 국제적 표준이나 규정된 레시피가 있는 것도 아니다. 게다가 음식 관련 철학적 논쟁도 빈약하다. 음식 철학에서는 음식이란 무엇인가, 무엇을 먹어야 하나, 인간에게 좋은 음식이란 무엇인가, 우리가 먹는 음식들이 안전한가, 음식을 어떻게 먹어야 건강에 도움이 될까. 이런 질문은 플라톤 이래의 질문이고 답을 찾아왔으나 아직 진화하고 있다.

■ 철학자들의 밥상

배고픔 내지 목마름은 신체와 관련된 '비움' 상태다. 음식을 섭취하고 '채움(충족)'으로 더 충실하게 존재하기 위해서다. 음식 섭취와 적절한 운동은 건강을 지키는 비결이다. 건강한 식사가 생명을 보존하고 즐거움을 준다. 히포크라테스 외에 플라톤도 음식 섭취의 중요성을 강조했다. 먹는다는 것은 "더 충실한 의미에서 존재한다"고 했다.(플라톤, 584e~585c)

질병 발생 여부를 판단하는 척도로 영양 섭취를 중시했다. 플라톤은 《국가(The Republic)》에서 "우리에게 필요한 첫 번째 최고는 존재와 삶에 대한 식품의 제공이다. 몸에 적절한 운동과 영양을 공급하는 작업을 방해하는 다른 부차적인 일이 있어서는 안 된다"며 뚱뚱한 사람은 게으름을 피우는 살찐 유휴동물이라고 했다.

니체는 늘 위장 장애로 고생했다. 그는 《이 사람을 보라(Ecce Homo)》에서 "나는 인류를 구원한다는 하느님보다 더 관심이 가는 것이 있다. 그것은 식사 영양에 관한 질문"이라며서 서로 다른 음식에 대한 도덕적 영향은 무엇인지, 영양 철학이 있는가에 관심을 가졌다. 니체에게 건강이란 개인의 삶과 능력(자유로운 영혼)과 성장하는 데 필요한 것이었다. 니체는 자신이 먹는 고통에 대해 다음과 같이 표현했다.

"옛 친구여, 위궤양으로 인해 식이요법을 하고 있네. 3월 5일부터 1개월간 다이어트를 하고 있는데, 나는 커피, 술, 담배, 매운맛, 토마토, 감귤 등 음식을 먹지 않고 있다네."

루소는 우유, 빵, 물 등 최소한의 식사를 했다. 그는 먹는 것이 즐거움이 아닌 생존을 위한 필수 조건일 뿐이라고 했다. 《고백록》에서 "나는 지금 먹는 음식보다 더 좋은 음식을 모른다"고 했다. 검소하고 고기가 빠진 단조로운 식탁이었다. 그러면 "루소는 채식주의자인가?" 하고 의심하게 된다. 그의 책 《에밀》을 보면 육식을 하는 것은 자연스러운 식사가 아니라는 것이다. 루소는 최초의 낭만주의 소설 〈줄리(Julie)〉에서 사람들이 좋아하는 음식을 보면 그들의 성격을 알 수 있다고 했다. 주로 고기를 먹는 사람은 그렇지 않은 사람보다 잔인하다는 것이다.

또 다른 철학자 칸트의 하루 식사는 어떠했을까. 그는 맛을 어떻게 느끼고 판단했을까. 《순수이성비판》으로 유명한 칸트는 '도덕의 철학(Metaphysics of Morals)'에서 냄새와 맛은 열등한(주관적인) 감각이고 촉각, 시각, 청각은 우월한(객관적인) 감각이라고 했다. 그는 심미적 관점에서 음식이나 풍미에 대해 관심을 가지고 있지 않았다. 또 음식과 음료를 먹는 것과 관련해 과잉 영양 섭취를 우려했으며, 음식으로 인해 잃는 것과 술에 취하는 것은 인간이 아닌 단순한 동물과 같고, 음식으로 배가 부르면 그는 한동안 능력이 없는 상태에 빠진다고 했다.

칸트 철학과 관련해 여러 자료를 살펴보면, 칸트는 식욕과 쾌락은 인간이 추구하는 아름다움과 선을 충족시키지 못한다는 입장이었다. 물론 철학자 입장에서 하는 말이지만 그는 신체적 조건이 좋지 않았다. 평생 동안 불규칙한 소화장애 위장병을 앓았고 시력도 나빴다. 아침에 차 한잔을 마시고 점심 한 끼만 먹는 습관을 가지고 있었으며, 만족스러운 저녁 식사를 하려는 충동을 병적 현상으로 보았다.(Onfray)

실존주의 철학자 사르트르의 식사는 어떠했을까. 그는 철학을 알기 전 젊었을 때 음식과 맛에 대한 요리책을 쓰고자 했다. 그의 일기에는 오감을 자극하는 음식 이야기가 많이 나오는데, 주스와 토스트, 치즈, 오믈렛을 만들다가 실패하기도 했다. 그러면서 음식에 대해 좋은 것과 싫은 것을 분명히 했다. 사르트르의 평생 동반자 시몬 보부아르에 의하면 사르트르는 "모든 음식은 상징(All food is a symbol)"이라고 말했다고 한다. 그는 자신이 좋아하는 것들로 만든 음식만 먹었다. 그리고 음식(빵)은 다른 사람들과의 관계를 연결하는 것으로 생각했다.

이렇게 철학자들은 수세기 동안 음식에 대한 합의를 도출하지 못하고 먹는 것을 즐거움이 아닌 생존을 위한 필수적인 행위로 규정했다.

21세기 들어서는 세계적으로 과체중의 문제, 먹는 것에 대한 즐거움이 더 강조되고 있다. 요즘은 맛보다 미식(美食)을 좋아한다. 경제적으로 여유가 있거나 사회적으로 성공한 사람일수록 고급 호텔에서 미식을 즐긴다. 조식 뷔페부터 저녁까지 와인과 칵테일을 즐기고 소고기안심구이, 스테이크, 이탈리아 파스타, 샐러드, 버섯크림수프, 녹차케이크, 초콜릿 하트케이크 등을 먹으며 만족을 느낀다.

■ 음식과 성욕은 동원동색인가

식습관은 뇌의 작용에 의한 것이다. 생존을 위해서는 음식이 분명히 필요하지만 먹는 것이 즐거운 것은 뇌의 반응이다. 생존과 출산은 먹는 것, 성적 반응은 즐거움의 원천이며 즐거움은 쾌락주의로 모아진다. 음식을 먹을 때 느끼는 즐거움은 쾌락과 유사하다. 성적 즐거움과 음식이 주는 즐거움이 같다는 것을 뇌의 변화가 알려준다. 식사와 성욕은 쾌락을 위한 원동력인 셈이다.

조물주의 섭리는 감각적인 쾌락을 자기 보존 수단으로 주었다. 성적 쾌락은 본능적이다. 뇌의 즐거움은 곧 생존(먹는 것)과 생식(섹스)의 균형을 이룰 때 더 즐거운 것이다. 음식은 다중 감각적이지만 독특한 정서감, 황홀함, 포만감을 안겨 준다. 좋아함이 신경 메커니즘에 작용하면서 즐거움을 느끼는 도파민이 발생하기 때문이다.

생명의 근원인 식욕, 사랑은 원초적으로 동원동색인지도 모른다. 식욕이 떨어지면 성욕도 떨어진다. 다만 사람의 저급한 욕구가 윤리와 정치를 해치지 않으려면 예(禮)에 따라야 한다. 공자는 "예가 아니면 보지 말고, 예가 아니면 듣지 말고, 예가 아니면 말하지 말고, 예가 아니면 행하지 말라"고 했다.

맹자는 식욕과 색욕의 인간성을 인정하려는 사조와 달리 '과욕'의 위험성을 경고하며 식욕과 색욕이 인간의 본성이라는 주장에 반대했다. 입이 맛을 즐기는 것과 눈이 색깔을 즐기는 것, 귀가 소리를 즐기는 것, 코가 냄새를 즐기는 것, 팔다리가 편안함을 즐기는 것이 본성이기는 하지만 인간은 동물과 달리 그것을 정당화하면 삶의 타락을 용인하는 것이며, 동물과 사람의 차이는 지극히 작지만 사람은 도덕성을 버려서는 안 된다는 것이다. 결국 맹자가 말하고 싶은 것은 욕망이 커지면 마음을 잃게 된다는 것이다.

프로이드는 배고플 때의 허기와 사랑의 허기를 구분하는 이원론적인 입장을 보이지만 허기는 동물적인 혹은 생명의 결핍된 감정의 표현이라고 했다. 성도 역시 허기에 속한 것으로 온갖 생리작용의 다름 아니다. 프로이드는 구강(입)기와 생식기 단계를 인간의 성적 발달 과정의 각 단계로 간주했다.

음식과 성욕 관계를 연구해 온 제임스 W. 브라운은 "역사를 통틀어 볼 때 작가들은 음식과 성욕을 항상 연결시켜 왔다"면서 입의 욕구 충족으로부터 얻는 쾌락이나 성적 쾌락은 기본적으로 생물학적 욕구라고 했다. 성교 행위가 쾌락과 출산 모두를 충족시키듯 먹는 행위도 쾌락과 연결되는 것이다. 동물적인 본성이 음식 먹기와 섹스라는 뜻이다. 다만 플라톤과 아리스토텔레스를 비롯한 그리스 철학자들은 인간이 육체의 야성적 쾌락의 노예가 되는 위험을 경계해야 하고, 촉각의 쾌락(성교)과 미각의 쾌락(음식)에의 탐닉에 대한

절제와 중요성이 필요하다는 입장이었다.(LeBlanc, 2009)

기쁨과 덕을 인간의 선으로 본 소크라테스 역시 육체적·동물적 쾌락에 굴복하는 것을 경계하며 즐거움의 가치를 도덕적으로 제한하고 있다. "그저 가축처럼 쾌락에 대한 욕망으로 풀을 뜯어먹고 성교하고 서로를 발로 차고 뿔을 받으면서 언제나 아래를 향하고 땅과 식탁을 향해 몸을 굽힌다"고 한탄했다.(Plato, Republic, 1979, 107~109)

중세기 시대의 성 아우구스티누스, 성 토마스 아퀴나스 같은 가톨릭 성직자들은 맛있는 음식과 술에 대한 욕구가 성에 대한 욕구와 밀접하게 연관되어 있다고 믿었다.

■ 러시아 문학작품에서 본 음식과 성

19세기 러시아 소설에서 음식과 성, 섹슈얼리티에 대한 글들은 유명하다. 니콜라이 고골, 이반 곤자로프, 레오 톨스토이, 도스토옙스키의 작품을 통해 식사 방법은 물론 남성들의 육체적·성적 욕망, 에로티시즘을 짐작할 수 있다. 특히 19세기 후반부터 20세기 초에 나타난 러시아의 문호 도스토옙스키와 톨스토이의 '성적 욕망과 미식 욕망'에 대한 대조적인 입장은 흥미롭다.(R D, LeBlanc, 2009)

먼저 톨스토이의 작품에서 찾아보자. 톨스토이의 불륜소설《안나 카레리나》에 나오는 레빈 드미트리치에게 먹는 것은 생명, 힘, 건강을 유지하기 위해 영양을 섭취하는 생물학적 행위인 반면, 젊은 장교 브론스키(오블론스키)에게 먹는 것은 삶의 즐거움 중 하나다. 레빈에게 먹는 행위는 음식이 곧 굶주림을 의미하는 욕구지만, 브론스키에게 먹는 행위는 음식이 곧 탐닉을 의미하고 '욕망 욕구'로 작동한다. 레빈에게는 생존을 위한 자연적 욕구지만 브론스키는 도식적인 '사치, 욕망(appetit de luxe)'을 따라 먹는 인물이다.

레빈은 성적 충동(본능적 욕구)이 위험하지만 꼭 필요하다면 가정과 결혼이라는 사회제도를 통해 규제되어야 한다고 생각하는 데 반해, 브론스키는 성은 음식처럼 맛있는 쾌락을 이루는 것으로서 자유로이 탐닉 대상으로 생각한다. 레빈에게 성은 금욕적이고 엄격한 것이지만 브론스키에게 성은 음식처럼 쾌락이 목적이다. 레빈에게 기혼 남성의 불륜은 레스토랑에서 한끼 식사를 한 후 다시 빵집에서 롤빵을 훔치는 행위처럼 이해할 수 있는 일이다. 하지만 모스크바의 부유하고 한가로운 귀족 브론스키에게 식탐과 불륜은 모두가 즐거운 관능적 행위로서 서로 성관계를 가지며 상호보완적인 것이다. 결국《안나 카레리나》작품 전반에서는 식욕과 성욕의 충족이 쾌락을 향한 동물적인 욕망과 동일시된다.

톨스토이 역시 '쾌락으로서의 먹기'를 경계했다. 육체적 쾌락이 사람들을 곧고 좁은 도덕적 정당성과 영혼의 자기 완성에서 점점 더 멀어지게 한다는 것이다. 톨스토이는 식탁에서 미식적 쾌락에 대해 혐오와 역겨움의 태도를 보였다. 성적 문제에서 독신, 정절, 혼인의 지속 등을 옹호하면서 채식주의, 금욕주의, 단식과 같은 극단적 식단을 지지했다. 도스토옙스키는 인간에 내재한 동물학적 본성은 힘(권력)에 대한 잔인하고 탐욕스러운 야만적인 욕망이며, 톨스토이에게는 야수가 육체적 욕구 충족과 관능적 본능을 추구하는 동물적 본성의 일부였다.(LeBlanc, 2008)

러시아 단어로 요리(slado, 혹은 달콤한)와 성욕(strastie, 혹은 정열)의 뜻을 어원적으로 결합시킨 단어가 호색가들(sladostrastiki)이다. 도스토옙스키의 작품에서 먹기와 성은 쾌락의 행위라기보다는 폭력과 잔인함의 행위로써 육욕적 욕망은 주로 힘에 대한 탐욕스러운 욕망, 다른 이를 탐닉하고 게걸스럽게 먹어 버리려는 욕망을 구현하는 것이다.(LeBlanc, 2008, 77)

도스토옙스키의 소설 《카라마조프가의 형제들》에서 적용된 단어도 마찬가지다. 이 소설에 나오는 드미트라(미찌카)는 아버지를 극도로 증오하는 인물로 촌뜨기 시골 처녀 그루센카를 보고 성적 욕구를 느끼는데, 이때 "입에 침이 고인다"고 했다. 또 어느 남성은 여성이란 존재를 "맛 좋은 한 조각의 요리"와 같다고 한다. 도스토옙스키의 소설에서 음식과 성은 서로 연결되어 있다. 남성들이 모여 저녁 식사를 하고 음주를 하고, 그리고 함께 호색질을 하러 가는 모습이다.

이때 도스토옙스키의 소설에서 음식을 향한 욕구와 같은 성적 욕망은 쾌락보다는 힘의 지배로 나타난다. 그의 소설에서 한 인간의 욕망 대상은 희생자로 전락한다. 요샛말로 성상납자가 되는 것이다. 도스토옙스키에게 사랑과 분리될 수 없는 수난과 고통, 성행위 시 상대를 육체적으로 고문하고 싶은 욕망, 남성과 여성과의 친밀한 애정 행위에서 상대를 정신적으로 학대하고 싶은 욕망이 도스토옙스키의 에로티시즘이다.(Mare Slonim, 1957)

흔히 '먹는다' 와 '결혼한다'는 의미는 나의 것으로 삼는다는 의미를 갖는다. 먹는 것도 내가 먹는 것이고 결혼한다는 것도 서로를 얻는 것이다. 프랑스어 consommer라는 동사는 결혼과 식사하는 경우에 적용한다. 성교와 식생활은 등가성이 간접적으로 인정되는 것이다.

결국 인간의 두 가지 기본 욕구는 식욕과 성욕이다. 식욕에 대한 의무적 절제와 성욕의 자기 조절이 중요하지만 끊임없이 유혹을 받는다. 유혹은 한순간에 왔다 갔다 한다. 너 나 할 것 없이 결코 만족을 모르기 때문이다. 유혹과 욕망은 끝도 없이 흘러가게 마련이다. 욕망을 채울 수 없으니 사람들은 하루 대부분의 시간을 제정신이 아닌 상태로 보낸다. 성 어거스틴은 "욕망은 무한해서 안식이 없다"고 했다.

식탁의 즐거움

우리의 입맛, 즐거움은 어디서 시작되는가. 그것은 모양도 없고 색깔도 없다. 다만 어떤 맛이 있었다/없었다, 느낌/못 느낌의 차이로 혀에서 깜박거림만이 있을 뿐이다. 맛이 있다/없다, 좋다/안 좋다 하는 것은 개인적 취향이다. 자신들이 좋아하는 음식을 먹으면서 행복감을 느끼는 것이다.

그리고 음식에는 몸에 '좋은 음식'과 '즐겁고 맛있는 음식'이 있다. 이 두 가지가 균형을 이루는 것이 건강한 식생활이다. 신경전달 물질은 맛있는 음식을 먹거나 음악을 듣거나 즐거운 행동을 할 때 도파민, 세로토닌이 분비되어 행복하고 긍정적인 기분을 느끼게 한다.

상식적이지만 식사의 즐거움은 곧 영양분을 섭취하는 것이다. 식사의 시작은 '먹고 싶다(식욕)-배부르게 먹다-포만감-소화/흡수-신체활동 에너지-배변'으로 이어진다. 이 과정에서 뇌의 활동이 지배한다. 뇌에 의한 음식 감각은 시각, 질감, 촉감, 냄새 등을 통해 느끼게 되는데, 음식을 섭취하는 과정에서 다중감각을 통해, 즉 눈, 코, 귀 및 구강으로부터 뇌로 이어지는 경로의 모든 감각을 포함한다. 좋아하는 음식-싫은 음식의 기피-뇌의 학습이 이루어져 식습관이 형성된다.

■ 음식과 감각기관

그럼 우리가 뭘 먹을 때 즐거워지는가? 인간은 모든 즐거움을 찾고 고통을 피하도록 프로그램되어 있다. 그것은 인간 신경계의 가장 원시적인 부분이다. 음식을 먹는 입은 생명의 입구다. 어머니 뱃속에서도 모든 신경이 입으로 모아진다. 우리가 어떤 음식을 먹을 때 맛의 즐거움을 찾는 것도 입이다. 입맛은 삶의 즐거움 그 자체다. 가정뿐만 아니라 식품 회사들은 맛을 내는 데 집중하고 있다. 맛은 뇌감각의 역할이고 그 감각은 혀에 발달한 미뢰(味蕾, taste bud)에 의해 느껴진다.

이런 경우를 생각해 보자. 우리는 먹지 못해서 찾아오는 허기의 고통을 피하려고 한다. 굶주림은 비참한 고통이다. 이럴 때 어떤 음식이든 먹고 기운을 차리게 된다. 단맛, 신맛, 쓴맛을 가리지 않고 본능적으로 먹는다. 특별한 맛의 감각, 즐거움을 느끼지 못하고 배를 채우면 된다. 우리는 배고파서 먹고 오래 씹으며 맛을 느끼고 마음으로 잘 먹었다는 포만감에 행복해한다. 그러나 음식을 먹을 때 기분이 좋지 않거나 주위가 산만하면 식사의 즐거움을 느낄 수 없다. 음식의 즐거움이 없으면 두뇌는 기쁨을 느끼지 못하고 소화

장애를 일으킬 수 있다.

나쁜 음식이 들어가면 소화기관이 바짝 긴장한다. 다시 말해 즐거움과 소화 관계는 직접적인 생화학적 관련성을 갖는다. 영양분을 제대로 흡수하지 않으면 코티솔과 인슐린의 배출량을 증가시켜 지방이 축적됨은 물론이다.

또한 먹을 때마다 저울을 가지고 있지 않다. 대식가들은 게걸스럽게 먹는다. 식욕이 당기는 대로 소화 불량을 일으킬 정도로 먹는다. 즐겁게 먹을 때는 과식하는 경우가 생긴다. 과식은 안 먹은 것만 못하다. 그런데 새로운 연구 결과에 따르면 덜 먹는 사람들은 체중을 늘리기 위해 더 많은 음식을 먹게 되어 비만율이 높아진다는 주장도 있다. 그리고 음식의 중독성(addicting)까지 제기된다. 맛에 대한 중독성은 비만과 관련이 있다. 맛에 대한 중독성은 옷 사이즈 혹은 허리둘레에 영향을 미친다. 문제는 영양분을 균형 있게 섭취해야 한다. 단백질, 탄수화물, 지방이 몸을 지탱해 주는 3대 영양소다. 이 중에 하나라도 부족하면 건강을 해칠 수 있다.

그럼 음식을 먹을 때 왜 맛을 느낄까. 맛있게 보이는 스테이크를 내 몸은 어떻게 느낄까. 우리 입맛은 입에서 끝나지 않고 위와 소장을 거치면서 그 내장 안에 맛을 느끼게 하는 수용체가 있기 때문이다. 즉 과학자들은 장내에 맛을 느끼게 하는 감미료 센서가 있어서 인슐린을 조절하여 건강을 유지한다고 한다. 우리가 입이나 코, 눈으로 먹지만 또한 내장에서 보내는 신호에 따라 맛있게 먹는다는 사실이다.

말을 바꿔, 음식맛이 좋다는 기준은 무엇인가? 그것은 식재료,

고유한 맛, 향긋한 냄새, 아삭아삭한 질감 등이다. 음식맛은 소금, 젓갈, 식재료, 조리법에 따라 달라진다. 또 음식은 단것(당분), 지방, 소금이 들어가야 제 맛이 난다. 담백한 국수 한 그릇, 맛깔스러운 김치 맛에 살아 있음을 느낄 때가 있지 않은가.

가끔 맛에 홀릴 때가 있다. 누구나 경험하는 것이지만 허기가 찾아올 때 라면 맛에 홀린 적이 있을 것이다. 나 또한 산티아고 순례길을 걸을 때 컵라면에 햄과 양파를 넣어 끓여 먹으니 진수성찬보다 맛있었다. 라면 국물 냄새만 맡아도 감동이었다.

특히 우리가 후각으로 느끼는 향기는 다양하다. 그중에서도 맛 냄새가 코를 자극한다. 본능적으로 들어오는 맛깔스러운 냄새가 입맛을 돋운다. 음식 냄새는 음식의 즐거움을 주는 중요 요소다. 치명적인 냄새도 있지만 음식 냄새가 침샘을 자극한다. 후각으로서의 냄새(aroma)도 맛에 영향을 미친다. 그래서 감기에 걸려 코가 막히면 어떤 음식도 맛을 제대로 느낄 수 없는 것이다.

우리가 자주 마시는 커피의 경우 주관적인 후각에 의한 냄새가 큰 즐거움을 준다. 커피도 로스팅에 따라 향기가 달라진다. 프랑스 작가 마르셀 프루스트의 《잃어버린 시간을 찾아서》에도 특정한 냄새나 음식 냄새를 통해 기억을 재생하는 '프루스트 효과'라는 말이 있다. 냄새가 지난 기억을 불러일으키는 것으로 우리 삶과 깊은 관계가 있다는 것이다. 즉 특정 냄새는 잃어버린 존재(연인 혹은 엄마, 할머니)를 불러오게 하는 '후각 증명'과 같은 것이다.

임산부에게는 입덧이 일어난다. 평소 못 느끼던 냄새에 민감해진다. 평소 잘 먹던 된장국 냄새, 김치찌개 냄새, 고기 굽는 냄새가 싫어지고 색다른 음식을 먹고 싶어한다. 이때 먹는 음식은 태아에 영향을 미친다. 우리 입맛은 엄마 자궁에 있을 때부터 평생에 걸쳐 형성된다. 예를 들어 임신 중에 마늘을 많이 먹으면 모유에 마늘 맛이 분비되고, 당근 주스를 먹으면 태아가 좋아한다고 한다.

아이들이 편식을 하거나 특정 음식을 싫어할 때 수십 번을 먹여야만 억지로 먹는 것을 볼 수 있다. 결국 아이들의 식습관은 부모에게 달려 있다. 성인들도 건강에 좋다는 말을 수십 번 들어야 먹기 싫은 음식도 먹게 된다. 음식과 맛에 대한 편견이 작용하기 때문이다.

또한 주위환경 역시 음식맛에 영향을 미친다. 음식보다는 외적인 요소들, 이를테면 실내 분위기, 주방 청결 수준, 종업원의 서비스, 날씨와 온도에 따라 음식맛이 다르게 느껴진다는 것이다. 또 같은 음식이라도 좋아하는 사람과 같이 먹을 때 맛이 더 좋다. 그 밖에 그릇 모양과 색깔에 따라 차이가 난다. 가벼운 플라스틱이나 알루미늄 포크는 맛을 잃게 하고, 약간 무거운 식기와 수저가 음식맛에 영향을 미친다고 한다.

■ 왜 맛있을까

영국 옥스퍼드대 찰스 스펜스 교수는 《왜 맛있을까》에서 우리가 왜 맛있다고 느끼는지를 밝히며 '가스트로피직스(Gastrophysics)'라는 새로운 단어를 만들어 냈다. 가스트로피직스는 요리학 혹은 미식학(gastronomy)과 정신물리학(psychophysics)을 합친 용어로 실험심리학, 뇌인지학, 신경요리학, 마케팅, 디자인, 행동경제학 등 여러 학문을 응용해 음식과 음료를 맛볼 때 여러 감각 경험에 영향을 미치는 요인을 연구했다.

음식의 색깔, 냄새, 식기의 무게와 질감, 레스토랑의 분위기와 셰프의 솜씨에 따라 맛이 달라진다. 맛을 좌우하는 요소는 음식 재료, 조리법, 가격, 브랜드, 경험 등 헤아릴 수 없이 많다. 음식 이외의 요인이 통합적으로 작용해 뇌가 맛을 인지하게 된다.

또한 스펜스 교수는 '미식물리학(Gastrophysics)'에서 음식을 먹기 전 시각, 청각, 후각, 촉각이 맛에 영향을 미친다고 했다. 그중에서도 음식을 가장 먼저 맛보는 기관은 눈이다. 보기가 좋아야 한다. 감자칩을 먹을 때 바삭 소리가 클수록 더 신선하고 맛있다. 그리고 건강하게 먹기 위해 뇌를 속이는 방법으로 작고 오목한 그릇에 묵직한 식기와 수저를 사용하거나 TV나 휴대전화를 끄고 먹으라고 조언한다. 같은 양이라도 작은 그릇에 담으면 더 많아 보이고 포만감도 더 크다. 큰 접시에 음식을 담으면 최대 40%는 더 먹는다고 한다. TV나 휴대전화를 끄라는 것은 음식과 먹는 행위에 집중하는 것이다. 다른 활동을 하면서 먹으면 30% 더 먹게 된다는 것, 오감을 총동원해 맛, 향기, 질감을 음미하는 것, 맛을 즐기면 덜 먹으면서 더 큰 만족을 얻을 수 있다고 했다.

음식의 간(소금기)이 부족하거나 설탕을 줄인 음식에다 소금을 더해 짜거나 달게 느끼게 만드는 '음악 양념(sonic seasoning)'이라는 것이 있다. 음식에 핑크빛 조명을 비춰 더 달게 느끼게 하거나, 음식의 국적에 맞는 음악을 들려주는 방식으로 개성과 맛을 증진시킬 수 있다는데, 같은 음식이라도 피아노 소리를 들으면서 먹으면 더 달게 느껴진다고 한다. 음악은 본래의 맛보다 단맛, 짠맛, 신맛 등을 10% 가량 강하게 느끼도록 뇌를 자극한다는 것이다.

스펜스 교수는 그릇 모양이나 색, 크기는 물론 접시에 담은 채소의 방향도 맛에 영향을 미친다고 했다. 채소 줄기가 둥근 접시 위에 몇 도 기울여져 있을 때 가장 맛있어 보이는지를 시험해 본 결과, 12시에서 시계 방향으로 3도가량 기울어진 각도일 때 사람들이 음식을 가장 맛있게 느낀다는 것이다. 식사에 영향을 미치는 요소는 다음과 같다.

- 접시(식기) 컬러(비주얼)
- 물컵의 형태(비주얼/촉각)
- 밥그릇의 품격(인지)
- 배경음악(청각)
- 주방의 청결과 실내 인테리어(위생)
- 종업원의 서비스(친절)

이렇게 우리 몸은 생리적으로 맛의 즐거움을 위해 프로그램화되어 있다. 즐거운 맛을 느끼는 것은 동물의 본능이다. 배가 부르면 뇌는 자동적으로 신호를 보낸다. "만족스럽고 즐겁게 먹었으니 이제 그만 먹어요" 하고. 만일 이런 신호를 느끼면서도 계속 먹으면 과식을 하게 된다. 욕구와 사물을 통제해야 하는 자연 욕구에 만족해야 하는데, 음식을 통한 최대의 즐거움을 얻고자 할 때는 과식이란 역효과가 나타난다.

■ 식도락가 - 푸디즘

맛있는 음식을 먹을 때는 맛에 따라 얼굴 표정이 달라지는 법이다. 대개 웃거나 찡그리는데, 웃는다는 것은 기쁨의 미각이고 찡그리는 것은 맛이 없는 맛의 불행이다. 커피를 무슨 맛인지 왜 마시는지 모르고 습관적으로 마시는 경우가 있다. 그저 독특한 향기도 맛도 음미하지 못하고 그것들이 주는 잠깐의 위안 때문에 마신다.

그러나 미식가는 좀 다르다. 배가 고파도 "먹을 게 없네, 숯불갈비를 먹을까, 스테이크를 먹을까?" 하고 식당을 찾아나선다. 요즘은 '집밥'보다 밖에 나가 맛있는 식사를 하는 외식 인구가 늘어나고 있다. 맛의 즐거움을 추구하는 것이다. 건강을 지키는 헬시 푸드(healthy food)를 찾아 식도락을 즐기는 건 빼놓을 수 없는 기쁨이다.

음식으로 더 많은 즐거움을 원한다면 식도락가(gastronomic pleasure)로서의 자격이 있다. 사실 미식가(gourmet, epicure)라면 어디라도 쫓아가는 사람들이다. 수많은 음식을 먹으면서도 특별히 좋아하는 음식점을 찾아다니는 식도락가는 새로운 맛있는 음식을 만날 때 살맛이 난다고 한다. 요즘은 식도락가가 아니더라도 맛집을 찾아 헤맨다. 핫한 음식점, 소문난 맛집을 찾아가 식사를 즐긴다. 그런데 루소는 《에밀》에서 식도락가에 대해 부정적이었다. 식도락가의 마음은 오직 자기 입맛을 즐기는 사람으로 한가롭게 먹을 것만 생각하는 사람으로 폄하했다.

그밖에 푸디즘(Foodism)에 빠지는 사람들이 많다. 요즘 건강식품에 집착하거나 '쿡방(요리프로그램)' 혹은 '먹방(먹는 방송)'에서 소개되는 셰프들의 음식 만들기를 따라가며 먹는 사람들이다. tvN의 '윤식당' 프로그램은 음식의 판타지를 제공했다.

일본의 오노 지로 셰프를 배경으로 만든 미국의 다큐멘터리 영화 〈스시 장인 : 지로의 꿈(Jiro Dream of Sushi)〉에서 그는 자신이 만든 음식을 좋아해 찾아오는 사람들에게 먹는 기쁨을 선사하는 것을 최고의 보람으로 느낀다. 85세 된 오노 지로는 "맛있는 음식을 만들려면 맛있는 음식을 먹어야 한다"고 셰프의 신념을 말한다.

또 비슷한 일본 드라마 〈고독한 미식가〉가 있다. 수입잡화상을 운영하는 주인공 고로는 출장길의 낯선 장소에서 맛집을 찾아 먹기를 즐긴다. 그는 혼자 먹는다. 술도 없다. 시간과 사회에 얽매이지 않고 행복하게 배를 채운다. 누구에게도 방해받지 않고 누구도 신경 쓰지 않으며 음식을 먹는 고고한 행위, 이 행위야말로 현대인들에게 평등하게 주어진 최고의 힐링이다.

식도락가인 김 대리만 아는 맛집도 있을 것이다. 손님을 접대하기 위해 횟집, 스테이크 하우스, 갈비탕집 등 좋은 식당을 알아놓고 자주 이용할 것이다. SNS에서 떠도는 소문난 맛집이 아닌 현지인들이 자주 가는 '숨은 맛집'을 찾아갈 것이다. 이름난 밥집을 찾아다니는 것도 좋은 경험이다.

왜 집밥보다 외식이 즐거움을 주는가. 색다른 음식을 먹기 때문이다. 이때 음식의 가치는 재료+조리+가격에 의해 선호도가 갈린다. 물론 식도락가에게는 맛만 좋으면 음식 가격은 문제가 되지 않지만, 음식 가격이 맛으로 느끼는 가치보다 낮아야 한다는 사실이다. 즉 음식맛 > 가격이어야 한다. 여기서 '음식맛'이란 그저 배를 채우기 위해서 먹는 것이 아니라 음식의 특별한 맛을 느끼며 즐겁게 먹자는 것이다.

　이런 음식점은 성시를 이루게 될 것이다. 말을 바꿔서 음식값은 음식점 주인이 정하기보다 고객과 시장이 정한다. 맛이란 재료 차이도 있지만 셰프의 손맛이 좌우한다. 셰프의 요리가 손님을 끌어들이는 것이다. 한마디로 셰프의 손맛이 좋으면서 비용(원가)이 적게 드는 가격 대비 가심비(價心比)가 좋은 것이 음식점 경영의 핵심이 아닐까. 결국 음식은 식재료의 선택, 요리 기술, 먹는 사람의 맛의 느낌에 따라 좋은 음식/싫은 음식이 나뉜다. 맛있다는 경험은 믿음으로 이어지고 입소문을 타고 다른 식도락가에 전해진다.

　현대는 미식가의 시대다. 글로벌 미식가들도 있다. 요리 레시피, 전통음식 등에 대한 관심이 어느 때보다 커지고 있다. 냄새를 맡고 즐기는 것은 인간의 삶과 다른 동물의 삶의 중심이다. 먹고 마시고 좋은 음식을 찾아다니는 사람들은 좋은 음식 냄새에 매력을 느낀다. 그야말로 풍요의 시대, 좋은 음식이 넘치는 시대다.

■ 음식의 사치

　어떻게 먹어야 똑똑한 식사일까. 죽기 전에 한 번 먹어 봐야 할 음식은 뭘까. 입안에서 머릿속까지 치고 오르는 음식맛을 느껴 보았는가. 그것은 영양을 골고루 갖춘 음식, 가성비가 높고 맛있는 음식들일 것이다. 입맛이 다르고 다양하듯이 이에 따른 음식도 수없이 많은 종류가 있다.

그럼 우리의 지친 몸과 마음을 설레게 하는 음식을 어디서 어떻게 먹을까. 좋은 음식은 기쁨을 줄 뿐만 아니라 신진대사를 돕고 두뇌를 활발하게 한다. 영양 섭취의 절반은 당신이 뭘 먹느냐 따라, 나머지 절반은 요리 방법에 의해 좌우된다. 맛있고 양 많고 값싼 맛집을 만나기란 그리 쉽지 않다.

로마인들은 음식에 특별한 의미를 두었다. 그들은 아침 식사로 치즈와 꿀, 마른 과일을 먹고 점심은 간식처럼 간단히 먹고 저녁 식사는 해가 질 무렵 먹는데, 이때는 전식과 후식으로 나눠 먹는다. 전식은 입맛을 돋우는 전채요리로 시작해 육류나 생선을 먹고 후식으로는 다양한 과자를 먹는다. 일반적인 전채요리는 아피치오(Apicio)로 삶은 달팽이, 닭모래주머니, 사탕무, 파, 샐러드 등을 먹는다. 채소로 만든 음식에 올리브유, 식초, 후추, 생강, 달걀 등을 넣어 섞은 후 그 위에 전분가루, 건포도, 스위트 와인 소스를 뿌린 샐러드가 아피치오다. 그중에서도 포도주가 그들 식사의 품위를 상징한다.

프랑스 사람들의 식사 풍경도 비슷하다. 카페나 레스토랑에 와인병을 진열해 놓은 것을 쉽게 볼 수 있다. 프랑스 와인은 2천여 종이 넘는다는데, 프랑스 생테밀리옹에서 생산되는 적포도주가 유명하다. 프랑스 사람들은 식사 때 포도주를 내놓고 몇 년 산, 어느 지방 산인가를 주제로 대화한다.

음식은 개인을 상징하는 기호가 되었다. 사람들은 분위기 있는 집을 찾아다닌다. 이제는 가격이 싸다고 사 먹는 시대가 아니다. 첫 입부터 씹어 삼킬 때까지 느낌이 좋으면 비싸도 사 먹는다. 같은 음식점이라도 시각적으로 더 우아하고 매력적일 때 두 배의 매출을

올린다. 클래식 음악을 들으며 먹으면 시간이 10분 더 걸린다고 한다. 음식을 즐기기 때문이다.

사치스러운 음식은 최고의 경험을 안겨 준다. 혀를 떨리게 하는 감미로운 음식이다. 일본 사람들은 초밥 한 점 먹는 것을 기쁨으로 여긴다. 그들은 귀한 손님을 대접할 때 초밥집에서 '스시'를 대접하는 경우가 많다. 미국 사람들은 귀한 사람들에게 스테이크, 티본스테이크를 대접한다. 음식을 담은 그릇뿐만 아니라 만찬에 참석하는 사람들의 옷차림도 우아하다.

외국 여행에서 만나는 초콜릿 가게는 마치 보석 가게 같은 분위기다. 그만큼 초콜릿이 먹기 아까울 정도로 아름답게 포장되어 있다. 게다가 음식은 물론이고 고급 인테리어로 미술관같이 꾸며 놓은 우아한 레스토랑이 인기다. 이런 곳은 사람이 붐빈다. 1만 원으로 10만 원짜리 음식을 먹은 것처럼 기분이 좋아진다.

미각과 감각의 세계

완전한 몸이 없듯 내 몸에 꼭 맞는 완벽한 음식은 없다. 그리고 먹는 방법 또한 완벽한 것은 아니다. 우리의 감각, 유전자 영향, 신진대사, 음식의 선호도에 따라 다를 뿐이다.

어떤 음식이 좋고 나쁘다는 생각은 주관적이다. 모든 음식이 항상 맛있는 것은 아니다. 맛과 냄새, 질감과 온도에 따라 다르고 취향에 따라 차이가 난다. 달콤새콤한 음식이 좋을 때가 있고 싫어질 때가 있다. 어떤 음식이 잘못되었다는 것이 아니다. 음식 선택은 그날 컨디션에 따라 유기적으로 조정되고 변하는 것이다.

고급스러운 식사는 일시적인 즐거움을 준다. 겉맛(보기에 좋은 음식)부터 음식을 천천히 씹으며 느끼는 맛, 씹는 소리, 삼키는 즐거움은 삶의 질에 영향을 미친다. 반대로 식사의 즐거움을 느끼지 못하는 경우는 다이어트나 질병 상태에 있을 때다.

식사도 사회적 행동에 속한다. 사회적으로 식사 자리에 참여할 수 없다면 그들로부터 고립되어 있다고 생각한다. 먹는 음식이 무엇이고 누구와 어떤 음식을 먹느냐에 따라 사회적 지위와 품격을 알 수 있다. 럭셔리한 식단을 갈구하는 것은 인간의 기본 욕구다.

■ 뇌로 느끼는 4기(氣) 5미(味)의 세계

미각(gustatory)은 혀끝에서 느낀다. 혀는 좁쌀 같은 세포(papilla) 수천 개의 작은 융기로 덮여 있다. 그 좁쌀 같은 조직으로 50~100여 개의 맛을 느낄 수 있다. 토론토 프린세스 마가렛 암센터의 영양학자 크리스티 브리세테는 보통사람에게 3,500개의 입맛을 느끼는 세포가 있으며 짠맛, 쓴맛, 감칠맛을 맛볼 수 있는 75개의 맛 수용체가 있다고 했다. 맛, 음미, 미각을 느끼게 하는 미뢰가 발달해 있기 때문이다.

음식을 먹으면서 단맛, 쓴맛 등 다섯 가지는 두뇌라는 신경조직에 의해 각인된다. 우리가 느끼는 미각부터 촉각, 청각, 시각, 후각 등 오감은 뇌와 깊은 상관관계를 갖는다.(카플라토니, 2017)

맛은 각자의 취향대로 느끼는 것이지 모두 동등하게 느끼는 것은 아니다. 우리는 프랑스, 일본, 중국, 인도, 미국 등지의 맛있는 음식을 먹으면서 미각을 느낀다. 다양한 종류의 입맛으로 즐거움을 맛볼 수 있다. 같은 메뉴(스테이크)라도 나라마다 다르고 셰프들 손에 따라 맛이 있고 없기도 하며, 사람마다 맛있음/맛없음의 의미를 갖는다.

음식에 소금이나 설탕을 많이 이용하는 것을 경계하지만 대부분

이를 즐기고 맛있게 먹는 것은 '정확함, 더 나은 음식'의 기준이 된다. 결국 맛의 취향은 옳고 그름의 문제가 아니다. 개인의 취향이나 선호에서 상대적일 뿐이다. 그리고 맛은 사회문화적으로 상대적인 것이므로 지역마다 종족마다 다르다.

일반적으로 맛의 특징은 '5S', 즉 단맛(sweet), 신맛(sour), 짠맛(salty), 향신료(spice), 놀라움(surprise)이라고 한다. 옛날 표현으로 음식에는 4기5미(四氣五味)의 성격이 있다. 음식의 4기는 한(寒, 찬), 열(熱, 뜨거운), 온(溫, 따뜻한), 량(凉, 서늘한)이고, 5미는 감(甘, 단맛), 산(酸, 신맛), 고(苦, 쓴맛), 신(辛, 매운맛), 함(鹹, 짠맛)이다. 서양에서는 제5의 맛으로 우마미(umami, 감칠맛)을 추가하기도 한다. 이는 우리나라의 잘 발효된 음식 같은 것으로 일본말로 아미노산 맛이다. 앨빈 토플러는 《제3의 물결》에서 평소 먹는 맛과 다른 미지의 맛이 등장한다고 했는데, 그것은 바로 감칠맛을 느끼게 하는 '발효 음식의 맛'이다.

그런가 하면 서양 사람들은 매운맛에 서툴다. 그래서 맵다는 말이 뜨겁다(hot) 혹은 화끈하다는 의미로 사용된다. 미국 워싱턴대 의대 연구팀은 '지방질(脂肪質) 맛'을 사람의 혀가 느낄 수 있는 6번째 미각이라고 했다. 또 탄수화물(녹말)에서 느낄 수 있는 맛(starchy taste)이라는 주장도 있다.(검색 : The six taste of carbs: strachiness is the new umami)

미각 시스템인 5가지 맛을 내는 음식은 단백질, 지방, 탄수화물 등 영양분을 지니고 있어 이를 균형 있게 먹으면 몸, 마음, 감각, 정신의 에너지로 작용하게 된다. 단맛은 에너지가 풍부한 음식이고, 쓴맛은 일부 독성을 포함하고 있어 요리할 때 조심해야 한다.

우리 전통음식인 김치는 화끈한 맛과 발효미가 잘 어우러져 있다. 따라서 김치와 된장, 고추장은 한민족이 발명해 낸 위대한 음식이다. 우리나라 된장과 서양의 치즈, 모두 중요한 식품이다. 서양에서 말하는 제5의 맛이라는 발효 음식이다. 발효 음식은 강력한 냄새, 색깔, 이미지 때문에 호불호가 생긴다. 화학적으로 보면 암모니아 냄새 혹은 부패할 때 생기는 고약한 냄새(腐敗臭, putrified flavor)처럼 느껴진다.

그리고 이러한 음식 냄새는 코로 맡는다. 후각은 어떤 음식이 싫은지 좋은지를 미리 알리고 피하도록 한다. 우리가 어떤 음식을 맛볼 때 반드시 냄새를 맡게 되어 있다. 좋은 냄새에 대한 나쁜 기억은 없으며, 좋은 음식맛은 오래 기억된다.

약간의 공기가 콧속으로 들어오면서 음식 냄새를 느끼게 되는데, 비강(鼻腔) 향기 수용체가 수백 가지 휘발성 화학 성분을 감지하여 복잡한 맛을 느낀다. 이것 또한 각자의 후각을 통해 음식 냄새를 독창적으로 느끼게 한다. 후각은 신경에 강한 자극을 줌으로써 두뇌에 많은 작용을 한다.

맛은 매우 까다롭고 희소한 것이다. 똑같은 식재료를 써도 그 맛을 흉내 낼 수 없다. TV프로그램에 조리법을 공개해도 같은 맛을 내기 어렵기 때문에 맛은 희소한 것이다.

과일을 살 때도 색깔과 모양, 맛을 중시한다. 맛은 무게나 부피, 색깔과 아무런 관계가 없다. 맛은 보이지 않는다. 맛은 먹어 봐야 체득되는 감각이다. 미적 감각이 아니라 먹어야 알 수 있는 맛감각이다. 맛의 감각은 자연 속에서 건강한 식재료를 선택하고 기르고 가공하여 몸에 좋지 않은 독성을 제거하면서 먹은 육체적인 진화에 따른 것이다.

■ 미각 장애와 맛의 곡선

음식에는 감칠맛과 질이 각각 다르다. 음식은 몸에 필요한 영양분을 공급해 주지만 두뇌의 즐거움을 가져온다. 먹는다는 즐거움은 우리 조상 때부터 매일 좋은 음식을 찾아 먹는 전통에 몸이 익숙해진 것이다. 내가 스페인 산티아고 순례길에서 먹은 것은 낯선 음식이었다. 나바르에서는 햄과 하몽을, 리오하(Rioja)에서는 레드와인을, 로그로뇨에서는 핀토스(pintxos), 갈리시아에서는 낙지(octopus)를 즐겨 먹었지만 우리 김치가 그리웠다.

우리가 음식맛을 볼 때 '간을 본다'는 말을 쓴다. 음식이 싱거운지 짠지를 맛보는 것이다. 침샘이 폭발하는 음식은 많다. 과즙이 풍부한 배는 기쁨을 주고, 청양고추같이 매운 재료는 심한 자극을 주면서 우리 몸에 자연스러운 맛의 취향을 구성한다. 그기에 다양한 음식을 평생 오감으로 느끼면서 밥을 먹는 것은 얼마나 복된 일인가. 고양이는 단맛을 모르고, 하이에나와 돌고래 같은 포유동물들도 5가지 맛을 느끼지 못한다고 한다.

노자 《도덕경》 12장에 "오미(五味)는 사람의 입맛을 버려 놓는다"는 말이 나온다. 즉 "맛있는 음식만 먹으면 입맛을 상하게 한다"는 말이다. 5가지 맛으로 대표되는 음식만을 선호하면 미각의 예민함이 상하게 된다는 것, 감각의 가치 때문에 내면적인 세계를 잃게 된다는 것으로 음식을 먹되 무슨 맛인지도 모르고 죽을 때까지 그저 먹기만 하는 삶은 헛된 것이요, 따라서 음식을 진정한 맛을 알고 고마운 것으로 받아들이라는 뜻이다.

우리 신체 중에 혀가 가장 많은 일을 하는 듯하다. 폴란드 작가 올가 토카르추크는 장편소설 〈방랑자들(Flight)〉에서 "인간의 신체에서 가장 강한 근육은 혓바닥이다"라고 강조했다. 우리는 맛있는 음식을 만나면 혀를 통해 핥아먹고 빨아먹고 마시면서 허기를 채운다. 또한 입을 통해 말을 하며 소통한다.

그런데 혀의 좁쌀 같은 세포는 50대를 넘어서면서 조직이 손실되거나 기능이 약해진다. 타액이 줄어들고 미각 장애가 생기면서 입맛이 없어지거나 제 맛을 못 느끼게 된다. 미각 장애는 쓴맛, 단맛, 짠맛을 맛보는 능력이 저하된 상태다. 입 안에서 일어나는 불쾌함, 비정상적 감각으로 구강 건강과 관련된 생리적 현상으로 오래 지속될 경우 영양 결핍이나 음식 선호도의 변화를 가져온다.

음식의 맛은 냄새와 맛의 조화를 이룰 때 배가된다. 입맛이 없으면 냄새 감각에 문제가 있는 것이다. 이른바 맛을 느끼는 '맛의 곡선'이 사람마다 다르다는 점이다. 건강한 사람들도 평소 먹는 음식의 단맛, 신맛, 짠맛 등은 시간이 지나면서 맛의 강도가 변하게 된다. 인공조미료들, 예를 들어 설탕, 과당, 포도당, 자당, 사카린 등 역시 강도가 다르다. 당(감미료)은 풍미에 강한 영향을 미친다. 입 안에서 분해되어 입맛을 자극하면서 서서히 사라진다.

많은 음식 중에서 맛의 곡선이 정점에 이르는 음식이 있는가 하면 맛이 없는 경우도 많다.

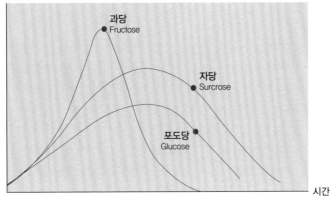

그림 3 시간에 따른 당(糖)의 강도 변화

자료 : Time-Intensity curres of Fructose, Gloucose and Surcrose, shallenberg, RS Taste Chemistry. 1993

더구나 미각을 잃으면 아무리 좋은 음식이라도 맛을 모른다. 그리고 먹기가 싫어진다. 그러면 대개 우울증에 빠진다. 먹는 즐거움을 포기한다는 것은 인생을 포기한다는 것과 같다. 더구나 늙으면 혀의 미뢰와 침 분비액이 줄고 맛을 감지하지 못한다. 미뢰가 손상되면 맛을 제대로 느낄 수 없고 맛있게 먹을 수가 없다. 늙어 가면서 맛을 느끼는 정도가 약해진다는 것이다. 7080세대들의 경우 75~80% 정도가 미각을 잃는다고 한다. 사실 음식을 맛보는 즐거움이 사라지면서 삶의 활력을 잃고 우울증에 시달리게 된다.

좋은 식사를 하는 방법과 음식에 대한 관심을 높이는 방법으로 미국의 저명한 가정의학과 전문의 미셸 메이는 '마음 편하게 먹는 방법(Mindful Eating Cycle)'을 이렇게 소개했다.(www.AmiHungry.com)

- 왜(why) 먹는가 : 배가 고파서, 먹고 싶어서, 아니면 다이어트를 위해서.
- 언제(when) 먹는가 : 아침, 점심, 저녁, 간식을 찾아 먹는다.
- 뭘(what) 먹는가 : 밥, 빵, 야채 등을 골고루 먹는다.
- 어떻게(how) 먹는가 : 빨리/느리게, 가족/홀로, 기분이 좋을 때/나쁠 때를 가려서 먹는다.
- 얼마나(how much) 먹는가 : 배가 부를 때까지 혹은 위의 70%만 먹는다.
- 어디에(where) 에너지를 소비하는가 : 일하는 데, 여가를 보내는 데, 운동하는 데.

이런 식사 규칙과 식습관은 식사량의 조절, 행복감의 근원이 되고 나아가 신체활동에 긍정적이고 건강 유지에 도움이 된다. 또한 이런 식사 규칙과 식습관은 지역, 나라, 개인의 취향에 따라 다르며, 모두 사회문화제도와 관련되어 있다고 한다.(Bob Ashley, Food and Cuture Studies)

음식의 진화

수백 가지 음식이 우리 입맛을 사로잡는다. 대형 마트에 가면 다양한 먹거리가 진열되어 있고, 먹음직스럽게 포장된 것만 봐도 입맛이 당긴다. 레시피 책이 쏟아지고 '먹방'이 인기를 끌고 있다. 좋은 음식은 기분을 좋게 하며, 심술궂은 얼굴도 식탁 앞에서는 밝아진다.

음식의 진화는 인류와 함께 발전해 왔다. 요샛말로 자연밥상에서 시작되었다. 가족 공동체를 이루며 영양 섭취와 입맛에 따라 진화했다. 그 같은 생각은 멀리 있지 않다. 따뜻한 밥상, 어머니가 차려준 밥상이 얼마나 즐거운 밥상인가.

음식 문화는 인종, 지역마다 다르지만 사회문화적 매개 변수에 크게 좌우된다. 자연과 계절이 주는 특별한 환경에 맞춰서 음식을 만들어 먹었다. 가족의 생일날, 명절날, 제삿날 등 특별한 날에 평소 먹기 어려운 음식을 만들어 가족 공동체의 결속을 다져왔다.

음식은 그 지역에서 생산되는 재료와 그들의 식문화가 압축된 것이다. 이러한 음식 문화와 요리법은 고대 이집트, 그리스, 로마, 페르시아, 터키, 중국, 몽골, 유대로부터 전수받으면서 우리 민족만의 식문화를 형성해 왔다.

■ 전통음식과 민속음식

우리 전통문화 중에 음식은 문화적으로도 영양학적 측면에서도 우수하고 경쟁력이 있다. WHO는 한식을 영양학적으로 균형 잡힌 모범식으로 뽑았으며, 미국의 건강전문지 "Health"는 김치를 세계 5대 건강식으로 선정했다. 김치는 종류도 다양하고, 거창한 밥상이라도 김치가 빠지면 허전하다. 그리고 김치는 전통음식이지만 늘 새로운 맛을 준다.

한국 전통음식은 30~40년 묵은 '씨간장'으로 맛을 낸다. 우리나라 가정에서는 사시사철 장(醬)이 익어 간다. 시간이 빚어 낸 장맛은 우리 음식 문화에서 빼놓을 수 없다. 오래된 것일수록 검은빛을 띠며 진한 맛이 난다. 한식은 섬세하고 정갈하다. 간장, 된장, 고추장, 장아찌 등은 깊고 깔끔한 맛이 나는 슬로푸드이며 건강식이다.

한국 음식의 특징은 여러 가지 채소와 발효 식품이 많이 들어가는 전통 식단이다. 된장, 간장, 김치, 젓갈 등은 비만과 성인병을 극복하는 데 유용한 식재료들이며, 한식은 다양한 재료들이 조화를 이뤄 깊은 맛을 낸다.

서양에 치즈가 있다면 우리에겐 된장이 있다. 우리나라 된장은 삼국사기, 삼국유사에도 기록되어 있다. 일본 역시 낫토, 청국장, 두부 등의 발효 음식이 인기다.

중국에서는 장류와 시류(豉類)로 나눠 주로 황두와 밀로 장류를 만들었고, 일본은 대두와 쌀, 보리 등으로 메주를 만들지만. 우리나라는 콩을 이용해 메주를 만들었다. 우리 몸에도 된장 DNA가 축적되어 된장, 고추장은 물론 된장과 간장에 절인 깻잎, 무장아찌 등을 먹는다. 집안에는 장독대가 놓여 있는데 장(醬) 문화는 기다림의 미학이 담겨 있다. 콩을 메주로 만들고 이것을 발효 숙성시키는 데 최소 6개월 이상 걸리기 때문이다.

고추장 역시 전통 재료다. 고추가 들어오기 이전에 고추장으로 어림해 볼 수 있는 '초시'라는 음식이 있었는데, 황해도 황주에서 만든 것이 제일 좋았다고 한다. 초시의 '초'는 산초나 후추 같은 매운 양념이고, '시'는 된장을 뜻하기에 고추가 한국에 들어오기 이전부터 매운 양념과 된장을 발효시켜 매콤한 검은색 초장을 만들어 먹었음이 분명하다.(이규태, 141쪽)

허균(許筠)은 조선팔도의 미식 134종을 소개한 《도문대작(屠門大嚼)》이라는 책을 남겼다. 제목은 고기를 먹고 싶으나 먹을 수가 없어서 푸주간의 문(도문)을 바라보고 질겅질겅 입맛을 다신다는 뜻이다. 책에서 먹는 것과 성욕은 사람의 본성으로 생명과 관계되는 것이니 성현들은 우리가 먹기를 좋아하는 것을 천하게 여겼으나 잘 먹는 것을 탓하지 말라고 했다. 다만 절약하지 않고 마구 먹으면 그 부귀영화가 항상 있지 못할 것이라며 지나친 탐식을 경계했다.

또한 안동장씨(安東張氏)가 쓴 《음식디미방》(일명 閨壺是議方)은 조선

중기 조리과학의 수준을 가늠해 볼 수 있는 소중한 책이다. 자신이 알고 있는 146가지 조리법을 가문의 후손들에게 알리려고 쓴 책으로 식재료의 생산과 획득, 조리과정, 조리기구, 집안 대소사에 따른 음식 준비 등 감탄할 만한 음식 조리서다. 그 외에 우리에게 전해지는 식경(食經 : 식생활을 기록한 문헌)으로는 《수운잡방(需雲雜方)》(1540), 《요록(要錄)》(1680), 《주방문(酒方文)》(1600), 《음식보(飮食譜)》(1700), 《규합총서(閨閤叢書)》가 있는데, 우리가 지금 즐겨 먹는 음식 재료와 조리법이 상세히 소개되어 있다.

특히 각 가문의 조리법은 시어머니에서 며느리로, 혹은 어머니에서 딸로 이어지는 모계 전수로 이어져 내려왔다. 종갓집 맏며느리는 된장, 간장 맛으로 자신의 삶을 대변한다. 가정에서 할머니, 어머니로 이어지는 음식상이 식구들을 행복하게 한다. 특히 공동체 결속 수단으로 한솥밥, 한상밥, 한잔 술을 더불어 먹고 마시는 것을 전통으로 삼았다.

비빔밥은 한국을 대표하는 향토음식이다. 조선시대부터 전해져 내려오는 전주비빔밥, 평양냉면, 개성탕반(湯飯)이 3대 식단이다. 비빔밥은 전국 어디서든 먹을 수 있어, 팔도 비빔밥을 먹으면 우리나라 음식을 다 먹는 것과 같다.

비빔밥과 관련해 중국 문헌에 등장하는 '골동반(汨董飯)'이나 일본의 '비빈바'가 있지만 한국이 비빔밥의 원조다. 원래 비빔밥의 뿌리는 제사를 지낸 후 제사 음식을 비벼서 후손들이 함께 먹음으로써 조상과 후손이 결속되는 관행에서 비롯되었다는 설이 유력하다. 최근 들어서는 미풍양속의 의미가 강했던 비빔밥의 세계화가 진행되고

있다.(이규태, 405쪽)

　우리 식단에서 빼놓을 수 없는 것이 국밥이다. 국밥은 장국밥(서울), 콩나물국밥(전북도), 가리국밥(함경도), 돼지국밥(경상도), 굴국밥, 소머리국밥이 주류를 이루고 있으나 국밥으로 분류할 수 있는 설렁탕, 곰탕, 육개장 등 여러 가지가 있다. 여기에 잘 익은 깍두기가 제격이다. 설렁탕은 깍두기 맛이 좋으면 금상첨화다.

　그런가 하면 이북식 향토음식들이 있다. 이북식 만둣국, 떡국, 칡뿌리식혜, 칡뿌리떡, 강아지찹쌀떡, 나물재튀김, 무침, 장떡, 빙떡, 대갈범벅, 감자투생이, 추어탕, 매운탕, 호박죽, 팥죽, 인삼튀김, 순무튀김 등 다양하다. 특히 평양냉면은 평양의 대표적인 로컬푸드다. 2018년 4월 27일 군사분계선을 넘어온 김정은은 문재인 대통령에게 "어렵사리 평양에서 평양냉면을 가져왔는데 대통령님께서 편안한 마음으로 맛있게 드셨으면 좋겠다"고 말했을 정도다.

　특히 우리가 즐겨 먹는 설음식을 생각해 보자. 떡국, 쌀밥, 고깃국, 갈비찜, 잡채, 생선조림, 각종 나물(도라지, 고사리, 무채, 시금치) 등 풍성한 식단이 차려진다. 음력설이 지난 정월대보름에는 한 해 풍년과 안녕을 기원하는 의미의 오곡밥과 묵은나물, 견과류를 먹는다. 보리, 찹쌀, 수수, 팥, 좁쌀 등으로 지은 오곡밥은 풍년의 상징이다. 그리고 호두나 땅콩, 잣 등으로 '부럼깨기'를 한다. 과거 잘 먹지 못하던 시절 기름기 있는 견과류를 먹으며 한 해 동안 부스럼을 앓지 않고 치아가 튼튼해지길 비는 의미였다.

■ 로컬푸드와 자연밥상

로컬푸드는 현지 음식이다. 50년 전 우리가 먹은 음식 재료 중에 70%는 10km 이내에서 재배되는 생산물이었다. 그러나 오늘날은 평균 200km 이상 먼 거리에서 생산되어 우리 식탁에 오른다.

현지 음식은 계절에 따른 신선하고 맛있고 건강에 도움이 되는 지속가능한 음식이다. 그래서 현지 음식은 음식 재료가 재배된 곳에서 판매되거나 소비되는 곳으로부터 얼마나 멀리 떨어져 있느냐에 따라 흔히 10km 이내의 지역에서 재배되고 소비되는 경우다.

현재 지역마다 농민시장(전통시장)이 활성화되고 있다. 그 이유는 교통수단의 발달과 택배사업이 활발하기 때문이다. 현지 농장에서 생산된 식재료가 빠르게 배달되면서 도시 사람들도 현지 음식을 쉽게 먹을 수 있다.

우리가 먹는 가공식품들은 세계 어느 곳에서 어떻게 왔는지도 모르고 소비하지만, 현지 음식(재료)은 생산자로부터 직접 주문해 먹을 수 있다. 더구나 생산자와 공급망이 투명해지면서 현지 음식을 마음놓고 소비할 수 있게 되었다. 다시 말해 현지 음식은 특정 지역에서 생산, 가공, 판매되는 식재료를 말한다.

그런 점에서 사람들은 현지 음식을 세 가지 측변에서 선호한다.

- 현지에서 재배된 식재료는 수확 직후에 먹기 때문에 신선하고 맛이 좋다.
- 계절에 따라 먹을 수 있어서 영양가가 높다.

• 현지 음식을 소비할 경우 지역 경제가 활성화되고 지역 농민들은 지속가능한 생업을 이어갈 수 있다는 것이다.

또한 식재료를 직접 구매하는 사람들은 건강에 미치는 영향을 중시한다는 사실이다. 즉 고품질의 '자연산'을 먹을 때 건강에 도움이 된다고 믿는다. 현지 농산물은 '유기농 식품'이라는 인식이 높고, '유기농 식당'도 늘어나고 있다. 이런 유기농 음식은 식당 주인, 농산물 생산자, 유통 및 운영관리자의 신뢰를 바탕으로 '유기농 식품 브랜드'로서의 가치를 지닐 수 있다.

우리는 흔히 '고향 음식 혹은 고향 맛'이라는 말을 쓴다. 고향은 사람과 기억 그리고 태어나고 성장한 땅에 대한 정서가 깃든 곳이다. 개인적이면서 세대를 넘어 지속되는 아름다운 기억의 땅이다. 고향 땅은 심리적 · 실존적 안정의 공간이다. 그중에서도 고향 음식은 늘 그립고 먹고 싶은 힐링 음식들이다.

우리나라 중소 도시 혹은 항구 도시에 가면 토속음식을 판다. 여기서 값싸고 질 좋은 토속음식을 즐기는 맛은 남다른 경험이다. 멋과 흥이 되살아나는 곳, 삶의 속살을 느낄 수 있는 곳이다.

고향 맛을 자극하는 음식을 다 열거할 수 없지만 전남 목포, 신안 지역에 가면 낙지요리, 홍어삼합 등이 별미다. 어느 음식점이든 게장, 새우젓, 생선으로 만든 요리를 먹을 수 있다. 안동에는 안동 찜닭이 유명하며 전통시장 어디서든 먹을 수 있다. 강원도 대관령 평창에 가면 황태찜, 황태구이를 먹을 수 있다.

또한 로컬푸드에서 제주도 밥상을 빼놓을 수 없다. 제주도 음식에는 된장이 빠지지 않는다. 제주는 좋은 된장을 만들 수 있는 환경이다. 육지에서는 된장을 끓여 먹는데 제주는 날된장을 그대로 사용한다. 된장과 생선이 만나 맛있는 조화를 이룬다.

특히 제주도 자리물회는 자리돔에 채소와 해초, 고추장과 생된장을 섞어 만든다. 제주에서 쉽게 먹을 수 있는 '자리돔'은 여름이면 살이 물러지고 뼈가 억세어 통째로 구워 먹거나 뼈째 썰어서 물회로 먹는다. 옥돔구이도 좋지만 옥돔에 무채를 넣어 시원하게 끓인 옥돔국은 맛이 깊다. 생선 한 마리도 뼛속까지 맛보는 즐거움이 있다. 고사리해장국, 몸국, 흑돼지구이도 유명하다.

제주도 여행객들이 자주 먹는 고등어조림, 고등어쌈밥, 오징어회무침, 멸치젓인 멜젓, 자리젓에 무를 졸인 '촐래'(제주 방언으로 '반찬')가 유명하다. '촐래정식'이라는 메뉴도 있다. 자리돔, 뱅어돔, 다금바리, 은갈치 등의 요리도 특별하다. 제주도 사람들에게 문어는 재수 좋은 어종이다. 수험생, 임산부에게 문어를 먹이면 시험도 붙고 아이도 잘 낳는다는 믿음이 있다. 제주도에서 많이 잡히는 '딱새우' 역시 식감이 쫄깃하고 풍미가 좋다. 딱새우찜은 딱새우와 가리비 조개를 섞어서 육수와 함께 끓여낸다.

또 다른 의미의 '자연밥상'이 있다. 자연밥상은 말 그대로 자연적인 식재료로 만들어 먹는 것이다. 자연산 식재료뿐만 아니라 방부제나 다른 화학조미료를 쓰지 않는 밥상이다. 소금, 설탕, 조미료 등이 적게 들어간 음식, 건강 유지에 도움이 되는 음식이다. 냉동식품, 통조림, 플라스틱 용기에 오래 보관되는 식품과 대비되는 개념이다.

우리가 모두 선호하는 것이지만 자연밥상은 김치와 고추장, 쌈야채 위주의 반찬으로 이루어진 소박한 자연식이다. 생태계 오염 시대에 위협받는 식탁에서 안전하게 먹을 수 있는 식사법이 자연식이다. 패스트푸드, 편식 등 알맹이 없는 쭉정이 밥상에서 벗어나 자연식재료로 음식을 해 먹자는 것이다.

그래서 식재료의 신선도, 유기농산물 등 전통 요리방식이 다시 각광받고 있다. 감각적인 즐거움을 불러일으키는 음식을 피해 "자연식으로 먹고 마시자"는 소리가 높아지고 있다. 다중감각적 음식이 아니라 단일 단순한 식사가 몸에 좋다는 것이다. 뜰에서 자란 배추, 무, 상추는 신선한 맛을 선사한다. 뿌리까지 향긋한 봄채소 냉이와 달래, 쑥은 비타민과 무기질이 가득한 자연 보약이다.

제철 음식만큼 몸에 좋은 보약은 없다. 자연의 순리를 거스르지 않은 음식들이다. 그중에서 잘 알려진 '사찰음식'은 육류와 오신채(五辛菜 : 마늘, 파, 부추, 달래, 무릇)를 사용하지 않는다. 제철 산나물이나 텃밭에서 키운 채소로 만든다. 조리방법, 식사예법 등 수행의 방식으로 만들어 먹는 약식(藥食) 혹은 건강을 위한 헬시푸드(healthy food)라고 할 수 있다.

■ 음식의 세계화와 퓨전화

지금 우리는 지구촌의 한 가족으로 살고 있다. 세계화는 운송 및 통신수단의 발달로 확대되고 있으며, 정치경제적으로는 시장경제를 포함한 자본주의 확장의 한 형태로 나아가고 있다. 음식의 세계화로 전 세계의 다양한 음식을 어디서나 먹을 수 있는 시대가 되었다. 음식 한류 역시 놀랍게 퍼져 나가 K-푸드, K-뷰티, K-패션, K-팝으로 세계에 전파되고 있다.

세계화 속에서 다른 두 문화가 만나면 제일 먼저 음식을 대하게 된다. 새로운 세계에서 새로운 맛과 요리기술을 익히며 음식 문화와 통합하게 된다. 특정지역으로 이민 오는 사람들 혹은 일자리를 찾아오는 사람들은 자신들의 음식 기술을 현지에 퍼뜨리고 같이 먹기도 한다. 레스토랑을 개업해 자기 나라 요리를 선보이기도 하면서 음식 문화가 확산된다. 영국인이 좋아하는 피쉬 앤 칩스는 16세기 포르투갈인과 스페인에서 이주해 온 유대인들이 영국에 정착되면서 소개된 음식이다.

글로벌 음식 문화는 토속적인 혹은 '원조'라고 하는 전통음식이 전 세계로 확산되는 것을 의미한다. 피자, 햄버거, 스시(초밥), 불고기 등은 세계 어디서든 먹을 수 있다. 뉴욕, 도쿄, 서울, 파리 등 푸드트럭에서도 다양한 세계 요리를 맛볼 수 있다.

사실 음식은 경제 발전과 생태계, 종교 취향과 전통에 묶여 있고, 동시에 지역과 세계가 하나의 시장을 형성하는 계기가 된다. 음식 문화는 먹는 것 이상의 의미를 가지고 있다. 음식 및 주방은 문화적 구분을 짓는 요소이며 더 강한 소속감과 동시에 나와 타인 간의 미지의 경계선을 만든다. 마사이족은 소의 피를 먹으며 공동체감을 느끼고, 한국인은 김치를 먹으면서 한 가족임을 확인한다.

또한 음식을 요리하는 방법과 먹는 방식이 다르다. 커피는 전 세계인이 마시지만 미국식, 이태리식, 한국식 커피 문화가 다르다. 음식을 먹는 방법도 다르다. 젓가락과 나이프, 포크, 혹은 손으로 먹는다. 유럽인들은 식사 에티켓을 중시하며 우아하게 먹지만 힌두교를 믿는 인도인들은 손으로 먹는다. 종교적으로 손가락을 이용한다는 것은 몸뿐만 아니라 마음과 정신도 함께 먹는다는 의미가 깊다.

퓨전 요리는 전혀 다른 형식의 요리가 섞인 것이다. 1980년대부터 현대식 레스토랑에서 생겨나기 시작해 전 세계적으로 전성기를 이루고 있다. 퓨전 요리의 선구적 역할을 한 사람은 오스트리아계 미국인 셰프 볼프강 퍽이다. 그는 1982년 로스앤젤레스 산타모니카 시내에 식당 Chinois on Main을 개업해 전통적인 프랑스식 기법과 캘리포니아와 아시아의 신선한 식재료들을 결합해 미국인들이 좋아하는 음식을 만들어 퓨전 요리의 토대를 마련했다. 그리고 1983년 레스토랑 스파고(Spago)를 창업해 미국은 물론 미식가들의 호기심을 자극하는 식당 중 하나가 되었다.

퓨전 요리는 다양한 음식 만들기(레시피)가 지역의 다양한 식재료와 어울려 독창적인 요리를 만들어 낸다. 이러한 퓨전 음식의 확산으로

- 고객(또는 잠재적 고객)의 음식 문화의 다양성 충족
- 고객들이 여행에서 맛본 경험을 기억나게 하고
- 새로운 식사에 대한 욕구
- 세계 음식에 대한 맛의 개방성을 이끌어 냈다.

기본적으로 음식 문화는 허기가 만들어 내는 문화다. 허기가 없다면 지금 맛있고 만족스러운 음식이 창조되지 않았을 것이다. 셰프

들은 음식을 맛있게 만들어서 아름다운 그릇에 담아내고자 했다. 사람들은 좋은 요리를 먹으면서도 요리 자체를 아름답게 예술적으로 보고 느끼기를 원하면서 식당을 찾는다. 그리고 자신만의 규칙적인 식생활 패턴을 유지하면서 민족적 식문화를 형성해 왔다.

현시대는 첨단 과학기술과 유전자 개조를 통해 다양한 식재료들을 만들어 내고 있다. 그리고 음식과 그 재료는 세계화 · 물류화 · 전산화되면서 세계인의 식탁에 오른다. 식탁을 통해 지구촌이 하나 된다. 전 세계적으로 익숙해진 식생활, 도시 중산층 이상의 사람들은 다양한 음식과 이국적인 풍미에 즐거움을 누린다. 어느 한 나라의 요리는 먹는 것뿐만 아니라 그 나라 문화를 체험하는 것이다.

■ 셰프들의 요리 탐구는 끝이 없다

요즘은 셰프(Chef)라는 말이 친숙하고, 셰프의 품격이 강조되는 시대다. 그리고 '먹방'이 유행이다. SNS에 온갖 음식점과 메뉴가 넘쳐난다. 이렇듯 음식 이야기와 셰프들의 맛 자랑이 왜 인기를 끌까.

요리사는 힘든 직업이다. 불 앞에서 노동 강도가 높다. 제프 포터는 《괴짜 과학자 주방에 가다(Cooking for Geeks)》에서 음식 만드는 사람들을 다음과 같이 나눠 놓았다.

- 음식을 사랑의 나눔으로 생각하는 나눔 요리사
- 건강 요리사로 맛보다 건강을 중시하는 요리사
- 요리책을 끼고 사는 방법론적 요리사

- 요리책 없이 음식을 창조하는 혁신적 요리사
- 남에게 감동을 주고 칭찬받기 위해 요리하는 경쟁적인 요리사

우리나라 명인 요리사 중에 고재길 셰프가 있다. 최근 세상을 떠났지만 40년간 조리 현장을 지킨, 세계적인 셰프와 견주어도 모자람이 없는 사람이다. 그는 서민 음식인 육개장, 갈비탕, 삼계탕 등 1만여 개의 레시피를 개발했다. 그리고 자신이 만든 요리를 먹고 누군가 미소 짓는 모습을 보는 것이 최고의 기쁨이라고 했다.

이탈리아 최고 셰프 마시보 보투라가 프랑스 파리 마들렌에 노숙인과 빈자들을 위한 무료 식당을 열었다. 자선사업이 아니라 노숙인들이 인간의 존엄성을 유지하도록 돕는 문화 프로젝트인데, "셰프는 자신의 레스토랑에서만 요리할 수 없다. 셰프들은 더 나은 미래를 만드는 데 책임이 있다"고 덧붙였다.

셰프들에게는 높은 인격이 요구된다. 마이클 기브니가 쓴 《위 셰프》를 보면 주방에서도 치열한 생존경쟁이 벌어진다. 막내부터 수석 셰프까지 계급이 있고 정치적 암투가 있다. 맛있는 음식을 만드는 것만으로 평가되는 것이 아니다. 종업원을 얕보거나 갑질을 했다면 톱셰프가 될 수 없다.

문제는 고객을 감동시킬 수 있는 요리 실력이며, 음식맛이나 감성이 우선하는 것이 아니라 인격을 새로운 잣대로 평가해야 하는 것이다. 셰프는 요리를 통해 내가 누구인가, 어떤 사람인지를 늘 되새겨볼 때 성공할 수 있다. 자기가 요리하기를 즐길 때 실제로 러블리 라이프를 만들어 갈 수 있다.

같은 식재료라도 만드는 사람에 따라 맛이 다르다. 모든 요리사는 맛있는 식사를 만들기 위해 생체물리학적 기술을 적극 이용한다. 똑같은 라면이라도 "이 집 라면 참 맛있네" 하고 탄성을 지를 때가 있다. 콩나물무침도 맛있는 집이 있다. 국물을 마시면서 "국물이 예술이네" 하고 감동한다.

프랑스의 미식가이며 정치가였던 브리야 사 바랭은 《맛의 생리학 (The Physiology of Taste)》에서 음식 요리법, 먹는 방법, 그리고 음식과 와인의 관계를 프랑스 전통음식을 중심으로 해설해 놓았다. 그리고 우리에게 음식, 식사에 대해 이런 말을 남겼다.

- 식사 시간에 참여하지 않는 사람은 친구를 가질 자격이 없다.
- 음식의 맛, 향기는 음악의 고음과 비슷하다.
- 새로운 요리의 발견은 새로운 별을 발견하는 것보다 인류에게 더 많은 행복을 준다.
- 요리하기는 가장 오래된 예술의 하나이며, 우리 생활에서 가장 훌륭한 서비스다.
- 훌륭한 식탁의 즐거움은 모두에게 해당되는 것이고 위로가 된다.

셰프는 음식으로 자신을 말해야 한다. 일본식 초밥은 셰프가 손으로 쥐는 습관에 따라 맛이 달라진다고 한다. 요리도 셰프의 인품에서 나온다. 진심과 겸손, 실력이다. 셰프들 역시 자신에 대한 인정 욕구가 크다. 식욕, 성욕 등 생리적 욕구만큼이나 인정 욕구가 크다. 인정 욕구는 사회적 욕망으로서 현대인들에게 중요한 가치다.

결론적으로 희로애락을 함께하는 밥, 단순히 영양소를 섭취하는 것이 아니라 삶의 이야기가 깃든 밥상이어야 한다. 맛있는 음식은 영양뿐만 아니라 미적 감각과 손맛이 융합된 음식들이다. 떡 하나라도 만드는(make) 것이 아니라 아기자기한 시각, 입맛을 느끼도록 창조(create)하는 것이 셰프들의 역할이다. 우리들 역시 명품 식단만이 아니라 다양한 주전부리의 포장까지 가치 있는 예술작품 같은 음식 문화로 발전시켜 나가야 한다.

05

음식 문화와 사회

모든 국가와 사회는 고유한 문화와 가치를 지니고 있다. 글로벌 시대에 적응하며 동참해야 하지만 식문화는 민족적 고유성을 가지고 있다. 음식은 식물과 동물, 토양, 농민 그리고 역사와 문화, 생태적 관점에서 설명되는 것으로 영양뿐만 아니라 요리해서 먹는 즐거움을 만들어 가고 있다. 우리는 음식에 대한 적응과 맛을 느끼면서 정체성을 형성하고 음식에 대한 성향이 나타난다.

식습관은 사회문화적·지리적 환경, 역사적 영향을 받으면서 형성된다. 그리고 생물학적으로 굶주림, 식욕, 욕구 등에 따라 생겨나거나 물리적으로 요리 방법, 요리하는 시간, 식재료들에 따라 음식문화가 달라진다. 특히 사람들이 먹고 마시는 습관은 자기 자신과 사회에 영향을 미치게 되는데, 이를테면 음식의 선택 혹은 영양 섭취에 대한 남다른 지식이 있는 사람은 영양가 있는 음식을 먹고 균형 잡힌 식사를 하게 될 것이다.

■ 음식의 사회적 구성

음식 관련 문제는 매우 복잡하고 자주 등장하는 주제다. 이와 관련해 '음식의 사회적 구성(social construction of food)'은 음식의 기능, 영양 섭취, 건강, 식재료의 생산과 유통 및 저장, 그리고 기아문제, 식품산업의 성장과 안정성 문제 등에 대한 것들이다. 지구상에 살고 있는 70억 인구 중 매일 밤 10억 인구가 굶주리고 있으며, 반대로 선진국들은 영양 과잉으로 비만에 허덕이는 불균형을 이루고 있다. 이른바 음식의 잉여와 부족 현상이 국제적 문제로 제기되고 있다.

맨체스터 메트로폴리탄대학교 식품영양학과 마크 깁슨 교수는 식량안보, 식품의 진화과정, 영양섭취, 안전한 식품 선택, 유기농 식품에 대한 과거와 현재, 미래에 대해 설명하면서 식량에 대한 국가정책, 식품안전성, 환경적으로 지속가능성 여부, 유기농 식품의 안정성, 단체급식의 문제들을 제기했다. 특히 식생활에 영향을 미치는 가장 큰 요소는 소득 수준에 따른, 즉 고소득층, 중산층, 하류층에 따라 음식 선택과 섭취 수준이 다르다. 사람들의 음식 소비는 경제력에 큰 제약을 받는 것이다.

일반적으로 저소득층의 비만율이 높은데, 그 이유를 심리적 차원에서 찾아볼 수 있다. 즉 사회적 지위가 낮은 사람은 더 큰 사이즈의 음식(접시)을 선택함으로써 자신의 부족한 사회적 지위를 보상받으려 한다는 것, 그래서 무의식적으로 더 많이 먹게 된다는 것이다. 자신들의 지위가 낮다고 느낄 때 더 많은 칼로리의 음식, 더 큰 사이즈의 접시, 더 화려한 도구(식기)를 선택하는 것으로 이는 낮은 사회적 지위를 보상받으려 하기 때문이다.(Dubois, D etal, 2012)

■ 기업 제품에 의존하는 현대인

현대는 대량 생산 시대다. 매년 수천 가지 음식 상품이 쏟아져 나오고 있다. 우리는 음식을 쉽게 얻는 방법으로 기업 제품에 의존하고 있다. 세계 각지에서 생산된 농산물이 슈퍼마켓을 가득 채우고 매년 새로운 식품 생산은 17,000종류에 이른다고 한다.

GMO라는 유전자 변형 식품에서부터 생물체까지 개발되고 있다. 곡식뿐만 아니라 가축의 유전자를 변형하여 더 맛있는 육류를 생산하고 있다. 음식의 대량 생산은 비료, 살충제를 사용함으로써 가능해졌지만 식품 안전에는 위험이 되고 있다.

식품기업의 글로컬리제이션(Coperate Glocalisation of Food)은 글로벌 다국적 기업이 현지 문화와 융합해 만들어 내는 식품이다. 예를 들어 데리야키 버거 같은 것이다. 이런 대기업 식품회사는 우리가 요리하는 방법, 즉 요리(cooking) 대신 식품 가공(food processing)을 해서 시장에 내놓는다. 가정에서 요리하는 것보다 더 많은 설탕, 지방, 소금을 사용한다. 그 맛에 패스트푸드를 자주 사 먹는다. 이때 당신은 입맛을 당기는 무슨 '냄새'를 느끼지 못하는가. 뜨거운 기름에 양파를 넣고, 아니면 중독성 화학물질(조미료, 향료)이 들어 있기 때문이다. 이것이 바로 패스트푸드의 비결이요 맛의 감각을 부추기는 것이다.

요즘 젊은이들은 요리할 시간이 늘 부족하다고 느낀다. 60년대 이후 음식 준비 시간이 줄어들었는데, 가사에 투자하는 시간은 하루 평균 31분에 불과하다.(Roberts Paul, 2009) 젊은이들은 간편하게 요리해 먹을 수 있는 식재료를 사다 먹는다.

현대 사회는 빵을 굽거나 무언가를 발효시키는 데 시간을 소비할 수 없는 사회구조의 문제가 있다. 마켓이나 음식점에서 대용식을 사 가지고 가서 먹는 것이 편리하고 시간을 줄일 수 있다. 이 모두가 강력한 사회적·경제적 힘이다. 그러나 요리를 잊어버리고 패스트푸드에 의존할 때 요리해 먹는 즐거움의 의미를 잃게 될 것이다.

■ 식사는 가족애와 사회적 교류의 기회

가족과 함께 식사할 때 아이들은 대화 방법과 식습관을 배우는 좋은 기회가 되고 가정생활의 기초가 된다.

인류학자 마가렛 미드는 음식으로 영양분을 공급받지만 이보다 더 큰 상징적인 의미는, 음식은 가족과 친구들과 정을 나누고 교류하는 데 기여한다고 했다. 우리가 사회적으로 누군가와 음식이나 차(茶)를 나눈다는 것은 '인연'을 만들어 가는 것이다. 음식을 같이 먹는다는 사회적 의미는 몇 가지 목적을 가진다.

- 개인 및 비즈니스 관계를 시작하고 유지한다.
- 모든 관계의 본질과 끈끈함을 짐작하게 한다.
- 공동체적인 활동에 기여한다.
- 사랑과 배려의 표현이다.

- 그룹 혹은 개인과의 좋고 나쁨의 관계를 암시한다.
- 심리적 · 정서적 스트레스를 피하게 한다.
- 사회적 신분, 지위를 나타낸다.

그러면 당신은 누구와 밥을 먹는가. 혼자 먹는가, 아니면 가족 혹은 친구들과 같이 먹는가. 가족 등 여럿이 함께 식사를 하면 성인의 경우 혼자 먹는 것보다 살이 덜 찌고 소화도 잘 된다. 가족 혹은 친구들과 먹을 때 입맛을 제대로 느끼고 살맛이 나는 것이다.

현대는 1인 마케팅도 활발하다. 1인가구와 욜로족이 사회 환경을 변화시키고 있다. 혼술, 혼밥, 혼행족이 늘어나고 있다. 1인가구가 늘고 여성의 경제활동이 증가하면서 식생활의 편의성이 중시되고 있다.

물론 더 간편하게 더 건강하게 더 맛있게 먹는 것이 최근 푸드 트렌드다. 한 그릇으로 끼니를 해결하고 간소하게 더 건강하게 맛있게 먹자는 것이다. 《석가모니의 한 그릇》이라는 책에서는 채식 샐러드로 붓다볼(Buddha Bowl)을 소개했다.

1인가구가 늘어나면서 한 끼니를 먹는 데 격식보다 시간, 비용의 합리적 소비에 방점을 두는 경우가 높아가고 있는 것이 현실이다.

06

음식과 행복감

우리는 흔히 "살기 위해서 먹는가, 먹기 위해 사는가"라는 질문을 던지곤 하지만, 생명을 이어가기 위해, 즉 살기 위해서 먹는다. 먹기 위해 살아간다면 너무 많이 먹게 되고 건강을 해치게 된다.

문제는 음식을 즐기되 배부르게 먹지 않는 것이 중요하다. 흔히 입맛 당기는 대로 먹게 되는데, 이때는 먹고 싶은 것을 막 먹는 것이 아니라 즐기는 음식을 선택해서 먹으며 건강을 유지해야 한다.

존재의 무궁함은 먹으면서 이어지게 마련이다. 먹는 능력을 상실했을 때는 우리 삶에서 발생할 수 있는 모든 상실과 비슷하다.

■ 밥이 보약이다

만일 미각의 즐거움을 느끼지 못한다면 살아 있어도 산다는 느낌이 들까? 식생활에서도 빠름과 표준화가 특징이지만 누구나 산해진미 영양식을 추구하는 세상이다. 100살까지 살기 위해서는 균형 잡힌 식단이 제일이다. 잘 먹는 것이 생명을 지키는 길이다. 오직 밥 먹는 자만이 살아남는다.

그렇다면 오늘 하루 무엇을 얼마나 먹었는지 헤아려 보자. 쌀밥, 빵, 고기, 과일, 김치 등 먹은 음식을 다시 식탁에 배열해 보면 "이걸 혼자 다 먹었다니!" 하고 놀랄 것이다. 식욕 때문에 먹는 것을 멈출 수 없는가? 그러면 식탐에 빠진 것이다. 이 식탐의 유혹을 어떻게 벗어날 수 있을까?

의사가 묻는 기본적인 질문은 식사 잘하고 배변 잘하고, 그리고 밤일을 잘하느냐다. 식습관은 건강, 체력, 사회생활에 영향을 미치기 때문이다. 맞는 얘기다. 먹음의 순환은 한평생을 좌우한다. 영양 섭취 부족과 열악한 위생 환경 ⇒ 전반적 건강 악화 ⇒ 노동력 감소 및 저생산성이라는 악순환으로 이어져 온갖 질병에 빠지게 된다.

"매일 먹는 밥이 보약이다(食藥同源)"라는 말이 있다. 약보다 음식이 몸에 좋다는 뜻이다. 히포크라테스는 "좋은 음식을 먹는 것이 병을 막는 것"이라고 했다. 건강 유지와 질병 치료에는 "음식이 약이 되고 약이 음식이 되게 하는 것"이다. 음식으로 고치지 못하는 병은 약으로도 못 고친다. 특별히 질병 중에 있는 사람은 먹는 것에 대한 원초적 욕구가 살아나게 해야 한다.

모든 생명은 먹이를 포기할 수 없다. 그럼 우리에게 필요한 '일용할 양식'은 무엇인가? 약선음식(藥膳飮食)이라는 말이 있다. 말 그대로 약이 되는 좋은 음식이다. 조선 왕 중에 유일하게 건강했던 왕은 83세까지 장수한 영조다. 그는 체질적으로 차가운 몸을 보완하기 위해 전복, 새끼 꿩, 사슴꼬리, 송이버섯 등을 자주 먹었다고 한다.(이상곤,《왕의 한의학》, 2014) 한의학, 식품영양학, 조리학 등에서 추구하는 것이 약선음식이다. 약재, 식재를 통해 질병을 예방하고 치료 노화를 방지하기 위한 건강한 몸을 만드는 음식이다.

건강할 때 내장 기능이 균형을 이뤄 정상적인 미각을 유지하지만, 병이 생기면 입맛부터 변한다. 신맛은 건강, 쓴맛은 심장, 단맛은 비장, 매운맛은 폐, 짠맛은 콩팥과 관련돼 있어 입맛이 변했다면 건강에 이상이 생긴 것이다. 워싱톤대학 아담 드레노우스키 교수는 음식의 갈망은 생리학적 이유를 넘어 스트레스를 진정시키고 불안감을 줄이는 것과 같은 정서적 욕구를 충족시켜 준다고 했다.

노동을 하거나 운동을 하고 즐거운 놀이 이후에는 어느 음식이든 맛있다. 새로운 미각도 느끼게 되고 마구 먹게 된다. 식욕은 예의를 무시한다. 운동선수들도 마찬가지다. 운동선수들은 먹기를 즐기는 사람들이다. 운동을 하려면 잘 먹어야 한다. 스켈레톤 선수들은 가속력을 높이기 위해 몸무게를 늘려야 하는데 하루 8끼, 밥 15공기씩을 먹는다. 평창올림픽 금메달리트 윤성빈 선수는 밥과 당분을 뺀 닭가슴살 등 단백질과 탄수화물 위주의 음식에 저염식을 섭취했다고 한다.

미국의 수영 선수 마이클 펠프스는 2016년 브라질 리우데자네이루 올림픽에서 연속 금메달 22개에 은, 동메달을 각각 2개씩 따냄으로써 최고령 금메달리스트가 되었다. 금메달은 신이 내린다는 말이 있듯이 "신이 되어 가는 황제"라는 칭송도 듣고 있다. 펠프스는 강도 높은 훈련을 소화하기 위해 평균 남성 1인 섭취량(2000cal)의 6배를 먹는다. 그의 엄청난 훈련은 하루 1만m 수영, 실내 사이클 훈련, 매일 두 시간 근육보강운동, 매일 팔굽혀펴기 50~100회, 윗몸일으키기 500회를 한다고 한다.

점프가 생명인 피겨스케이팅 선수들은 고통스런 다이어트를 감내해야 한다. 현역 시절 김연아 선수는 아침은 가벼운 한식으로, 점심과 저녁은 과일 몇 조각과 샐러드를 먹었다고 한다.

또한 '지중해식 식문화(Mediterranean Diet)'는 지중해 연안에서 농사, 수확, 축산, 저장, 가공처리, 그리고 조리한 음식을 함께 나누고 소비하는 것을 포괄하는 문화다. 지중해식 식단에서 빠질 수 없는 재료는 올리브 오일, 발사믹 식초, 호두, 토마토에 통밀빵, 야채, 과일, 샐러드, 요거트, 레드와인이다. 한마디로 장수, 노화방지식품, 다이어트에 좋은 음식이다. 그곳 사람들은 육류 대신 생선과 과일, 견과류를 즐기고 있다.

섭생을 통한 영양분 섭취와 굶주림은 늘 같이 있다. 자기 보존과 자기 파괴는 늘 함께 있다. 단순한 식사라 할지라도 탄수화물, 지방, 단백질, 물로 구성되어 있다. 이들은 각자 아미노산 포도당 같은 특정 영양분을 만들어 낸다. 골고루 잘 먹고 과식하지 않고 채소, 과일을 많이 먹되 지방과 탄수화물을 적게 섭취하는 식습관을 권한다.

최근 들어 노화 관련 유전자로 시르투인(Sirtuin)이 발견돼 장수하려면 소식을 해야 한다는 주장이 주목받고 있다. 소식과 채소를 즐기고 운동을 꾸준히 하면 우리 몸에 있는 미토콘드리아 수가 늘어나 장수한다는 것이다. 이를 종합해 보면 섭취량 제한 ⇒ 미토콘드리아

내 DNA 생산량 증가⇒시르투인 유전자 활성화⇒장수로 이어진다는 것이다.

천천히 음미하면서 식사를 하는 것이 식사량을 줄이는 것뿐만 아니라 식사의 즐거움을 향상시킨다. 느리게 먹고 음악을 듣고 촛불을 밝히고 TV나 인터넷을 끄고 식사에 집중하는 일이다.

그리고 디저트는 먹는 즐거움의 마지막 코스다. 맛있는 디저트가 나올 때 또 다른 허기를 느끼는 것, 이것이 우리가 타고난 욕망이요 유혹의 대상이 바로 맛있는 음식이다.

■ 당신의 소울푸드

우리 민족에게 쌀밥은 소울푸드다. 밥은 밥대로 햄버거는 나름의 자기 맛을 나타낸다. 가난한 사람들은 길거리 음식을 먹고 심장의 소리를 듣는다. 포장마차에서 뜨끈한 어묵 한 사발은 허기를 채울 수 있다. 모두 음식의 언어를 느끼며 생명을 이어간다.

블랙푸드인 검은콩, 검은깨, 흑미, 메밀, 김, 미역, 다시마 등은 독특한 맛과 향과 함께 건강식품이다. 당근과 토마토는 남성의 생식 능력을 향상시킨다. 당근 속에 함유된 베타카로틴이 정자의 이동성을 향상시킨다고 한다.

그뿐만이 아니다. 바다의 우유로 불리는 굴 역시 정력을 강화하는 대표적인 음식이다. 예부터 우리나라 서민들이 먹었다는 미꾸라지탕(추어탕)도 건강식이다.

이탈리아, 프랑스 등 유럽에서는 포도주를 영혼의 해방자이자 내면의 자아를 더 깊게 깨닫게 해 준다고 생각한다. 냄새를 맡고 그리고 먹으면서 향과 맛에 주의를 기울인다.

일본 여행을 하다가 그들의 "혀끝을 사로잡는 요리는 뭘까?" 하고 살펴보았다. 스시도 유명하지만 일본인에겐 '라멘'이 소울푸드가 아닐까. 라멘은 삶 그 자체의 노스탤지어다. 우리나라가 가난한 시절에 꿀꿀이죽이 있었다면 일본에는 '지나소바'(메밀 또는 국수에 된장을 약간 넣어 먹는 라면 종류)가 있다. 어떻게 보면 인스턴트 음식들, 또 다른 자연친화적인 삶을 채워 주는, 그리고 풍요로운 푸드 라이프를 보여 준다.

나에게 꼭 맞는 음식을 만나기가 쉽지 않다. 영혼의 음식도 흔치 않다. 그러나 '불가능을 즐겨라(Enjoy the impossible)' 혹은 '불행을 즐겨라(Enjoy the misery)'는 말이 있다. 이 말은 대충 '먹는 것을 즐겨라'는 뜻으로 자주 인용되는데, 예를 들어 "건강에 좋고 지속가능한 식습관"을 가질 때 가능해진다는 말이다.

샌프란시스코에서는 임파서블 푸드(Impossible food)로 고기 없는 임파서블 버거가 인기다. 고기를 전혀 사용하지 않고 코코넛 오일, 식물기름으로 만든 햄, 양파, 상추, 토마토 등으로 만들었다.

어디 그뿐인가. 현대인 대부분이 치즈를 즐겨 먹는다. 치즈는 누군가에게는 여인의 향기 같고 또 누군가에게는 옛 추억의 맛으로 느껴지기도 한다. 나폴레옹은 카망베르 치즈를 무척 좋아했던 모양이다. 그는 어느 식당에서 카망베르 치즈를 갖다 준 소녀에게 키스를 할 정도였다니 말이다. 어려운 전투를 끝내고 잠든 나폴레옹을 부하들이 깨우기가 조심스러울 때는 쟁반에 카망베르 치즈를 담아 코

앞에 갖다 놓으면 신음 소리와 함께 "오 조세핀!" 하고 깨어났다는 일화가 있다.

일본의 히라마쓰 요코가 쓴 《어른의 맛》에는 어른이 되어 그동안 잊었던 맛을 기억하며 허기를 채우는 소울푸드 이야기가 나온다. 여기서는 눈물 나는 맛, 씹는 맛, 호사스런 맛, 아련한 맛, 별난 맛, 기다리는 맛, 여운을 남기는 맛, 깨끗한 맛, 기가 막힌 맛, 따스한 맛, 시골의 맛, 해변의 맛, 신이 내린 맛 등이 나온다. 우리가 잊고 있던 맛의 기억들을 되살려 준다.

나에게도 음식에 대한 향수가 있다. 어린 나이에 피란 다닐 때 친구 집에 놀러 갔다가 꿩만두를 얻어먹은 적이 있다. 그때 꿩고기를 다져 넣은 만둣국은 평생 잊지 못하는 맛이다. 배가 고파서가 아니라 맛의 고통을 채워 준 음식이었기 때문이다. 또 병원에서 항암치료를 받을 때 입맛이 없고 면역력이 떨어질 때 맨간장에 끓인 미역국, 붕어찜, 도토리묵, 찹쌀떡이 큰 힘이 되었다. 모두 어릴 때 먹던 음식이다.

■ 요리하기와 정서적 이점

요즘 '푸드 테라픽'이라는 말이 유행이다. 상업적으로 생산되는 음식이 거의 밥상을 차지하고 있지만 요리의 정서적인 이점은 무수하다. 집에서 요리한 음식은 온정, 사랑, 친밀함이 스며들어 있다. 수많은 프로그램이 있지만 음식 만들기 역시 정신적 질병을 치료하는 데 동원된다. 이 치료법은 '치료를 위한 요리(therapeutic cooking)'

다. 음식을 만드는 동안 긴장이 풀리고 또 식욕을 만족시키는 등 우울증, 불안 등의 심리적 장애를 극복할 수 있다는 점이다.

그래서 요리하기는 '행동 활성화(behavioral activation)'의 동기가 된다는 주장이다. 운동 상담 서비스를 하는 미국의 니콜 램버트는 요리는 창조적인 출구가 될 수 있다면서 정신건강에 도움이 된다고 했다. 요리는 에너지를 전달하는 방법이며 정신을 맑게 하는 데 효과적이다. 따라서 요리하기가 정신건강에 좋은 이유는 다음과 같다.

- 요리는 노력하는 만큼 보상을 준다.
- 창의적 행동으로 기분이 좋아진다.
- 삶의 질을 향상시킨다.
- 음식 만들기는 '몰입' 상태로 인도한다.
- 요리를 통해서 남을 대접할 때 기쁨이 따라온다.
- 두뇌건강에 도움이 된다.

그러나 억제할 수 없이 엄청난 식욕을 지닌 사람들이 많다. 쉽게 살찌는 사람들이 "먹어도 먹어도 배부르지 않는 음식이 있으면 좋겠다"고 하지만 그런 음식은 없다. 식탐은 재앙이다. 자기 조절만이 상책이다.

먹고 싶은 음식을 줄이면서 체중을 줄였다면 후에 느끼는 만족감은 클 것이다. 이것이 '지연된 만족감(delayed gratification)'이다. 현재의 고통을 피하고 나중에 더 큰 목적을 위해 기쁨을 늦추는 것이다. 현재 먹고 싶은 것을 참아야 계속 건강을 지킬 수 있다는 뜻이다.

식탐이 조절되지 않는 이유는 식탐 호르몬 그렐린(ghrelin) 분비 때문이다.

상식적이지만 식사는 너무 많지 않고 너무 적지 않은 양을 먹는 것이다. 맛있다고 과음, 과식으로 해독 공장인 간(肝)건강을 해칠 수 있다. 성인 하루 섭취량은 약 2,200~2,400cal인데 뷔페식은 튀김음식, 칼로리가 높은 소스, 많은 탄수화물로 이루어져 다이어트에는 재앙이다. 결국 비만 인구가 계속 증가하는 원인이 된다.

우리나라 역시 지난 10년간 과체중 비만 비율이 10% 증가했다. 경제협력개발기구 '2015년 건강보고서'에 따르면 한국의 아동 청소년(만5~17세) 과체중 비율은 여자 14.1%, 남자 26.4%로 나타났다. 다른 나라의 경우 남녀 격차가 거의 없는데 유독 우리나라만 1.9배의 차이를 보였다. 남자보다 여자가 체중조절 압박을 많이 받는다는 증거다.

그러고 보니 우리나라 사람들의 살빼기 열풍은 가히 살인적이다. 음식 섭취량을 줄여서 고도비만을 방지하려는 '위밴드' 수술도 마다하지 않는다. 음식은 건강한 몸매를 만들어 주지만 또한 과체중 때문에 자기 조절이 필요하다.

휴미락의 탄생

쉬고(休) 먹고(味) 즐김(樂)의 인문학 수업

제4장

休味樂
–
재미, 즐거움, 쾌락

01

인생을 즐긴다는 것

각자 개인의 삶과 사회적 관계, 그리고 자연과의 조화 속에서 잘 살아가는 것이 즐거움이요 행복이다. 개인 생활과 사회적 관계가 어긋날 때 혹은 모순을 느낄 때 즐거움이 아닌 불편한 삶을 살아가게 된다. 인간은 살맛을 어떻게 느끼는가에 따라 때로는 염세주의 철학자가 되기도 하고 스토아주의자, 쾌락주의자가 된다. 우리는 세월과 장소와 위치에 따라 다른 사람이 되며 동시에 언제나 같은 사람으로 살아간다.

인생의 목적은 뭔가를 즐기는 것이다. 인생을 즐긴다는 것은 좋은 생각, 아름다운 추억, 후회 없는 행동, 감사의 결과로 나타난다. 잘 산다는 것, 이것은 경제적 기준이 아니라 인문학적 가치다. 휴미락은 더 많이 추구하는 플러스가 아니라 마이너스의 철학이 담겨야 한다. 그러면서도 삶의 목적은 자기 삶을 살며 최대한 많은 경험을 하는 것, 새롭고 풍부한 경험을 위해 두려움 없이 나아가는 데 있는 것이다.

■ 즐긴다(enjoy)는 것

우리는 재미있고 즐거운 시간을 보내기를 소망한다. 즐긴다는 것은 소유물이나 경험에 대한 즐거움, 만족감을 느끼는 것으로 주관적이다.

또한 즐거움이 사라지는 나이는 없다. 언제나 가능한 욕망이다. 8090이 넘어도 '나만의 낙'이 있게 마련이다. 독일 신부 안젤름은 《황혼의 미학》에서 "지금 이 순간 늙는 것을 즐겨라. 이상을 포기하면 영혼이 늙는다"고 했다.

인생을 즐긴다는 것은 배낭을 메고 멀리 여행을 떠나는 것을 의미하지 않는다. 평범한 생활 속에서도 진정한 삶의 의미를 느끼는 것이며, 여기서 '의미'란 무엇에 대한 기쁨(to enjoy something)을 느끼는 것이다.

인생을 즐기는 것은 내면의 가치와 도덕 윤리가 무엇인지 알고 행동하는 것을 의미한다. 즐거움은 나이들수록 찾아야 할 덕목이다. 뻔뻔스러운 생각이지만 자기가 생각하고 느끼는 대로 즐기면 된다.

우리가 보통 기쁘다고 할 때 '흥이 난다'고 한다. 심리적으로 흥이 나면 콧노래가 저절로 나온다. 신나는 것이다. 신나면 세상이 다 좋아 보인다. 개인만이 아니다. 개인이 좋으면 가족도 집단도 좋아진다. 우리 민족은 원래 흥이 많은 민족이다. 어디서나 풍류를 즐겼다. 그런데 내가 즐겁지 않다면 잘못 사는 것이다. 웃고 있는 것이 아니라 울고 있다면 얼마나 비참한가. 즐겁게 날뛰는 개를 보라. 우리는 왜 개처럼 기뻐할 줄을 모를까.

그럼 인생을 즐긴다는 것은 무엇을 뜻하는가? 그건 순간순간을 경험하고 느끼며 만들어 가는 것이다. 그리고 이런 경험들을 누릴 만한 가치가 있다고 느끼는 일이다. 즐긴다는 것은 뭔가 이뤄 나가는 성취감이다. 인생을 즐긴다는 것은 순간순간 완전한 '만족감'을 느끼는 것이다.

그런데 "우리가 충만한 삶을 산다는 의미는 무엇인가?" 이런 질문을 수없이 들었을 것이다. 우리 인생의 목적이 무엇인지를 깨닫게 하는 질문이다. 최대한의 삶을 사는 것은 더욱 새롭고 풍부하고 깊은 삶의 변화에 대한 경험을 지속적으로 추구하는 것을 의미한다. 내가 살 수 있는 최대한의 삶을 살아가는 것은 내 삶의 균형을 이루는 것을 의미한다. 평생 사는 것은 관광 명소에서 멋진 사진을 찍어 블로그에 올려놓고 공유하는 것이 아니라 그 관광 명소가 주는 의미가 무엇인가를 깨닫고 자의식을 갖는 일이다.

그렇다면 어떻게 매일 즐길 수 있을까? 그것은 내면의 가치로서 매일 마음을 다듬고(every day mindset), 현재 살고 있는 이 순간 이곳에 오직 한 번만이라는 것을 기억하는 마음 자세다. 인생은 순간이라고 하지 않는가. 카르페 디엠(Carpe Diem), 이 말은 쾌락적인 의미가 아니라 에피쿠로스 학파가 그랬듯이 쾌락은 세속적이고 육체적인 것이 아니라 정신적 즐거움, 흔들리지 않는 영혼의 평화를 강조하는 개념이다. 미국 영화 〈죽은 시인의 사회〉에 나오는 존 키팅(로빈 윌리엄스)의 외침이 가슴을 울린다.

"오늘 하루를 즐겨라, 소년들이여!"

■ 어떻게 인생을 즐길까

왜 사람들은 인생을 즐기는 것 이상의 삶의 의미에 관심을 가질까. 인생의 의미가 즐겁지 않다면 무슨 소용이 있겠는가. 어쩌다 즐거운 하루가 매일 즐거운 일로 이어졌으면 좋겠다는 생각을 하게 된다.

그러나 현실은 그렇지 않다. 사실 우리가 살아가면서 지배적 가치와 도덕적 관점에서 무엇을 부정한다면 즐겁지 않을 것이다. 신체적 · 정신적 · 심리적 스트레스를 받는다면 분명히 즐겁지 않다. 본질적으로 인생은 짧고 궁극적으로 의미가 없다고 할 때 염세주의자 혹은 비관주의자가 된다.

인생을 즐기는 것은 누군가를 사랑하는 것, 자신과 자주 대화하기, 누군가에게 웃음으로 대하기, 꼭 하고 싶고 좋아하는 일을 하는 것, 새로운 것, 새로운 장소, 새로운 사람을 만나는 일, 새로운 것을 경험하고 도전하기, 누군가를 돕는 일 또는 봉사, 남에게 내 시간을 내어주는 일이다.

하지만 완벽한 사람은 없다. 아이큐 200이라고 해서 '완벽한 삶'을 살 수 있을까? 선한 사람도 자기 분노를 느낀다. 화(火)는 중요한 감정이므로 화내지 않는 인간은 없다. 화는 뭔가 채우고 완벽해지려는 감정의 폭발이다. 화는 자신에게 상처를 주지만 화를 냄으로써 스트레스가 풀릴 수 있다. 완벽해지려는 것은 고통이고 미소를 잃게 한다. 주어진 짧은 시간 안에 즐거움을 만들고, 느끼고, 그리고 그 목표에 도달하기 위해 필요한 일을 하는 것이 즐거운 인생이다. 어쩌면 어떤 광기보다는 못난 틈이 있는 것이 좋을 때가 있다. 그리고 후회하지 않는 것이다.

우리는 모두 즐기기를 원한다. 기쁨은 즉각적인 웃음이다. 이때 나는 어떤 사람인지, 내가 뭘 하고 있는지, 나는 지금 잘 지내고 있는지, 이런 물음에 답할 수 있을 때 즐길 수 있는 방법이 나온다. 이를 위해 나는 이렇게 실천해 보라고 권하고 싶다.

- 음악을 듣는다. 음악을 듣는 것은 두뇌와 상상력, 자기 정체성을 자극하고 고립감을 줄여 준다. 음악은 불안과 우울증에서 벗어나게 한다. 일종의 음악 치료다.
- 미소로 하루를 시작한다. 표정은 당신의 느낌을 표현하는 방식이다. 표정은 기분에 영향을 미친다. 행복한 얼굴로 하루 종일 기분을 유지하는 것이 즐기는 것이다.
- 휴식을 취한다. 휴식은 TV를 보거나 인터넷을 사용하는 것이 아니다. 시간에 구애 없이 특별히 나만의 시간을 갖는 것, 안락한 장소에서 느슨하게 즐기는 것이다.
- 재미있는 사람들과 시간을 보낸다. 긍정적이고 흥미로운 사람들을 만나 대화해 보라. 좋은 친구들과의 말장난도 즐거움을 안겨 준다.

그런데 인생을 즐기는 데는 근본적인 장애를 무시할 수 없다. 사회적으로 구조적인 문제와 관련돼 있다. 현재 우리 삶의 약 65%는 태어날 때 이미 정해지고 35%는 자기 의지에 의해 결정된다고 한다. 우리 삶의 모든 주요 사건들이 태어나면서 영향을 받는다는 얘기다. 여기서 주요 사건이란 출생, 가족 환경, 결혼, 자식을 낳는 것, 그리고 질병 속에 지내다가 죽음까지의 사건들이다.

그러나 누가 알겠는가. 사실 일생에는 완료 날짜가 없으니 말이다. 모든 사람에게 건강한 삶을 살아가야 할 처방이 없듯이 평생 잘 살아갈 수 있는 해결책은 없다. 신분과 배경, 신체적 조건, 그리고 삶의 욕구도 다양하기 때문이다. 하기에 인생을 즐긴다는 의미는 각자 삶의 과정에서 다르게 다가온다. 평생을 살아간다는 것은 내가 '지금 여기 있음'을 의미한다. 평생 산다는 것은 어떤 경험을 하며 살아간다는 의미다.

우리는 가끔 상상한다. 우리에게 '최선의 이익은 무엇인가?' 하고. 그리고 삶의 과정에서 마음이 흔들리고 불안해하며 허둥댄다. 그러다 보면 주위사람들을 생각 없이 따라가게 된다. 이래선 안 된다. 나의 능력 안에서 즐거움을 찾아야 한다. 다른 사람이 좋아한다고 따라가는 따라쟁이가 아니라 내가 좋아하는 것에 집중해야 한다.

다른 사람들이 만들어 놓은 규칙(틀)을 무조건 따라가는 것이 아니라 사람들이 나를 따르는 틀을 만들어라. "다르게 생각하고 다르게 행동하기(think differently, act differently)"라는 말이 있듯 나만의 즐기기가 있어야 한다.

■ 부정적인 심리상태에서는 즐겁지 않다

내 말을 모두 들어주는 사회는 없다. 엉망으로 살다 보면 심오한
사고, 창조적인 활동이 어려울 뿐만 아니라 사회관계도 어긋나게
된다. 삶 자체가 허위/진실 속에서 살아간다.

배짱을 부리며 남을 의식하지 않고 살아가는 사람들도 있다. 아닌
게 아니라 요즘은 '미움 받을 용기'가 찬양된다. 나쁘다고 생각하기
전에 존재 양식의 차이를 인정해야 한다. 잘못을 저지르는 것도 인
간이다. 정상만을 향해 돌진하는 삶보다는 내가 좋아하는 일을 하
며 즐겁게 살아가는 것이 강조되는 시대다.

미국 심리학자 토리 히긴스는 '규제초점이론(Regulatory focus theory,
RFT)'에서 인간의 행동을 두 가지로 설명했다. 좋은 것, 기쁜 것에
가까이 가려는 '접근 동기(Approach motivation)'와 주어진 책임과 의
무를 두려워하면서 피하려는 '회피 동기(Avoidance motivation)'가 그것
이다. 접근 동기는 세상을 긍정적으로 기쁘게 받아들이며 다가가는
것이고, 회피 동기는 자신이 싫어하는 대상, 고통으로부터 벗어나
려는 몸짓이다. 접근 동기는 성취와 열망에 차 있다면 회피 동기는
자기 손실을 피하려는 소극적인 태도다.

후자의 경우처럼 주어지는 일을 회피하거나 부정적 심리가 작용하
면 즐겁지 않다. 예를 들어 "내가 자랑스럽지 못하다. 난 못난 사람
이다. 난 쓸모가 없다, 난 성공할 수 없다. 누구도 믿을 수 없다"며
아무것도 하지 않는 사람은 어떤 결과도 없다. 행동이 없으면 결과
도 없다. 노력 없는 즐거움은 없다. 편하게 고통 없이 적당히 보낸다

면 즐거움도 없다. 자신이 좋아하는 것을 잘 모르거나 인생을 부정적으로 생각하면 즐거움은 환상적이거나 무의미해진다.

맞는 말이다. 무슨 일을 회피하거나 감정적인 약점이 느껴질 때 대상과의 불일치가 나타난다. 자기 삶의 불편함과 부정적인 심리(실망, 불안, 슬픔, 나약함)에 빠지게 되어 기쁨을 모르게 된다. 그런고로 기쁨을 만드는 데는 자기의식이 필요하다. 삶에 대한 의식이 없으면 즐거움도 없다. 의식이 없으면 어린아이와 같아진다.

이와 관련하여 일상생활에서 자신의 심리상태를 들여다보자.

- 나는 남편/아내/자녀들이 있지만 이들과 시간을 갖지 못한다.
- 나는 맛있는 음식을 만들 수 있지만 귀찮아서 요리를 하지 않는다.
- 나는 산과 바다 근처에 살고 있지만 그곳에 가서 즐기지 못한다.
- 나는 머릿속에 좋은 아이디어가 떠오르지만 행동하지 못한다.
- 나는 명품 옷이 있지만 잘 입지 않는다.
- 나는 좋은 친구들이 많지만 연락을 하지 않는다.

무슨 말인가. 이런저런 이유로 실행하지 못한다는 것인가. 자기 삶에서 진정한 변화를 원하지 않는다면 결코 즐거운 일을 만들 수 없다. 자신이 주위에서 보고 경험하는 것을 진정으로 즐기지 못하는 것은 스스로 장애를 만드는 일이다.

사람들은 감각 모드로 살아간다. 루소는 쾌활해 보인다고 해서 다 즐거운 사람은 아니라고 했다. 쾌활하고 명랑한 사람은 홀로 있을 때 우울한 경우가 많다. 겉으로는 쾌활해 보이지만 남을 속이고 자신의 불행을 잊으려는 사람에게서 나타나는 특징이다.

진정한 만족이란 유쾌함도 우울함도 아니다. 연민과 눈물은 유쾌한 즐거움에 동반되고 극도의 기쁨에도 눈물이 따른다. 기쁨을 만나면 생명의 박동을 느끼게 된다. 우리 일상 속에 즐거움의 씨앗이 숨겨져 있기 때문이다. 어렵더라도 그것을 꺼내서 싹을 틔우고 아름다운 향기가 나도록 하는 것이다. 즐거움은 의식/무의식의 숨결에 잠겨 있다는 것을 깨닫는 일이다.

비슷한 말로 '무신불립(無信不立)'이라고 했다. 믿음이 없으면 아무것도 할 수 없다는 뜻이다. 거짓된 진리는 아직 없다. 프랑스 극작가 사뮈엘 베케트의 유명한 경구가 있다.

"한번 해 보자, 한번 실패해 보자, 안 될 게 뭔가. 다시 시도해 보자, 다시 실패해 보자, 이번엔 좀 더 잘 실패해 보자."

이와 비슷한 내용으로 파울로 코엘료는 《흐르는 강물처럼》에서 "부디 자기모순에 빠지는 것을 부끄러워하지 마라. 그것은 우리의 권리다. 오믈렛을 만들기 위해 달걀부터 깨뜨려야 한다"면서 실수로 인한 상처는 인생의 축복이니 실수를 하더라도 즐겁게 받아들일 것을 권한다. 그러면 마음이 편안해지고 아웅다웅하던 세상과의 화해도 이뤄진다는 것이다.

익숙한 것들에서 벗어나지 못한 채 지루함에 빠져 있다면 즐거움은 사라진다. 대신 세밀한 자기 감각에 귀를 기울이면 세상이 다르게 보인다.

나는 서재에서 멀리 바닷가를 보며 정원 잔디밭에 날아드는 새를 벗 삼아 책을 읽을 때 기쁨을 느낀다. 머리가 아프면 정원의 풀을 뽑으며 음악을 듣는 것도 부정적인 생각에서 벗어나는 방법이다. 즐거움을 만들어 가는 것이 자연스러운 욕구다. 부정적인 생각이 지나치면 어느덧 기쁨은 사라지게 된다.

- (세상은 욕망이 넘치는데) 나만 모든 것을 잃은 것 같고
- (세상 사람들은 즐거워하는데) 나만 즐거움이 없고
- (세상 사람들은 사리에 밝고 똑똑한데) 나만 바보 같고
- (세상 사람들은 다 쓸모가 있는데) 나만 왕따를 당하는 것 같다.

노자는 《도덕경》에서 말한다. 어머니 젖을 먹고 자란 몸을 소중히 하라고. 신체가 없으면 우리에게 무슨 의미가 있을 것인가. 따라서 자신의 몸을 소중히 하는 것이 천하를 위하는 것보다 더 크다. 부정적인 생각은 삶을 망칠 뿐이니 놀라운 감각의 기쁨을 만들어라. 더 나은 내일보다 오늘과 다른 내일을 만들어라. 세상에 하나밖에 없는 존재이니 건강할 때 즐겨야 한다. 몸이 허락하는 한 가고 싶은 곳을 가야 하지 않겠는가.

■ 우리는 왜 유혹에 굴복하지 않을까

사회는 수많은 규칙, 통제, 질서, 윤리, 법을 준수하도록 강요한다. 그러나 일탈의 욕망은 계속된다. 원하는 것을 너무 많이 먹고

마약과 술에 빠진다면 그 대가를 치러야 한다. 자신의 행동이 시원하고 열정적이고 즐겁더라도 지나치면 유혹에 빠지기 쉽다.

그런데 규칙과 도덕을 지키다 보면 본래의 재미를 느끼지 못한다. 니체는 "기쁨을 만들려면 모든 것을 인정해야 한다"고 했다. 거리낌이 없어야 한다는 뜻이다. 재미를 느끼지 못하면 '유토피아적 존재'로 살아갈 수밖에 없다.

히포크라테스 선서에 교훈적인 말이 있다. 그것은 "첫째로 해를 끼치지 않는다"는 전제하에 즐기는 것이다. 당신이 원하는 삶을 즐긴다고 해서 남에게 해를 끼쳐서는 안 된다. 또 자신에게도 해를 끼치지 말라는 경고다.

우리가 취미와 여가 활동을 즐기는 것은 마음과 정신, 몸 건강에 활력과 행복을 찾기 위해서다. 취미 생활을 하는 것은 스트레스를 해소하고 질병을 예방하는 지름길이다.

또한 우리는 자유를 추구하면서도 자유와 방임의 불확실성을 두려워한다. 그들이 두려워하는 것은 남으로부터 손해를 입을까서다. 그렇지만 우리가 유혹에 굴복한 나머지 꿈을 꾸지 않는다면 삶은 펑퍼짐해지고 로봇 같은 삶이 된다. 삶을 가치 있게 만드는 것은 분명히 유혹에서 벗어나는 것이지만, 그러나 자기만의 독특한 목적이 기다리고 있음을 느끼는 감각이 중요하다.

길을 걸을 때 평지도 있고 오르막 내리막길이 있듯이 즐거움과 고통도 같이 있다. 즐거움 혹은 쾌락은 오래 지속되는 것도 있지만 변하게 마련이다. 즐거움을 만드는 데는 작은 변화만으로도, 아니면 절정의 쾌락을 추구할 수도 있다. 이때 중요한 것은 '안정성' 문제다. 안정성은 신체와 정신활동에 영향을 미친다. 지나친 유혹에 빠지면 몸에 해가 된다. 성적 만족이나 성적 욕망을 채우다 보면 도덕적·윤리적 가치와 충돌하게 되는 것도 마찬가지다.

인생의 목적은 좋은 인간이 되는 것이다. 철학자들이 말하는 좋은 인간(good human)이 되는 것은 인생을 즐기는 것인데, 자기 삶을 즐기되 남에게는 물론 스스로에게도 해를 끼치지 않는 것이다. 로마서 8장 13절에 "너희가 육신대로 살면 반드시 죽을 것이로되 영으로써 몸의 행실을 죽이면 산다"고 했다. 분명히 즐거움과 절제를 균형 있게 올바르게 유지하는 사람이 정결한 사람이다

반대로 뭔가 하고 싶은 것도 없고 즐길 여유도 없다고? 정말 그렇다면 자신이 가지고 있는 것들을 즐길 수가 없다. 쉬지도 못하고, 먹고 싶은 것도 없고, 갖고 싶은 것도 없고, 가고 싶은 곳도 없고, 즐길 것도 없는 사람은 자신의 욕구를 끄집어내지 못하는 삶이다.

욕심이 없다는 것은 우울증 현상이다. 욕심을 낼 때 생명력을 갖게 되며 얼굴에 빛이 난다. 뭔가를 즐기는 것은 완전한 만족, 평안한 상태에 있다는 것을 느끼는 것이다. 무엇을 느낄 때 아름다운 순간을 맞이할 수 있다.

누구나 즐거움 혹은 쾌락의 환상에 빠질 수 있다. 삶의 만족도와 쾌락 사이에는 직접적인 상관관계가 있다. 만족도와 즐거움(쾌락)은 자기 삶을 더 좋게 만든다는 의미에서 같지만, 즐거움은 욕망을 만족시키는 주관적인 개념이고 만족도는 쾌락과 행복감에 초점을 맞춘 개념이다. 욕망이 충족될 때 기쁨을 경험하지만 쾌락은 계속

적인 기쁨으로 이어질 수 없다. 쾌락은 다른 사람(이성)과 함께 할 경우에만 욕망을 충족시킬 수 있다. 단순한 쾌락 놀이는 그만큼 위험이 따른다는 얘기다.

노자 《도덕경》에서 "화(禍)의 곁에는 복(福)이 기대서 있고 복 속에 화가 숨어 있다. 만족을 모르면 굴욕을 당하게 되고, 그칠 줄 알면 위태롭게 되지 않는다. 그러하면 장구할 것이다"라고 했다. 또한 영국의 은행가이자 정치가인 존 러벅은 《이제 우리는 어떻게 살아야 할까》에서 쾌락과 오락에 대해 이렇게 말했다.

"쾌락과 오락에 몰두하는 삶은 이기적이고 참을 수 없을 만큼 무미건조한 것이다. 놀이가 인생의 모든 것이 되어서는 안 된다. 하지만 적절히 즐기는 것은 게으름과는 다르다. 인생을 즐기지 못하는 것은 순전히 우리 잘못이다."

그래서 삶을 즐기고 싶다면 자신을 돌아봐야 한다. 아리스토텔레스는 인간의 활동 중에서 가치 있는 활동을 선(good, theoria)이라 하고 행복을 만들기 위해서는 도덕적 활동으로 악(bad, praxis)으로부터 벗어나야 한다고 했다. 끝없는 욕망을 탐닉한다면 병적인 비만과 당뇨병에 시달릴 수 있고, 육체적 · 정신적으로 자신을 돌보지 않는다면 주변에 해를 끼치게 된다.

재미(fun)있게 살아가는 기술

　'재미있다'는 것은 자신이 즐기는 것이고, '즐겁다'는 것은 누군가
와 무엇을 하며 즐거운 시간을 보낼 때 쓰는 말이다. 재미의 반대말
은 지루함, 불행, 비애, 낙담, 우울, 실망, 짜증, 괴로움, 싫증 등과
같은 부정적인 어휘들이다.

　여기서 놀이(play)는 즐기기로서의 놀기(playing)다. 신나게 놀 때는
모두 기뻐서 웃는다. 독일의 '고통의 철학자'로 알려진 게오르그 가
다마는 이를 일종의 소통행위로 확장시켰다. 놀이는 재미와 즐거움
을 경험하는 것이고 놀이는 곧 재미를 느끼는 것이다. 어린이들은
돌멩이 하나를 가지고도 재미있게 논다.

　우리나라 놀이문화는 '풍류사상'에 뿌리를 두고 있다. 최치원 선
생은 난랑(鸞郞)이라는 화랑에게 지은 '난랑비(鸞郞碑) 서문(序文)'에서
"우리나라에 현묘한 도가 있으니 풍류라 한다(國有玄妙之道 曰風流)"
고 했다. 그가 말하는 풍류도는 선비정신과 다른 것이 아니다. 생로

병사와 관련한 모든 삶의 통과의례는 음악과 춤과 놀이로 이루어졌고, 민속적으로 전승되어 오는 강강술래, 사물놀이, 각시놀이, 마당놀이, 공기놀이, 고무줄놀이, 자치기, 윷놀이 등은 몸과 마음을 다듬는 창조적 원동력이었다.

■ 재미란 무엇인가

재미(fun)는 여가 활동 혹은 놀이(게임)를 통해서 얻어진다. 그리고 가끔 예상치 못한 경험이 재미를 느끼게 한다. 재미는 어원상 fonne(fool)에서 비롯되었는데 뭔가 웃기고 속이는 광대를 뜻한다. 즉 재미는 '속이는 장난'으로 재미있게 놀자는 의미가 담겨 있다.

만일 놀이가 없다면 그다음에는 무엇이 있을까. 재미를 느낀다는 말은 무슨 의미인가. 재미있는 일은 우리 생활 속에 늘 있다. 어린 시절에 놀던 기억을 떠올려보자. 어린 시절은 성장 과정이 놀이였다. 인생의 즐거움이 과거의 일이라고 생각할 수 있지만 많은 걱정과 책임 속에서도 즐거움을 느끼며 살아왔다.

그래서 하우징아는 《호모루덴스 : 놀이하는 인간》에서 인간의 본질은 놀이라고 했다. 그는 놀이를 자유롭고 즐길 수 있지만 완전히 엄격한 규칙에 따라 이루어지고 긴장감과 기쁨을 주는 유쾌한 활동으로 설명했다. 정해진 시간과 공간에서 실행되는 자발적인 활동인 것이다.

과거에는 놀이를 문화 속의 상위 개념으로 생각했으나 문화는 원래부터 놀이이고 놀이 속에 문화가 발달했다. 나아가 놀이는 정신적인 창조활동을 의미한다. 창조활동은 음악, 예술, 무용, 연극, 문학, 스포츠 등이다.

그런데 세기의 철학자(플라톤, 홉스, 칸트)들은 유머 혹은 재미있는 일들을 경멸하거나 조롱하는 듯한 입장을 보였다. 플라톤은 코미디, 재치, 농담 등을 합리적인 자제력을 넘어서는 감정으로 취급했다. 그리고 《공화국》에서는 사람들의 폭력적인 웃음은 자신을 포기한 격렬한 반응을 유발한다고 했다. 심지어 우스꽝스러운 것은 어떤 종류의 악과 같다는 이유에서 이를 부정하며 도덕적으로 반대한다고 했다.

플라톤 이후 아리스토텔레스 역시 유머, 위트를 대화의 주요 수단으로 생각했지만 《니코마코스 윤리학》에서는 웃음을 경멸한 플라톤의 의견에 동의하고 있다. 사람들이 놀이보다는 희롱에 관심이 많고 농담이 조롱의 일종이라고 경고하고 있는 것이다.

사상가들 역시 비슷한 입장이었다. 영국의 정치사상가 토머스 홉스는 《리바이어던》에서 갑작스러운 영광은 웃음거리가 된다고 했다. 갑작스러운 영광 뒤에 오는 오만으로 비칠 수 있기 때문이다. 웃음이 자제력을 감소시킨다는 입장이다.

데카르트는 《영혼의 열정》에서 놀람, 사랑, (경미한) 증오, 욕망, 기쁨, 슬픔 등 여섯 가지 기본 감정 중에 세 가지는 웃음과 함께 한다고 했다. 그에 의하면 증오는 웃을 수 없는 다른 원인이 되지만 웃음을 경멸과 비웃음의 표현으로 간주한다.(Descartes, 1911)

성경에서도 웃음과 유머에 대해 부정적인 표현이 나온다. 오히려 웃음에 대해 적대적이다. 웃음과 관련하여 비웃다, 조롱하다는 말이 나오는데 여기에서 웃음은 무관심, 무책임, 정욕, 분노 등과 연결시켜 영혼 또는 개인의 존엄성을 망치는 것으로 경고하고 있다.

칸트는 웃음소리가 몸을 자극하는 것 이상의 가치가 없음에도 '생각의 연극(the play of thought)'이라고 농담을 했다. "몸을 쉬게 함으로써 육체적 피로가 완화되고 정신적 피곤함은 영혼을 쉬게 함으로써 줄일 수 있다. 재미는 영혼을 위한 즐거움이요 영혼의 휴식이다. 영혼의 기쁨을 넘어서는 말과 행동은 장난거리가 되거나 유머러스해서 영혼의 쉼을 가져다준다. 당신 삶에 재미가 가득하기를."

나 역시 어린 시절 돼지 오줌보로 공을 만들어 놀던 기억이 난다. 팽이치기, 자치기, 굴렁쇠 굴리기를 하다 보면 자연스럽게 재미가 있었다. 놀이는 재미로 이어지는 능동적인 흐름이다. 재미와 놀이는 서로 상호작용하는 관계다. 재미는 최고 수준의 경험, 성과의 흐름이다. 그러기에 재미는 감정의 호르몬 도파민을 활성화시키고 뇌를 자극한다. 요한 하우징아와 로저 칼이오는 놀이를 다음과 같이 정의했다.

- 놀이는 자발적이고 능동적이다.
- 놀이는 명시적이면서 묵시적인 규칙에 의해 진행된다.
- 놀이는 고정된 경계선 내에서 이뤄진다.
- 놀이는 일상생활과 구별된다. 지정된 시간과 공간에서 즐긴다.
- 놀이는 물질이나 지위, 명예에 구애받지 않는다.
- 놀이는 경쟁이고 전승되며 사회구성원 속에서 재현되고 전승된다.

다시 말해 재미는 놀이에서 나온다. 놀이는 시간 낭비, 에너지 낭비라는 비난도 있지만 놀이는 재미를 추구하는 인간의 사회적·영적 발전에 필요한 요소다. 일상생활에서 잠시 벗어나 자유롭게 자발적으로 참여하는 놀이는 재미있다. 삶이 재미있다면 전혀 피곤하지 않으며 자신의 삶에서 활동성, 창조성, 미적 감각을 발견할 수 있다. 사실 놀이만이 완전한 사람으로 돌아가게 만든다고 해도 과언이 아니다.

■ 재미와 유머감각

허버트 스펜서는 《웃음의 생리학》에서 감정이 신경에너지를 움직이는데 신경에너지가 어떤 강도로 상승할 때 웃음이 나온다고 했다. 웃음은 아무런 목표가 없고 단지 신경에너지를 전달하는 것에 지나지 않는다는 얘기다.

교육학자 존 듀이는 웃음은 호흡의 음성 조직 매개를 통해 일어나는 감정의 갑작스런 반응이라고 했다. 웃음은 감정적인 표현이며 몸도 반응한다. 사실 엉덩이는 거짓말을 하지 않는다. 흥이 나면 엉덩이가 들썩하게 마련이다.

요즘은 웃을 일이 별로 없다. 그러나 한번 생각해 보자. 우리가 한평생 웃는 시간은 얼마나 될까. 아이는 하루에 300번 웃는다는데 어른은 몇 번이나 웃을까. 어른들은 무신경, 무관심에다 웃음조차 없으니 기쁨이 없다. 순수한 즐거움을 누리기가 쉽지 않지만 웃으면 230개 근육이 움직이고 오장육부를 자극하게 된다고 한다. 이런 움직임은 부교감신경을 자극해 평화로운 기운이 온몸으로 퍼져나가 부정적인 기운을 정화시킨다. 웃음의 어원 역시 Hele(웃다)로 행복(happiness)과 건강(health)을 의미한다.

유머는 머리가 아닌 마음에서 온다. 재미있는 삶은 미래를 좌우한다. 웃음이 행복이다. 명랑한 기분은 보약이다. 놀이를 통한 열정을 만드는 일, 놀랍고 혁신적인 삶은 놀기를 통한 열정을 갖는 것이다.

아이들이 애니메이션을 보면서 재미있어 하는 모습을 보면 얼마나 재미있기에 밥 먹는 것도 잊은 채 저렇게 좋아할까 싶다. 놀이는 정서적인 생활이요 삶의 에너지다.

젊은 세대는 노년에 비해 일하는 즐거움이 더 많다. 직장인 80%가 직장에서의 재미를 중시한다. 직장에서 재미를 느껴야 건강도 유지되고 일의 효율도 올라간다. 직장에서 즐거움에 대한 욕구는 '일과 삶의 경계'가 없어지는 것이다. 재미가 무엇인지 모르는 사람은 자기 삶이 무엇인지 모르는 것과 같다. 노는 듯하면서도 일하는 모습이 그렇다. 일과 삶의 균형이 이뤄질 때 재미있고 스트레스를 해소할 수 있을 것이다.

거듭되는 말이지만 우리 삶에서 빼놓을 수 없는 것이 무엇일까. 아마도 유머 감각일 것이다. 유머 감각을 발휘하면 모호함과 다양성에 대한 관용을 베풀 수 있고 어려운 문제를 창조적으로 해결할 수 있다. 우리가 쇼핑을 할 때도 유머나 장난기를 보태면 가격도 내릴 수 있고 재미있게 물건을 살 수 있다. 얻을 수 없는 값으로 높은 가치의 상품도 살 수 있다.

흔히 '재미있다, 즐겁다'는 말은 직간접적으로 우리 삶에 큰 영향을 미치는데, 다음과 같은 긍정적 감정과 부정적 결과를 가져온다.

긍정적 감정

- 얼굴에 미소가 흐른다.
- 관계가 좋아진다.
- 기분이 좋아진다.
- 자유로움을 느낀다.
- 치유의 감정을 느낀다.
- 책임감에서 벗어나게 한다.
- 편안해진다.
- 흥분된다.
- 눈물이 난다.

부정적 결과

- 우울증에 시달린다.
- 뇌활동이 저하된다.
- 분노 조절이 어렵다.
- 관계가 어려워진다.
- 습관성 중독증에 빠진다.

결국 즐거움, 기쁨, 건전한 놀이는 우리 영혼을 위한 음식과 같다. 그럼 이와 같은 감정을 유지하고 만들기 위해 재미의 효과를 어떻게 극대화할까. 그 답은 의외로 간단하다. 나이가 들면서 기쁨과 즐거움을 느끼는 정도가 변하지만 신체적(새로운 장소 찾아가기) · 정신적(관심 분야 탐색) · 정서적(음악, 미술, 운동) 영역에서 감각을 깨우는 것이다. 다시 말해 일상생활 속에서 창의력 발휘, 친구와 함께하기, 음악 듣기, 여행하기, 운동하기, 취미 생활 등을 극대화하는 것이다.

재미는 경험이다. 어떤 이는 사랑하는 사람과 정을 나누는 것이 가장 큰 재미라고 한다. 어떤 사람은 마약이나 술 마시는 것이 재미있다고 한다. 재미는 어떤 활동과 행위의 결과로 얻어진다. 특정 활동은 쾌락적 측면이 있다. 글쓰기는 재미도 있지만 쾌락과 동일시된다. 쇼핑은 쾌락적 가치를 안겨 준다.

■ 재미는 어디에나 있다

어디선가 까르르 웃는 소리가 들린다. 식당 여기저기서 와자지껄하다. 젊은 시절에는 넘어져도 재미있다고 웃었다. 재미는 시간을 잊게 해 주고 피로를 씻어 준다.

로마인들은 원형경기장에서 검투나 전차 경주를 즐기고 목욕을 하며 피로를 풀었다. 우리는 월드컵 경기를 보면서 즐거웠다. 그러고 보면 재미는 어디에나 늘 있다. 다만 그것을 찾지 못하거나 무관심하기 때문에 느끼지 못할 뿐이다. 재미는 영혼을 기쁘게 하는데 현대인들은 이를 잊고 살아간다.

또한 재미는 순간적으로 느껴진다. 길을 걷다가 잠깐 멈춰 서서 무엇에 대한 관심을 보일 때, 그것은 뭔가 보고 즐기기 위해 멈추는 순간이다. 새로운 것을 발견하는 즐거움이다. 이럴 때 '즐긴다'는 것은 자신을 즐기고 자신이 누구인가를 알아서 즐기는 것, 결국 자신의 삶을 의미한다. 도처에 널린 삶의 기호들을 찾아서 즐기고 웃는 것이 속세의 근심을 떨쳐 버리는 비결이다.

재미는 어디에나 있고 웃음은 내면의 표현이다. 인생에 대해 상대방에 대해 진지하게 생각하지 않아야 재미를 느낀다. 경쟁에서 무조건 이겨야 한다는 강박감, 어떤 일에 지나치게 진지해지면 재미가 없다. 축구선수들이 재미있는 게임을 하듯 경기한다면 승리가 가까워진다. 감독이 선수들에게 축구를 재미있는 놀이로 즐기도록 할 때 놀라운 결과가 나온다.

삶의 기술은 일과 놀이, 일과 여가, 마음과 몸, 열정과 냉정, 종교를 구분하지 않는다. 다만 자신이 일하고 있는지 아니면 놀고 있는지를 잘 헤아려서 삶의 비전을 추구하는 일이다. 재미는 주관적인 느낌이다.

그래서 우리 삶에 더 많은 재미를 가져다주는 것은 무엇인가? 우리가 재미있게 살지 못하는 것은 무엇에 대한 '충만한 마음'이 없기 때문이다.

- 내가 진짜 누구인가를 숨기지 마라. 최소한의 저항감, 구속감에서 벗어나라.
- 자신을 사랑하라. 마지막 숨 거둘 때까지 함께 하는 것이 몸이다.
- 다른 사람의 규칙을 따르지 마라. 다른 사람들이 만든 규칙보다 자기 표현과 창의적이고 잠재적인 가능성을 키워라.

- 두려움에서 벗어나라. 공포감을 관리하라.
- 모든 것을 무겁게 진지하게 생각하지 마라. 나쁜 일보다 웃음을 만들어라.
- 혼란스럽게 잡다한 일거리로부터 벗어나 단순하게 하라.
- 느리게 살라. 바쁘게 사는 것이 반드시 생산적인 것은 아니다.
- 뭔가를 시작하라. 작은 것부터 차근히 실천하라.

이런 요구를 일일이 다 챙길 필요는 없다. 하지만 주어진 여건에서 즐겨라. 말을 바꿔서 즐기기를 원하면 지금 인생에서 몇 퍼센트 정도 즐기고 있는가. 충분히 즐기려면 80~90%쯤 되어야 한다. 재미를 느끼는 것은 누구나 어디서나 가능한 일이다. 다른 사람이 뭐라 하든 유머러스하고 낙관적이며 긍정적일 때 행복해진다.

그런데 젊은 사람과 장년, 노년들에게 재미의 의미가 다르다. 젊은 이들은 재미를 우선시한다. 젊은이들은 고급 자동차를 타고 달리는 질주 본능에 몸을 맡긴다. 그들은 즐기며 일하기를 원한다. 하지만 그렇게 하다 보면 효율성과 생산성이 떨어질 수 있다. 재미를 느끼는 것은 사고방식, 개인능력, 주변환경 그리고 관계에 따라 다르다. 친구와 영화관에 갔을 때와 그렇지 않은 사람과 갔을 때는 다르다.

모두가 경험하는 것이지만 인생은 짧다. 놀이는 즐거움을 만드는 원동력이다. 그러니 빨리 몸을 움직여라. 우리는 어딘가 있을 사랑을 발견하고 그것을 소유하려고 노력하는 존재다. 사랑을 만들어서 즐기려 하지 말고 가까이 있는 것을 찾아내 그것이 무엇인지를 보는 것이다.

무슨 말인가. 아주 작은 것에 대한 관심, 이런 것이 더 재미있지 않을까. 우리 주위에 얼마나 많은 사물이 있는가. 왜 그런 것에 관심을 기울이지 않았던가. 해안가에 얼마나 많은 모래가 쌓여 있는가. 헤아릴 수 없는 모래알 속에서 할 일을 찾아서 즐기는 것이다. 꼼지락거리며 구경만 하는 사람은 재미를 모른다.

오락의 즐거움 역시 수수께끼를 푸는 것과 같다. 결국 인생은 수수께끼 풀듯 재미있게 보내야 한다. 그것은 명령이다. "인생은 모두 재미있고 그것은 죽어야 끝나는 기호"라고. 당신은 누군가와 함께 재미를 만들 수 있다. 우리말로 '꿀잼'을 만드는 것이다. 꿀잼은 매우 즐겁다는 뜻이다.

■ 재미는 놀이이고 웃는 것

우리나라에는 국보 제83호인 반가사유상의 미소가 있고, 서구에는 모나리자의 미소가 있다. 이들의 미소는 알 듯 모를 듯 얼마나 오묘한가. 반가사유상을 보면 몸과 마음을 다 벗어 놓은 고요한 미소다. 다빈치의 모나리자는 미완성임에도 매혹적이고 몽환적이다. 시대를 초월한 경이로운 세상의 근심으로부터 떼어 놓는 미소다.

콧노래를 부르며 웃는 사람의 얼굴을 보라. 웃음소리는 우리뿐만 아니라 자연, 우주, 신들을 깨우는 소리다. "웃지 못하는 소맹(笑盲)은 행복의 최대 적"이라는 말이 있다. 10분만 더 웃으면 삶이 더 행복해진다는 것을 모르고 살아가는 것은 너무나 슬픈 일이다.

웃음이란 것이 얼마나 신기한가. 우리는 즐거운 날을 보내면서 영원한 시간을 꿈꾼다. 미국의 언론인 노먼 커즌스는 "웃음은 명약이다"라고 했다. 그리고 "웃음은 마음의 조깅이다"라는 유명한 말과 함께 웃음은 자연치유력을 갖는다면서 아픔을 이기기 위해 늘 통쾌한 웃음을 지을 때 치유될 수 있다고 했다.

즐겁다는 것은 웃는 것이다. 니체는 웃음을 '건강한 철학'이라고 했다. 웃음은 지혜와 결합해서 '즐거운 학문'이 된다. 즐겁게 살면 즐겁게 웃게 된다. 웃고 또 새로운 웃음이 나올 때 자유인이 된다. 게다가 미소는 전염성이 강하다. 그렇다면 웃어라! 무조건 까르르 웃자. 미소는 우리를 행복하게 할 것이다.

우리에게 웃음을 짓게 하는 것은 우리 주변 가까이에 있으며, 모든 우수꽝스러운 창의적인 것은 최대한 근접한 영역에서 작용한다. 웃음은 사물에서 느끼는 감정이 우리 몸속에서 작용한다. 웃음은 모든 면에서 친숙하고 위아래로 열어 놓을 수 있는 탁월한 힘으로 작동한다.

03

즐거움(기쁨)이 있는 삶

즐기는 것은 행복함의 다른 표현으로, 쾌락이 아닌 '즐거움'은 찾아가야 할 무엇이다. 즐거움(pleasure)은 행복, 만족감, 유쾌함, 기쁨의 의미를 갖는다. 즐거움이란 정의하기 어렵지만 사람들이 경험하고 싶어 하는 근본적인 느낌이다. 뭔가 창조적일 때, 뭔가를 남에게 줄 때 느끼는 것이 즐거움이고 기쁨이다.

인간은 즐거움을 위해 뭔가 만들고 행동한다. 그래서 즐길 만한 동기를 찾는다. 우리 생활 속에는 즐거움을 느낄 수 있는 것이 많다. 이와 관련해서 나는 즐거움을 '일상적 즐거움(g-pleasure)'과 '절정 경험의 쾌락(d-pleasure)'으로 나눠 보고자 한다. 일상적 즐거움은 늘 존재하고 공통적이며 누구나 쉽게 얻을 수 있는데, '절정 경험의 쾌락'은 단기간 짧게 특정 상황에서 일시적으로 느끼는 즐거움을 의미한다.

■ 일상적 즐거움(g-pleasure)이란

누구나 기쁨을 발견하고 즐기고 싶어 한다. 그래서 앎의 즐거움, 배움의 열정, 취미 생활을 통해 즐거움을 얻으려 한다. 미래지향적으로 살아갈 때, 미지의 세계를 찾아 의무에 얽매이지 않고 새로운 자유를 찾는 것 또한 즐거움이다. 기존의 틀에서 벗어나 흥미와 취미를 추구하는 것, 다시 말해 즐겁지 않으면 성공이 아니다.

그렇다면 당신에게 샘솟는 즐거움(기쁨, pleasure)이 있는가. 즐거움이란 결코 명민함, 이성적인 힘에 있지 않고 열광, 흥분, 망상에만 있다.(《에라스뮈스 평전》, 슈테판츠바이크, 2015) 겸손으로 받아들여야 한다. 이런 기쁨은 모두에게 행복 유지의 본질이다. 우리 삶 속에서는 기쁨과 불행이 공존하게 마련인데, 행복을 위해 자신의 기쁨, 자신의 즐거움을 유지하는 것이 인간으로서 살아가는 기술이다.

이와 같은 즐거움에는 주관적 즐거움이 지배한다. 감정의 뇌 작용으로 인해 느끼는 즐거움은 정상적인 생활에서의 필수 요소다. 반대로 질병 등 신체적 장애로 인한 즐거움의 상실은 우울증에서부터 정서적 장애를 일으킨다. 그래서 즐거움은 신경생물학(neurobiological)에서 많이 다루는 주제이며 심리적 구성 요소의 한 부분이다.

다양한 각도에서 생각할 수 있지만, 즐거움은 '좋아함(liking)'과 '원함(wanting)'을 통해 느끼는 감정이다. 좋아함 혹은 원함이 충족될 때 즐거움은 강화된다. 전자는 즐거움 또는 쾌락에 영향을 미치는 것을 의식적으로 '좋다'는 반응이다. 그리고 의식적으로 이를 경험하는 것이다. 후자는 의식적이지는 않지만 뭔가를 이루고자 하는 욕구를 모두 포함하는 개념이다. '좋아함' 없이 막연하게 내 손안에 움켜쥐고 싶거나 동경하는 것이 '원함'이다.

즐거움은 단순한 감각이 아니다.(Frijda, 2007) 즐거움은 쾌락처럼 좋아하는 것과 연결되어 있다. 즐거움은 궁극적으로 생존과 출산을 촉진하는 역할을 한다. 섹스뿐만 아니라 음식 섭취와 관련된 감각적 쾌락이 생겨난다는 점에서 식욕과 성욕의 뿌리는 동색이다.(Kringelbach, 2008)

쾌락의 절정으로 섹스는 자연스러운 즐거움이며 감각적인 즐거움이다. 먹는 것 역시 즐거움의 가장 보편적인 현상이다. 음식물을 섭취할 때 냄새와 맛은 특별한 즐거움을 선사한다. 그래서 사람들은 먹는 것과 섹스를 위해 희생, 고통, 투쟁을 두려워하지 않는다.

즐거움은 어떻게 만들어지고 유지될까

당신은 재미있게 놀 줄 아는가. 인간의 유희 본능은 보다 높은 차원의 상상력을 발휘한다. 유희를 즐길 수 있는 사람을 가장 이상적이라고 할 수 있다. 전국시대 도가를 완성한 장자(壯子)는 놀이(遊)를 통해 도달되는 상태를 '소요유(逍遙遊)'라고 했다. 무욕의 소요를 말한다. 이러한 소요유를 누리기 위해서는 지인무기(至人無己, 이치에 도달한 사람은 자기주장이 없고)의 정신 상태에 도달해야 한다는 것이다. 장자의 최고의 낙(至樂)은 세속적인 것이 아니라 상대적인 심미 판단과 시비 판단에 얽매이는 낙이 아니고 그것들을 초월하는 절대적 쾌락이며 자유였다.

그런데 쾌락과 행복 말고 제3의 상태로 삶의 만족감을 안겨 주는 것이 '기쁨'이다. 기쁨이란 마음의 정서다. 기쁨은 쾌감보다 더 포괄적이며 더 깊다. 기쁨도 쾌락처럼 외부 자극에 대한 반응으로 일어나지만 강렬한 감정이다. 기쁨은 혼자만의 쾌락이 아니라 남들과 나누고 싶고 전하고 싶은 마음 상태다. 기쁨은 오랜 친구들을 만나거나 스포츠 경기에서 승리했을 때 혹은 높은 산을 올랐을 때 몸속 깊은 곳에서 일어나는 생명의 율동이다.

인간의 행동은 기쁨의 원리에 좌우된다. 스피노자는 기쁨을 모든 윤리의 토대이자 궁극적인 목적으로 보았다. 그는 기쁨을 철학적으로 접근한 사람으로서 기쁨의 최고 수준을 '지복(至福)'의 수준으로 올려놓았다. 지복은 진정한 행복 또는 영원한 기쁨이라는 뜻이다. 인간은 '정념(passion)'에서 해방될 때 비로소 지복으로 나아갈 수 있다. 이 지복은 곧 해방의 기쁨이다.

니체 역시 스피노자와 마찬가지로 기쁨을 우리가 의지해야 할 생명 역량으로 보았다. 기쁨의 원리는 역량(능력)이다. 기쁨은 우리 생명력을 증진시키는 모든 것이다. 그러기에 즐길 줄 모르는 삶은 권태를 낳고 심지어 이성도 잃게 되고 생명까지 빼앗기게 된다.

생명의 철학자 또는 기쁨의 철학자로 알려진 앙리 베르그송은 기쁨에 대해 멋진 말을 남겼다. 기쁨은 본질적으로 창조에 내재되어 있다면서 "기쁨은 생이 결실을 맺는 경험이다"라고 했다.(르누아르, 51쪽) 아기의 미소를 바라보는 산모의 창조 행위가 곧 기쁨이라는 설명이다. 생명을 유지해 배를 채우고 자식을 낳는 것을 쾌락이라고 하겠으나, 쾌락은 생명체가 생을 보존하기 위해 자연이 고안해 낸 책략에 불과하다.

오스트리아 출신 신경정신과 빅톨 프랭클 교수 역시 《영혼을 치유하는 의사》에서 같은 의미로 이를 지지했다. 기쁨이 목적 자체는 아니지만 "기쁨은 가치를 인식하고 가치를 지향하는 행위를 완수할 때만 실현되는 '성취의 현실'이다"라고 표현했다.(92쪽) 기쁨은 각각 어떤 대상을 지향한다는 점에서 무엇에 대한 지향적인 감정이라는 설명이다.

아름다운 것은 영원한 기쁨을 준다. 영국 시인 존 키츠는 〈엔디미온〉에서 "아름다운 것은 영원한 기쁨"이라고 노래했다. 양치기 소년 엔디미온을 통해 인간이 자연의 아름다움을 먼저 인지하고 나아가 사랑과 우정으로 서로 동화되어 감각적인 사랑을 거쳐 불멸의 삶을 성취할 것을 기대했다.

이렇게 우리 눈에는 단순히 있는 것(존재)과 아름답게 있는 것이 있다. 무의미하게 있는 것, 보기 싫은 것이 아니라 아름답게 있는 것이 진정한 존재의 의미다. 빌헤름 슈미트가 말하는 '아름다운 삶'은 결국 철학적 삶이다.

즐거움은 둥글둥글 돌아가는 풍류지도(風流之道)에 다름 아니다. 르누아르는 이런 기쁨을 유지하기 위해 우선 기쁨의 역량을 키우라고 했다. 그러려면 자기 자신을 정확히 파악하고 명상, 마음 열기, 남에 대한 배려와 봉사, 마음 비우기, 감사한 마음을 갖고, 온전한 자기 자신이 되어야 즐거움이 온다는 것이다. 그리고 세상과 화합하라고 했다. 우애, 사랑, 기쁨, 동물 등에 대한 사랑을 통해 온전한 기쁨, 살아 있는 기쁨을 느낄 수 있다는 것이다. 내면의 기쁨, 순수한 기쁨, 아이들 같은 기쁨이 살아 있는 기쁨이다.

작은 기쁨이 있는가

기쁨 혹은 행복을 얻기 위해 꼭 돈이 필요할까? 행복에 관한 것은 우리 삶에서 반복되는 것이다. 기본적으로 행복하다, 기쁘다는 것은 일과 빵과 놀이가 아닐까. 맛있는 음식을 먹고 카페에서 커피를 마시고 친구들과 이야기를 나누는 것들이 작은 기쁨 아닐까. 값비싼 것들(큰 집, 좋은 자동차, 비싼 음식)만 행복하고 좋은 것은 아니다. 값비싼 것만 추구하고 사회적 상승 욕구가 지나치다면 심리학자들이 말하는 쾌락이 쳇바퀴(hedonic treadmill)에 올라탄 격이다.

그런데 참 아이러니하다. 큰 즐거움을 추구하고 있지만 그것을 얻은 후의 효과는 시간이 지나면서 줄어들고 있다. 경제적 기대치나 욕구는 소득이 증가하면 그만큼 비례하여 상승하지만 만족감이나 행복감으로 이어지지 않는다는 뜻이다. 결국 즐거움의 비밀은 '작지만 자주 느끼는 기쁨'을 추구하는데 있다. 예를 들어 '작은 즐거움'은 아이들과 함께 놀아주기, 맛있는 음식을 해서 먹는 일, 좋은 친구와 대화하기, 선물 주고받기, 뜨거운 목욕, 푹신한 침대에 눕기, 노래 듣기, 여행하기, 드라이브, 들길걷기, 정원 가꾸기, 브래지어 벗기 등 다양할 것이다.

그러나 우리는 속도의 시대, 극심한 경쟁구조 속에서 작은 즐거움을 모르고 살아간다. 수없이 많은 작은 것들은 거의 눈에 띄지 않거나 방심하며 살아가고 있다. 작은 것이 널려 있지만 실제로는 거의 알아채지 못한다. 그렇게 느껴진다면 잠시 하던 일을 멈추고 주위를 보자. 우리가 경이로운 눈으로 인사할 때 사방에서 일어나는 작은 일들에서 기쁨을 찾을 수 있고, 우리에게 발견되기를 기다리는 꽃 한 송이, 반짝이는 별들이 보일 것이다. 우리가 걷는 들판, 우리가 먹고 삼키는 향기로운 음식, 저녁의 황홀한 노을 속에서 작은 기쁨을 느끼는 일이다.

당신 마음속에 작은 기쁨이 있는가? 있다면 꿈이 있는 사람이다. 사랑을 하는 사람이다. 얼굴이 밝고 웃음이 있는 사람이다. 작은 것에 만족하는 사람이다. 우리가 지금 있는 곳에서 겸손하게 만족스럽게 단순하게 평화롭게 대하면 기쁨을 느낄 것이고, 또한 우리는 그것을 배워야 한다. 결국 즐거움 없이는 행복도 없다. 그러나 쾌락은 우리가 선택한 것, 절제돼야 한다는 사실이다. (르누아르, 23쪽)

요즘 소확행(작지만 확실한 행복) 열풍이 불고 있는 것도 이런 작은 기쁨에서 연유한다. 소중한 취미를 즐길 수 있는 이색 카페들이 인기를 끌고 있다. 예를 들어 나무판에 사진을 새겨 넣는 일, 빵과 차를 마시면서 수채화 그림을 그릴 수 있도록 화구를 제공하는 카페, 심지어 낮잠을 잘 수 있도록 배려하는 곳도 있다. 아니면 농촌 생활에서 기쁨을 찾는 사람들이 많이 소개되고 있다. 이를테면 다듬기, 씨뿌리기, 추수기로 이어지는 농부의 수확의 즐거움은 어디에 비교할 수 없는 것이다.

이렇게 사소한 것들을 즐기는 것, 행복은 작은 일로부터 시작된다. 차 한 잔, 책 한 권은 작지만 큰 즐거움을 준다. 사소한 것에도 즐거움이 있고, 세상이 외면하더라도 내가 하는 것이 좋으면 즐거운 것이다. 양적 성장시대에 질적 변화로의 자극은 곧 휴미락을 통해서 얻어진다는 점이다.

우아하게 즐기는 방법은 없을까

즐거움은 주관적 · 객관적 · 무의식적 상태에서 모두 일어난다. 즐거움에 영향을 미치는 좋아함(liking)의 반응은 주관적이며, 우리 삶에서 의식적으로 좋아지는 상태다. 달콤한 맛은 긍정적인 얼굴, 좋아하는 표현이고, 쓴맛은 '싫어함'을 표현하는 것으로 모두 즐거움과 관련된 것이다. 주관적이며 기본적인 즐거움은 항상 개인적인 행동, 생리적 측면, 그리고 아버지와 아들로 이어지는 유전자에 의해 나타난다. 신경생물학에서는 이런 과정을 뇌의 작용으로 해석한다.

즐거움의 반응은 무의식적으로도 일어난다. 예를 들어 주관적인 의식 없이 좋아하는 것과 원하지 않는 것의 형태로 나타나는 무의식적인 즐거움이 일어날 수 있다.

소비 행동에서 소비 수준에 따라 행복/불행하다는 잠재의식이 나타날 수 있다. 음료수를 한 잔 마셔도 좋음/안 좋음으로 나타난다. 안 좋은 음료수를 먹을 때 잠재적 감성 표출로 자기도 모르게 얼굴 표정이 달라지는 경우가 많다. 다윈은 인간은 감정에 따라 표정 혹은 홍조(blushing)를 띠는 동물이라고 했다. 소녀가 사랑의 감정을 느낄 때 얼굴이 빨개진다.

우리가 희로애락을 느끼지 못한다면 인공지능 로봇에 불과하다.

인공지능은 슬픔과 기쁨의 눈물을 표현할 수 없다. 인공지능이 우세하더라도 땀 흘리며 보람 있는 기쁨을 대신할 수 없다. 우리는 감각적인 동물이지만 로봇은 아직 그런 감정을 표현하지 못한다.

육체는 곧 영혼이다. 영혼은 늘 충만함을 갈구한다. 괴로움을 당할 때 더욱 그렇다. 그것이 육체와의 영적 투쟁이다. 정신적·육체적 즐거움은 우리에게 부여된 크고 무한한 경험이며 세계에 대한 인식이며 모든 인식의 충만이자 광휘다.

즐거움/불쾌감이라는 반응은 우리가 삶의 현장에서 늘 느끼는 진화적 기능을 의미한다. 정서적 반응으로서 불쾌감을 느끼거나 뭔가 불편을 느낄 때 변화를 시도한다. 그러기에 일반적 즐거움이나 절정 경험의 쾌락은 우리가 살아가면서 배우고 익히고 훈련하고 뭔가와 결합시켜 나갈 때 활성화되고 극대화된다. 즐거움을 만들고 이를 촉진하기 위해서는 타고난 성격이나 재주 그리고 학습과 관련되어 있다. 그럼 다음 몇 가지를 참고하여 자신만의 기쁨의 의미를 만들어 보자.

- 즐거움을 강화시키기 위해서는 한 가지 활동에 집중한다. 먹을 때는 온전히 먹는 것을 즐겨라. 그때 오묘한 맛을 느끼게 되는데, 이것이 즐거움이다.
- 즐거움을 일으키는 활동을 할 때 구체적으로 느끼는 것이다. 예를 들어 목마를 때 물을 마신다면 차가운 물이나 따뜻한 물 중 어느 것이 좋은가를 느끼는 것이다. 행동이 없으면 어떠한 결과도 없다.

- 즐거움을 자극하는 감성지능(emotional intelligence)을 깨우는 일이다. 모든 감정을 우리가 얼마나 '익숙하게 경험하고 사용하는가'의 문제다. 감정 표현, 감성적 능력을 키우고 넓혀 나갈 때 작은 일에도 기쁨과 감동이 넘쳐날 것이다.

결국 자신의 기쁨 지수를 높이고 즐거운 삶, 좋은 삶을 가능케 하는 방법은 자기 삶을 소중하게 여기는 것, 종교를 갖는 것, 끈기와 열정, 좋은 인간관계, 사랑하고 일하고 노는 것이다. 평범한 일상 속에서 삶의 양식을 채우고 건강과 영혼을 회복해 가는 삶이다. 즐겁게 살아간다는 것은 자기 삶을 만들고 물건을 소유하고 내놓고 하는 것 이상의 이미가 있다.

■ 즐거움(기쁨)의 원칙이 있는가

재미있는 질문부터 해 보자. 즐거움을 추구하지 않는 사람이 있을까? 사람들은 무엇 때문에 절정 경험의 쾌락을 추구할까? 무엇이 그런 즐거움을 주는가? 모두 재미있다고 하는데 나만 재미없는 이유는 뭘까? 즐거움 혹은 기쁨은 정말 좋거나 만족스러운 일을 통해서 얻어지는 기쁨이다.

그러기에 누구나 기쁨과 행복을 추구한다. 우리 삶의 진정한 동기는 즐거움을 얻는 데 있다. 건강, 평안, 강령, 행복은 곧 기쁨의 원천이다. 즐거움이란 단순히 생리적으로 몰고 가거나 정신적 요소만으로 볼 것이 아니다. '신체, 심리, 사회, 문화―영적'인 문제까지 융합해 느껴보는 것이다. 그러나 만성적인 자아상실에 시달리고 있는 현대인들은 사실 기쁨을 누리기가 힘들다. 그러다 보니 휴미락의 빈곤 상태에서 살아간다. 휴미락의 철학을 모르고 있다.

즐거움의 원칙은 원하는 것에 대한 깊은 인식이다

우리가 알고 있는 신화와 영웅들의 이야기는 사랑과 전쟁, 신과 자연에 대한 도전, 그리고 나중에 즐거움의 탄생으로 이어진다. 특히 비극적인 사랑 이야기에는 해피엔딩으로 끝나는 즐거움을 선사한다. 그것은 바로 우리의 이야기요 스토리텔링의 서사구조다. 즐거움은 모든 사람들이 추구하거나 목표로 삼는 것이어서 더욱 그렇다. 즐거움은 우리 존재 자체의 문제가 아닐 수 없다.

즐거움은 '자기가 원하는 것에 대한 인식'이다. 물리적 또는 지적·정신적 의미의 무엇인가를 알고 획득하는 것을 의미한다. 기쁨이란 라틴어 Laetitia, 즉 생물이 더욱 완벽한 상태로 변하는 과정과 관련된 단어다. 그래서 기쁨은 인간 실존의 욕구가 채워졌을 때의 흐뭇하고 만족스런 마음이요 느낌이다. 프로이트는 '기쁨을 선천적인 감정'의 하나로 보았다. 로버트 디세이는 《게으름의 예찬》에서 요리(식사), 정원 가꾸기, 섹스 등을 가장 즐거운 활동으로 보았으며, 여기서 네 가지 기쁨의 원칙을 제시했다.

첫째, 지적인 즐거움이다. 지적 인식, 깨달음, 높은 도덕감, 아름다운 것을 아는 즐거움이다. 그러면서 욕망을 스스로 조절하여 노예화하지 않는 것이다. 자신을 스스로 통제하고 조절하며 정신적 ·

신체적 건강을 지키는 즐거움이다. 글쓰기, 그림그리기, 문학, 예술 등의 높은 지적인 기쁨으로 자기만의 독점적 경험을 만들어 가는 일이다. 아리스토텔레스는 지적인 삶이란 '충분한 휴식'이라고 했다.

둘째, 육체적인 즐거움이다. 동물과 같은 속성으로 식사, 음주, 섹스가 이에 속한다. 낮은 수준의 쾌락으로 미각, 감각, 접촉, 냄새, 청각 같은 것을 통해 즐거움을 느낀다. 우리가 내 몸에 대해 얼마나 긍정적으로 생각하고 대우하느냐에 따라 즐거움이 달라진다. 예를 들어 매일 먹는 식단, 주위 사람들과의 관계, 적당한 운동을 하는지 등을 살펴보는 일이다

셋째, 사회적으로 소유하는 즐거움이다. 누구나 사회적 지배/종속 관계 속에서 살아간다. 돈, 권력, 명예, 지위를 얻기 위해 우리는 바쁘게 살아간다. 그런데 당신은 어떤 상태인가. 당신이 경쟁해서 얻은 모든 것들에 대해 성취감 혹은 즐거움을 느끼는가. 그러나 이와 다른 생각으로 즐거움의 사회적 측면으로 인간관계에서는 기쁨을 느끼는, 즉 사람과 함께 즐기고 다른 사람을 만나서 조화를 이룰 때 기쁨은 배가 된다는 사실이다.

넷째, 영적인 즐거움이다. 종교적인 믿음을 통해 영혼의 안정, 안식으로 구원을 얻는 즐거움이다. 지금 내 인생에서 경험하는 즐거움이 천국의 영원한 즐거움으로 이어질 때 완전한 즐거움이 되는 것이다. 다시 말해 우리는 현세에서 즐거움을 얻었다 할지라도 궁극적으로 다른 즐거움, 즉 영원한 즐거움을 경험하기 위해 창조되었다.

이러한 즐거움을 소유하기 위해 어떻게 하면 될까?

첫째, 자신의 외모에 관심을 기울인다. 자기 몸을 사랑하고 대우하는 것은 당신이 살아가는 방식이다. 당신 내부 혹은 외부에서 무슨 일이 일어나는가를 보라. 특히 신체적 즐거움은 이 세상에 존재하는 내 삶의 그 무엇이다.

둘째, 내가 진정으로 원하는 것을 하고 있나? 우리가 추구하는 즐거움이 먼 하늘에 있는 것이 아니라 우리 삶 속에 있다. 사회적으로 지위와 역할을 제대로 하는지, 내가 좋아하는 음식을 먹고 있는지, 여흥을 즐기고 있는지. 말을 바꿔서 우리가 즐긴다는 것은 자유로움, 즉흥성, 흥분되는 감정, 그리고 인간 본성의 감성이 살아나는 것이다. 즐거움은 내가 원하는 것에 대한 인식에서만 온다. 기쁨은 욕망에 대한 희망을 인식할 때 주어진다.

셋째, 나에게 행복을 가져다주는 것은 무엇인가? 행복은 어디서 오는가. 최적의 인간은 어떤 모습일까. 아마도 현대 사회에서 덕업일치(德業一致, 좋아하는 일과 직업이 같음)와 뭔가에 몰입(flow)하는 것, 완전히 자기가 좋아하는 일에 집중할 때 행복해진다. 일, 취미, 여행, 운동 이런 것들이 보장된다면 천국이 열리고 천사들이 노래하는 것처럼 느껴질 것이다.

넷째, 영적으로 편안한가? 무엇이 우리 영혼을 침식하는가? 영적인 본질은 영원히 빛나고 사랑스럽고 부드럽게 내적으로 작용한다. 영적인 요소는 모두를 사랑하는 행복감, 기쁨, 그리고 자유로운 삶으로 인도한다. 우리가 문학예술을 즐기는 것은 인간의 정신적·영적 추구로서 우리 삶을 해명하려는 것이다. 영혼이 맑아지면 우리가 겪는 슬픔, 분노, 외로움도 옅어진다.

한마디로 기쁨은 재미를 느끼는 것이다. 여기서 재미(fun)는 신념과 다름없어서 재미가 없으면 사회관계 속에서 추방당할지 모른다. 재미가 없으면 새 옷도 새 신발도 소용없다. '재미를 위한 재미'를 외치는 현실 속에서 진정으로 재미가 뭔지를 아는 사람은 그리 많지 않다. 마이클 풀리가 쓴 《본격 재미탐구》에서는 사람들이 재미있는 척 즐거운 척하면서까지 재미를 추구한다는 것이다.

즐거움을 누리고 삶에 만족한다면 그게 바로 지락(至樂)이다. 지락은 나를 묶어 두지 않는 것이다. 즐거움을 나타내는 낙(樂)은 내가 바란다고 해서 되는 것이 아니다. 부족하면 욕(慾)이요, 만족하면 낙(樂)이라는 것을 모르고 산다고 했다. 그런데 지락은 어디쯤 있을까? 장자는 그것을 무위(無爲)의 삶이라고 했다. 무위의 삶은 몸과 마음이 더불어 편한 삶이다.

장자 내편(1)에 나오는 소요유는 천방(天放)이다. 걸림 없이 천하에 풀어 놓는 것을 말한다. 천방은 더할 바 없는 것이고 해방이요 해탈이다. 무애(無碍)와 자유다. 그런데 그냥 하염없이 노닐 수 있는가. 소요유는 뭔가 기대려는 것으로부터 단념하는 것이다. 그럴 때 자유롭다. 소요유의 체험은 열락(悅樂)이요 황홀한 즐거움이다.

그래서 즐거움이 우리에게 미치는 영향을 이렇게 요약할 수 있다.

• 즐거움은 우리를 의식적으로 긍정적인 삶으로 인도한다.
• 즐거움은 이를 얻고자 하는 남다른 노력으로 얻어진다.

- 즐거움은 행복감을 최적화하고 정신적 · 육체적 활동을 촉진한다.
- 즐거움은 제한적이며 임시적이며 때로는 고통을 남긴다.

이렇게 인간은 끝없이 이어지는 즐거움을 찾는다. 무한한 재미 같은 것이다. 심리학자들은 쾌락을 추구할수록 더 강한 자극을 추구하기 때문에 재미를 끝없이 추구한다고 했다.

니체는 그리스 신화에 나오는 숲의 신이자 유흥의 신인 디오니소스적인 난봉꾼의 삶으로 재미를 바라보았다. 프랑스의 모럴리스트 몽테뉴는 《수상록》에서 육체적 측면에서 모든 감각을 빠짐없이 샅샅이 의식적으로 즐기라고 했다. 그러면 삶이 달라진다는 것인데, 하지만 즐거움은 무한하고 계속되는 것이 아니다.

건강해야 모든 것이 좋다

건강에 대한 소망은 더 건강한 몸을 만드는 것이다. 건강하면 즐겁기도 하고 욕망으로 이어지기도 한다. 재미있게 보낸다는 것은 육체적 · 정신적 건강관리에 좌우된다. 재미는 신체의 피로를 풀어 주는 것은 물론 혈당 조절과 통증 고통을 잊게 해 준다. 신체가 건강해야 재미있게 일할 수 있고 원하는 삶을 살아갈 수 있다.

고대 로마의 의학자이자 철학자였던 갈렌(갈레노스)은 타고난 건강이 아니라 자연 상태의 건강을 강조했다. 건강을 해치는 것은 외부로부터 오게 되는데 그것은 공기와 환경, 음식과 음료, 잠자기와 일어나기, 운동과 휴식, 채움과 비움, 삶에 대한 열정이다. 이 비자연적인 요소는 너무 많아도 너무 적어도 안 되는, 즉 몸의 불균형을 초래하게 되어 질병에 걸릴 수도 있다.

누구나 건강해야 즐거움을 만들 수 있다. 미국 소설가 필립 로스의 《죽어 가는 짐승》에서 주인공 데이비드 케페시를 통해 시들어 가는 육체, 사그라지지 않는 갈망, 시간을 거스르는 욕망에 대한 62세 노교수의 열정적 삶을 그려놓았다. 그의 메시지는 늙었지만 쾌락에 집중하라는 것이다.

꾸준한 운동은 장수와 건강에 큰 영향을 미친다. 20세기 초 35년이던 평균수명이 지금은 80년 이상으로 늘어났다. 영국의 의학저널에 실린 논문에 따르면, 운동은 이동성과 삶의 질을 좌우한다고 한다. 일상적인 운동을 할 때 사망 위험을 40% 줄일 수 있다는 것이다. 비활동적인 사람은 신진대사를 더디게 하고 뇌의 엔트로피 분비를 방해한다. 게다가 꾸준히 운동을 할 때 골격근육의 약화를 가져오는 근육감소증을 방지할 수 있다.

말할 나위 없이 육체적 건강은 우리 삶 전체에 관한 것이다. 건강하게 몸을 잘 관리하고 성장할 때 남다른 즐거움을 만들어 나갈 수 있다. 보약을 먹고 병원에서 검사를 받기도 하지만 건강한 삶을 만들어 가는 노력은 평생 동안 이어져야 하는 주제다.

즐거움은 행복이다

행복이란 무엇인가. 사람들이 행복에 대해 각각의 정의를 내리듯 합의된 행복의 기준은 명확하지 않다. 그러나 누구나 암묵적으로 행복을 배우고 느끼며 살아가고 있다. 옥스퍼드 영어사전에서 행복(happiness)이란 좋은 기분을 느끼거나 기쁨 혹은 만족 상태에 있음을 의미한다. 그래서 행복은 영구적으로 지속되는 것이 아니다. 일시적이고 변화 가능한 상태다.

아리스토텔레스는 행복을 '가장 높은 선(highest good)'이라고 했다. 칸트는 도덕적 형이상학에서 선의(good will)는 '불가분의 조건'이며 '행복은 이성의 이상이 아니라 상상력의 이상'이라고 했다. 행복은 내적/외적 경험에서 오는 감정이다. 쇼펜하우어는 인생의 모든 부문에서 세상적인 행복은 좌절되거나 혼란이라고 말했다.

이렇게 즐거움은 행복과 같은 말이다. 우리 인생에서 즐거움이 없다면 행복을 경험할 수 없다. 진정으로 행복하지 않으면 즐거움을 느끼지 못한다. 라틴어 베아티투도(beatitudo)는 행복을 뜻하는 베오(beo)라는 동사와 아티투도(attitudo)라는 명사의 합성어다. 베오는 복되게 하다, 행복하게 하다라는 의미이고, 아티투도는 태도, 자세, 마음가짐을 뜻한다. 곧 자신의 태도와 마음가짐에 따라 복을 가져올 수 있다는 뜻이다.

행복이란 단어를 SNS상에서 치면 단번에 200만 건이 올라온다. 행복은 영원히 지속되는 것은 아니지만 즐거움보다는 안정된 상태다. 행복은 한 번에 몇 분 이상 지속되지만 즐거움은 몇 초 안에 끝날 수 있다. 행복한 결혼도 쉽게 깨진다. 애인에게 예쁜 꽃신을 선물하고 그리고 결혼하지만 그 행복은 2년 정도만 지속된다고 한다.

그렇다면 이런 질문이 가능하지 않을까. 즐거움이 우리 행복에 얼마나 큰 영향을 미치는가? 프로이트는 행복과 즐거움에 대해 크게 관심을 보이지 않았다. 그는 인간 모두는 행복을 추구하고 행복해지기를 소원한다, 고통과 불만이 없는 그러면서 한편으로는 쾌락에 강한 즐거움을 요구한다며 행복과 즐거움을 동일시했다. 행복은 즐거움이다. 만족감이다. 결국 당신이 (불쾌감을 피하면서) 즐거워할 때 행복해진다.

그러나 또 다른 견해로 행복은 단순한 즐거움(쾌락)의 이상을 포함하고 있는데, 그것은 인지적 · 미적 · 도덕적 영역에서 뭔가 성취를 이뤄야 행복해진다는 논리다. 예를 들어 영국의 공리주의 철학자 존 스튜어트 밀은 "배부른 돼지보다 배고픈(불만족한) 인간이 되는 것이 낫다. 만족한 바보보다 불만족스러운 소크라테스가 되는 것이 좋다"고 했다.

그런데 행복(happy)과 의미(meaning)는 어떻게 다른가. 행복과 의미를 혼동하거나 서로 바꿔 가며 사용하기도 하지만 두 단어 사이에는 다른 점이 있다. 인간이 행복을 추구하는 데 있어서 다른 많은 생물과 비슷한 점이 있지만 '의미'를 찾는 것은 인간뿐이다. 행복과 달리 의미는 날마다 흔들리고 일시적인 상태로 나타난다. 우리가 행복을 느끼는 것은 개인소득, 직업, 건강, 가족 관계, 사회적 관계, 도덕적 가치, 긍정적 감정으로 구성된다. 긍정의 힘이 필요하다.

그리고 행복감이란 단순히 감정으로 느끼는 즐거움과 다르다. 행복은 기쁨, 황홀감 같은 강렬한 느낌과 혼동하지 말아야 한다. 행복은 어떤 편안한 느낌이지만 상상일 수도 있다. 인생이 쉽거나 어렵다고 느끼는 것은 행복과 관련이 있지만 의미는 아니다. 건강하다고 느끼는 것은 행복과 관련이 있지만 의미는 아니다. 행복은 삶의 과정에서 자신의 삶을 긍정적으로 평가하는 삶의 만족도와 관계되는 개념이니 그렇다.

상대적인 가치보다 나만의 절대가치를 찾는 것이 행복이다. 행복이란 꼭 무엇을 성취해서 얻어지는 것만이 아니라 비생산적이라도 내가 좋으면 즐거운 것이다. 뒤에서 일등하면 어떤가. 꼴찌라도 자기가 좋아하는 것을 할 수 있으면 그것이 행복 아닐까.

그럼 당신은 행복한가? 행복하다면 영원한 행복은 어떻게 생겼을까? 행복한 삶을 만들어 갈 자신이 있는가? 상위 1%의 VVIP급 서비스를 받는 사람들은 다 행복할까? 물론 그럴 수 있다. 하지만 오래 지속되지 않는다. 그런 사실에서 잠시 행복감을 느낀다는 것은 행운이다.

행복하다는 말은 '행운(lucky)'이라는 말에서 유래되었다. 옛날 조상들은 행복을 행운이라고 생각한 모양이다. 행복은 운(運)이나 기회를 의미한다. 행복에 대한 견해는 행복 또는 복지(웰빙)를 어떻게 개념화하느냐에 따라 달라진다.

행복, 웰빙 상태는 기쁨과 고통이 적은 경험으로 오는 느낌이다. 정서적 요소(긍정적 혹은 부정적 생각)와 인지 요소(자신의 삶에 대한 만족)로 구성되는 개념이다. 기쁨 혹은 진정한 즐거움을 추구하는 형용사로서 고통을 피하고 즐거움을 추구하는 동기 부여의 의미가 강하다.

따라서 행복감을 느낀다는 사실은 두 가지 점에서 대비된다.

첫 번째는 헤도닉(hedonic, 쾌락적) 개념이다. 이 개념은 삶의 목표가 최대의 즐거움을 경험하는 것이라고 믿는 아리스토텔레스 철학의 핵심 개념이다. 감정의 폭발화는 단기적이고 덧없는 즐거움이다. 물론 쾌락을 육체적으로 보는가 정신적으로 보는가, 아니면 자기만의 쾌락인가 혹은 많은 사람의 쾌락으로 보는가에 따라 논쟁의 대상이 된다. 어쨌든 '쾌락의 지속 가능성(hedonistic suatainability)'은 사람에 따라 다르지만 잠시뿐이다.

두 번째는 에우다이모니아(Eudaimonia, 최상의 좋은 행복)다. 플라톤은 좋은 삶(good life)을 행복이라고 했다. 그리스어 eu(good life)와 daimon(spirit)을 합친 단어로 최상의 좋은 상태를 유지하는 것으로 삶의 목적 달성, 의미 도전 그리고 개인 성장의 결과로 최상의 행복을 느끼는 상태다. 이때 '좋음'은 완전하고 자족적인 내면의 행복을 말한다.(아리스토텔레스의 《니코마코스 윤리학》)

행복은 몸과 마음, 영혼에서 느끼는 것이다. 행복의 감정은 즐거움, 쾌락, 의기, 파워 등이다. 최상의 행복을 뜻하는 에우다이모니아는 도덕적 의미가 강한 삶의 질 또는 상태 그리고 행운, 낙, 만족, 즐거운 상태다.

그림 4 행복감 ; 헤토닉/에우다이모니아 관계

그런데 행복과 쾌락이라는 두 단어는 비슷하게 맞물려 있지만 약간의 차이가 있다. 쾌락(hedonic)은 열정, 흥분, 낙관 등 잠시 오고가는 주관적인 즐거운 상태다. 쾌락은 외부적(extrinsic)이며 현재의 삶의 수준, 일시적인 행복감, 최고 절정의 즐거움을 추구하지만 그 시간은 일시적이며 순간적이다. 반면에 에우다이모니아는 평화, 감사, 만족, 즐거움, 희망, 호기심, 영감, 사랑과 같은 내면적(intrinsic)이며 지속적인 감정이다. 에우다이모니아 감정은 성취감, 기능적인 웰빙, 의미의 추구, 몰입상태, 누군가를 사랑하는 것, 대상을 품어 안는다는 뜻이다.

전통적으로 철학은 행복을 추구해 왔다. 인간의 모든 노력의 결과를 행복함에 두었다. 행복을 누리는 것은 행운이다. 모두에게 행운이 필요하다. 그리고 모두에게 행운이 있다. 예를 들면 우리가 좋은 나라에서 태어나 성장하고 건강하게 일할 수 있다는 것은 행운이다. 우리는 모든 것을 통제할 수 없고 모든 문제를 해결할 수 없다. 그러나 불운이 닥칠 때, 의미 있는 목적을 이루고자 할 때 행운이 따라올 수 있다. 인생을 최대한으로 만들기 위해서는 용기와 열린 마음, 편견 없는 두려움에서 벗어나는 것이다.

■ 어떤 즐거움을 추구하는가

즐거운 사람은 사용하는 언어가 다르다. 말(언어)에는 긍정적인 단어(사랑, 행복)와 부정적인 단어(우울, 불안, 불행감)가 있는데, 행복한 사람은 긍정적인 단어를 더 많이 쓴다. 미국에서 180명의 수녀들이

간증한 내용을 분석한 결과 '매우 행복하다, 정말 기쁘다' 등의 긍정적인 말을 자주 한 상위 25% 수녀들 가운데 90% 넘는 이들은 85세까지 장수했지만, 긍정적인 단어를 적게 사용한 하위 25% 수녀들 중에 겨우 34%만이 생존해 있었다고 한다.(Danner 외, 2004)

과학자들은 '즐거움'을 뇌과학의 반응이라고 한다. 우울증과 정신 질환을 앓고 있는 사람들의 특징은 무신경이다. 무신경 상태는 어떤 즐거움도 경험할 수 없다. 인과론적으로 X는 Y 때문에 진실이다. X 때문에 Y가 진실이다. 우리는 즐겁기 때문에 춤을 춘다. 춤을 추기 때문에 즐겁다. 우리는 놀 때 즐겁게 놀고 즐길 수 있다. 하지만 그것을 강요한다면 더 이상 즐겁지 않다. 먼저 감정을 표현해야 다음에 깨닫고 다시 놀게 되는 것이다.

그러면 진정한 즐거움의 의미는 무엇인가. 즐거움은 인생을 축하하는 것이다. 즐거움은 순간의 감정이다. 새로 태어난 아기의 미소를 보라. 즐거움의 원형을 보는 것과 같다. 아이들은 만화 혹은 게임 속에 등장하는 주인공처럼 즐거워한다. 월드컵 경기를 보면서 통쾌한 숏 장면을 볼 때 함성을 지른다. 얼마나 짜릿한 즐거움인가.

미국 여성 심리학자 캐롤 길리건은 《기쁨의 탄생》에서 억압으로부터의 탈피가 즐거움을 만든다고 했다. 그녀는 고대 그리스 신화에 나오는 푸시케와 큐피드의 사랑을 분석하면서 이들의 사랑은 속임수, 부러움, 악의 배신, 보복이 거듭되는 가운데 여성이 왜 즐거움을 만들지 못하는가를 제기한다. 소녀, 처녀, 어머니로 이어지는 과정에서 복종과 예속은 가부장제의 문화적 환경에 적응한 결과라는 설명이다. 가부장적 문화규범이 여성을 억압함으로써 여성으로서의 즐거움을 박탈당한 채 살아간다는 주장이다.

사람들이 자기 목소리를 내지 못하고 역할의 상실, 소외감, 우울증 같은 심리상태에서는 자신의 삶을 개척하지 못한다면서 적극적으로 관능적인 감각기능을 발견해 즐거움을 만들어 갈 수 있다고 조언한다. 그러니 매일의 즐거움이 뭔지 생각해 보라. 낙(樂)으로부터의 사유, 나로 살기, 나에게 집중하는 삶을 살아야 자신이 좋아하는 것을 즐기는 것이다.

쇼핑의 즐거움

백화점에 가서 지갑을 여는 재미도 크다. 소비의 즐거움도 매우 큰 즐거움이다. 카페에서 커피를 즐기는 것도 마찬가지다. 더구나 '가치 소비'라는 말이 있다. 자기가 좋아하는 가치를 찾아 선택과 집중을 통한 가치 지향적 소비 태도를 의미한다. 사람들은 대부분 여행(34.5%), 먹거리(26.1%), 의류(21.3%), IT전자제품(21.1%) 순으로 가치 소비를 하는 것으로 나타났다.

물건을 살 때 자기만의 가치가 중요한 시대다. 특히 패션업계들은 매장에 카페나 레스토랑을 함께 배치해 식사까지 즐기도록 하고 있다. 가심비(가격 대비 만족도)가 좋은 상품을 샀을 때 즐거움이 있다. 요샛말로 가치 소비를 즐기는 덕후(혹은 오덕후)들이다.

패션의 즐거움

자기 이미지에 맞는 패션 감각은 즐거움을 준다. 패스트 패션시대에 옷 한 벌의 생명은 기껏 한철이다. 그만큼 패션의 사이클이 빠르다. 가장 핫한 신상품에 흥미를 느끼며 만지작거리다가 그것을 사면 얼마나 기쁜가. 패션은 아름다움의 상징이다.

섹스의 즐거움

누구나 에로틱한 모험을 상상한다. 프랑스 사람들은 섹스를 '작은 즐거움(la petite mort)'이라고 부른다. 성행위에서 흥분과 자극, 만족이 따르지만 성적 만족은 사람마다 다르다.

자연 속에 사는 즐거움

우리는 아름다움의 근원인 자연을 잊고 살아간다. 땅의 섭리에 따라 살아가는 모습이 아름답지만 사람들은 이것을 멀리하고 있다. 다빈치는 "자연은 최고의 스승"이라고 했다. 풍요로운 들판으로 나가보라. 모든 동식물이 햇살의 양기(陽氣)를 빨아들인다. 손바닥만 한 땅에 채소를 심고 매일 정성을 다해 보살피는 모습, 그 자체가 기쁨이다.

소요자재(逍遙自在)의 즐거움

장자는 거리낌 없이 세상을 돌아다니며 무위자연의 경지를 소요한다면 이를 지락(至樂)이라고 했다. 자득자적(自得自適)하고 소요자재(逍遙自在)하는 것이다. '소요자재'는 속세에 마음을 두지 않고 홀로 자유롭게 지내는 것을 말한다. 지락은 궁극적으로 인간으로 하여금 정신적인 자유, 해방을 누리는 데 있다.

음악을 듣는 즐거움

음악은 묘약이다. 음악을 즐긴다는 것, 사람이 누릴 수 있는 호사 중의 하나다. 쇼핑몰에서 어떤 음악을 틀어주느냐에 따라 매상이 달라진다고 한다. 클래식 음악은 더 부유하고 세련되게 들린다. 음악은 유대감을 증가시키고 그리움, 기쁨의 감정을 느끼게 하고, 질병까지 이기게 한다. 음악 치료가 그렇다.

일하는 즐거움

리처드 리브스의 《Happy Mondays : 일하기의 즐거움》에서 일은 곧 우리 자신이다. 사람은 자신의 진정한 모습을 찾고 싶어 하는데 그 모습이 바로 자신이 하는 일로 표현된다. 하기 싫지만 억지로 하는 것은 곧 자기 부정이다. 자기 자신을 사랑하는 만큼 자신이 하는 일을 사랑해야 한다.

휴식의 즐거움

휴식은 절대적으로 필요하다. 방전된 에너지는 쉼으로써 충전된다. 그것도 혼자 있을 때 충전된다. 그 때문에 고독도 필요하다. 게임을 하거나 영화를 보는 것, 취미를 갖는 것은 휴식에 속한다. 사회생활을 잘하고 못하는 데는 휴식의 중요성을 아무리 강조해도 지나침이 없다.

앎(배우는)의 즐거움

뭔가를 배우고 표현하면 당신은 행복해진다. 나는 서재에서 혹은 조용한 카페에서 책을 읽고 글 쓰는 것이 큰 즐거움이다. 술자리에서 잡담을 하는 것보다 책을 벗 삼아 혼자 보내는 것이 더할 수 없는 즐거움이다.

여행의 즐거움

사람은 태어날 때부터 여행이 시작된다. 여행은 특별한 경험이고 특권이다. 여행은 즐겁고 가치 있는 생명 활동이다. 여행은 '쉼'이다. 인생의 목적을 이뤄 나가는 데 촉매 역할을 한다. 최근 여행 트렌드의 키워드는 즐거움, 아름다움, 먹거리, 저렴한 여행이다. 여행할 기회가 주어진다면 망설이지 말고 떠나라. 그만한 가치가 있다. 여행은 가슴이 떨릴 때 해야 한다.

하지만 경제적 여유가 문제다. 즉 '머라밸(money&life balance)'을 즐기고 싶지만 돈이 없으면 현실과 동떨어진 이상일 수밖에 없다. 현자들은 돈이 모든 악의 근원이라고 하지만 일상생활에서 돈이 없으면 불행한 감정을 느끼게 된다.

그렇다고 물신주의를 말하는 것이 아니라 생활 수준에 맞는 돈은 어느 정도 충족되어야만 한다. 돈은 선도 악도 아니다. 다만 적당히 필요할 뿐이다. 행복이라는 감정은 젊은 사람들이 더 많이 느끼고 흥분하는 일이지만, 나이 들면 시간이 지남에 따라 그 행복감은 생명의 안전, 질병 없는 건강, 평온한 삶 속에서 만족감을 찾기가 어렵다. 젊은이들이 결혼을 하지 않거나 아이를 낳지 않는 것도 돈 때문이다. 결국 즐기려면 돈이 필요하다.

■ 어떤 사람이 더 잘 즐기는가

늘 자신에게 묻고 또 물어야 하는 질문이 있다. 그것은 "지금 나에게 주어진 시간을 가장 값지고 재미있게 보내려면 무엇을 해야 할까"이다. 우리가 경험적으로 알고 있는 '기본적인 즐거움'은 인생의 필수 요소로 선택하거나 포기할 수 있는 것이 아니다. 이러한 즐거움은 모든 생명을 이어가는 중요 요소다.

프랑스 종교학자 프레데릭 르누아르는 《철학, 기쁨을 길들이다》에서 "지속가능한 기쁨을 길러 낼 수 없을까?" 하고 묻는다. 막연하게 기쁨을 기다리지 말로 적극적으로 찾으라고 권한다. 충만한 즐거움, 살아가는 즐거움과 쾌락은 생물학·심리학적으로 고통을 피해 즐거움을 충족시키려는 인간의 본능적 욕구다. 인간의 영혼에 미치는 해로운 욕망을 버리고 얻어지는 즐거움은 '필요한 쾌락 (necessary pleasure)'이다.

그럼 어떤 사람이 즐겁게 사는가. 플라톤은 이(利)를 탐하는 사람은 즐거움을 모른다고 했다. 분별 있는(슬기로운) 사람, 지혜를 사랑하는 사람이 즐거운 사람이라는 것이다.(582a-e) 또한 남에게 기쁨을 주는 것도 즐기는 것이다.

게다가 외향적인 성격이 건강 장수에 도움이 된다는 연구 결과가 있다. 외향성(extroversion)은 타인에게 마음을 잘 여는 친화적인 성격이다. 외향적인 사람이 스트레스에 유연하게 대처하고 긍정적 사고로 장수 유전자인 텔로미어를 보호하는 능력이 크다고 한다.

외향적이며 낙관적인 사람은 휠체어를 타고 다녀도 낙관적이다.

낙천적인 사람이 뇌졸중, 심장마비에 걸릴 확률이 낮다는 연구 결과도 있다. 건강과 행복을 지키려면 외향성, 성실성, 정서적 안정성, 적당한 운동, 적정한 영양 섭취가 지름길이다. 그리고 지금 주어진 시간을 즐기는 사람이다.

쾌락-쾌락주의

쾌락은 관능적인 만족감 같은 것이며 감각적인 만족이다. 기쁨을 얻으려고 쾌락을 추구한다. 관능주의(sensualist ethics)에 따르면 선과 악을 판단하는 기준은 감각이기 때문에 지양되어야 하며, 감각의 만족을 가져다주는 것은 '좋은 것'이고 그것을 기피하는 것은 '나쁜 것'이라고 한다. 특정한 신체적 욕구를 충족시키는 것을 찬양하는 것이다. 이러한 신체적 쾌락은 경박한 쾌락으로 윤리도덕적 비판을 받기도 한다.

사람들은 자기가 느끼는 쾌락과 사랑의 감정을 영원토록 간직하려고 한다. 쾌락의 욕구는 죽어서 관 속에 들어갈 때까지 계속된다. 어떤 경우든 현대 사회는 인간의 욕구를 충족시켜 주는 곳이고 동시에 쾌락, 기쁨을 추구하는 용광로이기도 하다. 이런 욕망은 언제나 필연적이고 잔인하고 파괴적이다. 욕망을 통해서 얻어지는 쾌락은 이성적이고 이론적인 것이 아니라 오직 신체적이고 경험적이다.

앞에서 일상적 즐거움(g-pleasure)을 살펴보았는데, 여기서는 절정 경험의 쾌락(d-pleasure)을 중심으로 살펴보고자 한다. 절정 경험의 쾌락은 비합리적 욕망(irrational desire)의 형태로 과잉적인 욕망이다. 이러한 욕망의 속성은 절대 충족 불가이며 순간적 기쁨을 안겨 줄 뿐 끝내 좌절을 겪게 된다. 우리의 욕망은 질서를 벗어나려는 의지의 총합이지만 새로 깨닫고 수정하면서 살아가는 삶의 원형이기도 하다. 그러기에 우리는 쾌락이라는 것을 더 알아야 하고 또 그것을 내것으로 만들어 가는 노력이 필요할 뿐이다.

■ 쾌락(d-pleasure)의 의미

쾌락, 즐거움은 직관적이고 경험적이며 원인과 속성이 사람마다 다르다. 다만 직관적으로 경험하고 필요한 감각 기능이라는 사실에서 이해할 뿐이다. 즐거움은 감각과 인식, 체험 등에 의존하기에 그것이 실현된 후에야 존재하므로 실제 세계에 접근할 수 없다. 또한 내가 경험하는 즐거움과 타인이 느끼는 즐거움은 다르다. 타인의 즐거움은 타인만의 인식일 뿐이다.

프랑스 정신분석학자 라캉은 삶 자체가 단순한 '기쁨의 창조 활동'이라고 했다. 그는 '기쁨 내지 즐거움'이라는 영어 표현 'pleasure'와는 달리 '주이상스(Jouissance)'라는 단어를 사용했는데, 그 뜻은 넘치는 희열, 지나친 성적 오르가슴 혹은 과도한 즐거움을 의미한다. 일상적으로 금지된 한계를 넘어서는 고통스러운 쾌락을 즐기는 것을 말한다. 의식적으로 경험할 수 없는 즐거움 같은 것이다. 즐거움의 원칙 이상의 즐거움이 바로 'Jouissance'다. 그래서 라캉은 과도한 즐거움을 경계한다. 그는 너무 많이 또는 너무 적게 즐기지 않는 만족스러운 상태를, 아니면 너무 좋거나 너무 불쾌하지 않으면서 만족하는 삶을 제시했다.

전통적으로 쾌락은 철학자, 신학자, 문학가들에 의해 '이상화'되어 있는데 즐거움과 기쁨이 지식 자체가 아니라 감각에 좌우된다. 즐거움은 단순히 이상적인 것이 아니라 실존적 문제이며 그 창조는 인간의 발전을 위한 것이다. 쾌락은 정지된 상태를 거부하고 자연 상태로 돌아가는 것뿐만 아니라 다른 대상(동식물, 사물)을 초월하는 감정이다. 실존적 경험은 긍정적인 자아를 형성하게 하며 원하는 대상을 인식할 때만 즐거움을 가져올 수 있다.

쾌락은 어떻게 일어나는가

인간의 즐거움은 개인의 유전에 의한 '만족'이라는 의미가 있다. 그래서 본능적이다. 즐거움은 주관적인 현상으로서 의지적 행동을 통해 극대화된다. 자유 의지에 기초한 즐거움은 주관적인 행동이다. 즐거움은 동물만이 추구하는 것으로 인간은 항상 기쁨을 얻기 위해 노력한다.

즐거움(쾌락)은 뇌의 작용에서 느끼는 감정이다. 뇌과학에서는 즐거움이 신경조직과 관계가 깊다고 설명한다. 이와 관련해 인류 문명에서 인간에게는 '동기유발 메커니즘(motivational mechanism)'이 존재한다는 점이다. '동기'는 무언가 하려는 행동의 원인이다. 즐거움에 대한 동기 부여는 진보된 신경과학에서 예측가능한 방법론들로 제시되고 있다.

이러한 동기유발 메커니즘은 소크라테스 이래 아리스토텔레스에
이어 그 후에 철학 사조에 큰 영향을 미쳤다. 기쁨(행복)을 위한 동기
유발은 원래 자연스러운 개념이다. 에피쿠로스 역시 동기 부여의 중
요성을 강조했고, 그 이후 영국 공리주의자들에게도 마찬가지였다.

공리주의자 벤담은 선과 악에 대한 인간의 생각은 쾌적하고 불쾌
한 감정의 주관적 경험에 근거하고 있다고 했다. 즐거움과 고통의
느낌이 없다면 인간은 어떤 동기도 일어나지 않는다. 그래서 공리
주의 철학자들은 윤리적 쾌락주의(즐거움이 유일한 윤리적 가치이며 실제
적인 요소), 심리적 쾌락주의(행복은 인간의 유일한 활동 목표), 생리적 쾌
락주의(즐거움은 순전히 생리학적 기초)로 구분하고 있다.

이렇게 즐거움(쾌락)은 또한 행복감으로 특정 요인에 관계없이 인간
이 갖는 의식의 현재 상태에 대한 주관적 만족도의 다름 아니다. 즉
부정적(고통) 혹은 긍정적(쾌락) 요소를 다함께 포함하고 있다. 자유 의
지적 행동으로 항상 즐거움을 극대화하려는 감정이다. 적어도 부정
적 요소를 피하고 긍정적 요소를 높이려는 것이다. 그래서 인간은 즐
거움을 유지하려는 긍정적 감정을 유지하려고 노력한다. 즉 즐거움을
강화(strengthen)시키려 하고 이를 가능한 연장(elongate)하고, 그리고 이
를 반복(repeat)하려고 시도한다. 그러면서 즐거움을 방해하고 약화시
키려는 부정적 감정을 제거하고 예방하려고 애쓴다.(Simonov, 1986)

쾌락의 메커니즘은 계속적으로 진화(원시적 생물처럼)하면서 우리 삶
의 중요한 행동 목표가 되었다. 즐거움에 대한 자극분석(stimulation

analyzer)은 어떤 자극이 부정 또는 긍정적 쾌감으로 나눠져 가능한 유쾌한 쪽으로 작용한다. 수정 가능한 지극으로 즐거움에 몰입하게 된다. 그리고 그 즐거움(편안함)은 자유 의지에서는 자기 삶의 예측 계획을 세워 가며 수명 건강을 연장하기 위해 환경에 적응하고 변경한다. 여기서 인간은 기존 삶의 과정에서 경험한 위험, 이기적 행동, 건강에 좋은지 나쁜지를 판단하며 자기가 원하는 방식으로 이끌어 가게 된다. 따라서 인간은,

- 수명을 극대화(초과수명)하면서 위험한 동기를 피하고 유익한 동기를 만들어 자기 신체를 건강하게 보존하려고 한다.
- 일상의 안락함(편안함)을 극대화하고자 한다. 가능한 자기가 소유한 가용수단을 통해 행복한 (즐거움) 생활을 추구하게 된다.
- 최대한의 즐거움(쾌락)을 극대화하려 한다. 즐거움의 일반 원칙 이상의 즐거움을 추구한다. 뇌의 자극을 통해 육체적 · 정신적 쾌락에 관심을 쏟는다.

몸의 쾌락

즐거움은 자신이 필요한 것을 인식하고 바람직한 것을 찾아내고, 그리고 부족한 것을 얻는 것이다. 여기서 부족하다는 것은 심리적 · 육체적으로 뭔가 채워 가고 싶은 욕구다. 그때가 달콤하게 주어지는 상태다. 부족하다고 느끼는 그 순간에 그리움과 즐거움이 포함되어 있어 열망의 늪으로 빠져든다. 즐거움은 경험에서 얻어지는 것이다. 직접 느끼고 경험할 때만이 세상의 즐거움을 깨닫게 된다.

구체적으로 쾌락이란 행복, 기쁨, 환희, 큰 만족이라는 의미가 있다. 쾌락의 반대말은 불만, 불안, 불행한 느낌 같은 부정적인 생각이다. 즐거움은 원하는 것에 대한 의식적인 성취에서 온다. 여기서 욕망은 자기가 원하는 것을 얻는 영혼의 원동력이다. 이것은 갈망하는 것과 비슷하지만 갈망이 채워지는 것 역시 즐거움이 갈망하는 길로 인도하는 것이 욕망이고 영혼의 활력소다.

　즐거움이 존재하는 것은 무엇에 대한 인식과 합의(동의)를 통해서 얻어진다. 대상(사랑)이 인식되고 그것이 획득된 후에 기쁨을 경험할 수 있다. 쾌락과 고통은 지각과 지식을 통해서 존재하며 여기서 지각적으로 즐거움과 사랑을 느끼는 원인이 되고 육체를 욕망의 대상 쪽으로 움직이게 하는 원동력이 된다.

- 쾌락은, 사전에 어떤 이미지나 지식이 없어도 본능적으로 즐거움을 느낄 수 있다.
- 쾌락은, 눈먼 장님이라도 어려움 없이 무언가 혹은 누군가를 만지는 즐거움이 있다.
- 쾌락은, 먹는 것의 유일한 목적은 굶주림을 해소하는 것이기에 먹는 것보다 더 큰 즐거움은 없다.
- 쾌락은, 지각(감각)을 통해서만 가능하기에 그 지각은 경험적으로 발생한다. 그러나 부정적인 생각을 한다면 쾌락은 멀어진다.
- 쾌락은, 자연적인 욕망에 따르게 되지만 단순한 의지만으로 충족되지 않는다. 반드시 대상이 있어야만 한다.

우리 의식/무의식 속에는 본능적인 욕구, 즉 성욕과 식욕, 공격성이 잠재해 있다. 욕망은 성기 등 특정 부위에 대한 집착으로 모아진다. 이때는 신(神)의 감시조차 잊어버리고 황홀경에 빠진다. 브레이크가 없다. 그러기에 욕망은 다른 것(사랑의 대상)에 빠지면서 오는 것이다. 또한 욕망은 질적으로 동등하지 않다. 운전 솜씨가 각자 다르듯이 욕망을 어떻게 사용하느냐에 따라 행과 불행이 달라진다.

인간은 결핍과 부재를 채워 가는 존재들이다. 특히 몸의 즐거움을 추구한다. 이때 힘의 원천은 바로 욕망이다.(한동일, 218~219) 물론 욕망을 쫓다 보면 여기서 생기는 허무함, 타락, 몰락, 비극, 고통을 맛보게 마련이다. 그러나 기쁨과 행복을 찾는 것이 그렇게 쉬운 일은 아니지만 그렇다고 그것을 포기할 수 없는 일이다. 다만 육체적 즐거움이 무엇인지에 대한 성찰은 자신의 몫이다.

이러한 절정 경험의 쾌락은 일상적 즐거움이나 안정적인 상태로부터 벗어나 육체적·감각적으로 즐거운 상태에 빠지는 경우다. 성적 흥분, 극적인 승리감, 이룰 수 없는 일을 해냈을 때 오는 흥분, 오르가슴을 느끼는 상태다. 또는 중독성 약물에 의한 욕망 같은 것이다.

하지만 이런 절정 경험의 쾌락이 끝나면 정상적인 휴식 상태로 돌아가는 즐거움이다. 약물이 작용할 때처럼 잠시 느끼는 강력한 쾌락, 흥분 상태가 사라지면 즐거움도 다시 사라진다.

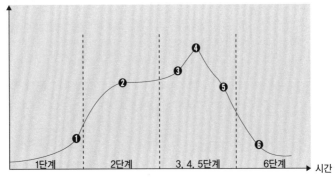

즐거움(쾌락)

1단계 2단계 3, 4, 5단계 6단계 시간

그림 5 신경 생물학에서 본 남녀의 성적 반응 사이클

❶단계 : 전희, 원함, 자극, 자발적 통제
❷단계 : 좋아함, 삽입, 흥분 상태 증가, 비자발적 근육 수축
❸ ❹ ❺단계 : 몸의 비자발적 경련 단계, 사정
  ❸ : 쾌감의 갑작스러운 상승, 클라이맥스, 사정
  ❹ : 오르가슴(절정의 경험)
  ❺ : 근육 수축 저하(이완)
❻단계 : 욕구, 쾌락의 감소, 휴식, 행복감

자료: J. R. Georgladis(2012), The Human Sexual Response cycle :
Brain Imaging Evidence Liking Sex to Other Pleasue, in Progress in Neurobiolegy 98, p52, 재구성

   일반적으로 절정의 쾌락은 수동적이다. 예를 들어 대상(이성)을 만나야 하고 성적 욕망을 느끼는 특정 상황이 만들어져야 하고, 그리고 실행함으로써 즐거움을 경험할 수 있다. 정신적 · 감각적 활동으로서의 쾌락은 어느 대상에 묶여 있다. 즉 동기 부여가 있어야 한다는 얘기다. 대상에 대한 인식(심미적 느낌), 즐거움(쾌락)의 추구, 행위(목적 수행)로 연결된다. 일종의 즐거움의 연결고리가 형성된다.

   작가 제니퍼 루덴은 쾌락을 얻으면서도 실제로 감각을 마비시키는 행동을 '그림자 위안(shadow comfort)'이라고 불렀다. 불안감과 무력감을 느끼지 않기 위해 우리가 찾는 모든 중독의 대상이 그림자 위안이다. 우울하거나 불안할 때 그 감정 자체를 피하기보다는 왜 우울한가, 왜 불안한가를 성찰하고 직시하고 고통을 불러일으키는 그 문제와 바로 직면하는 것이 낫다는 설명이다.

욕망이 지나치면 지혜와 미덕이 사라지고 신체적 영역이 악의 숭배로 넘어가게 된다. 이때 쾌락의 척도는 즐거움과 신체적 이익 사이의 균형의 문제다. 즐거움 가운데는 두 가지 제약이 따른다. 하나는 사회적 규범, 도덕, 윤리의 문제이고 또 하나는 욕구가 개인의 건강, 가정을 지키는 한계 내에서 이뤄지는 것이다. 지나친 욕구는 과잉의 기쁨으로 잉여의 즐거움이 될 것이기에 이런 점은 혐오의 대상이 되며 질병, 사망으로 이어질 수 있다. 욕망과 신체적 관계에서는 겸손과 절제가 중요하다.

길가메시 서사시에서 본 쾌락의 시초

과학기술 문명이 우리의 기쁨을 빼앗아 갔다는 비판도 있다. 끝없는 경쟁과 갈등, 상실감, 현기증, 박탈감, 소외감 같은 증상은 우리 육체와 정신을 통해서 드러나게 되는데, 이때는 관능적인 즐거움이 줄어든다. 본능적인 기쁨의 감각을 살려 간다면 모든 관계가 풀리고 재결합의 기쁨도 느끼게 된다.

이러한 기쁨의 개념은 18세기까지 명확하게 공식화되지 않았지만 그 의미는 훨씬 고대로 올라간다. 고대 철학자들은 고통으로부터 벗어난 이후에 오는 기쁨을 얻는 데 관심을 쏟으면서 기쁨을 행복으로 연결시키고자 했다.

기원전 347년경 에피쿠로스는 그리스 신화에 나오는 메노이케우스에게 보낸 편지에서 관능에 대해 합리성과 윤리의 원칙을 제시한다. 그가 말하는 요점은 사람들이 타락하거나 왜곡되지 않는 범위의 기쁨을 추구하는 삶이 되기를 바랐다. 그런 행복을 달성할 수 있지만 그러나 그것을 얻기 위해 그렇지 않은 즐거움을 구별할 것을 주문했다. 에피쿠로스주의는 우리가 자연스럽게 필요한 즐거움을 추구해야 한다는 의미에서 금욕주의를 암시한다.

기원전 2750년경 우루크 왕이었고 메소포타미아의 영웅 길가메시를 주인공으로 한 〈길가메시 서사시(Epic of Gilgamesh)〉에서 쾌락의 단초를 찾아볼 수 있는 대목이 나온다.

길가메시는 강적인 엔키두가 죽자 상심하여 자기 옷을 찢고 머리를 뜯으며 허름한 옷을 입고 광야를 헤맸다. 자기도 죽는다는 것을 생각하며 영원한 삶을 누리고자 우트나피쉬팀(Utnapishtim, 바빌로니아 신화의 신들이 일으킨 대홍수 속에 살아남은 인간)을 찾아간다. 한참 걷는데 베일을 쓴 시두리(Siduri)는 가죽을 걸치고 얼굴이 험악한 나그네가 오자 문을 닫고 숨어 버렸다. 길가메시는 문을 두드리며 자기는 왕이라고 하자 그녀가, 그럼 왜 거지 같은 옷차림이냐고 물었다. 그는 말했다. 나도 엔키두처럼 한 줌의 흙으로 돌아갈 것 같아 불멸의 삶을 찾아가는 길이라고 했다. 시두리가 말했다.

"길가메시여, 맛있는 음식으로 배를 채우세요. 밤낮으로 춤추며 즐기세요. 옷을 눈부시게 입고, 머리는 씻고 몸을 닦고 당신의 아이들을 낳고 부인을 꼭 품어 주세요."

쾌락에 전혀 관심이 없었던 길가메시, 그는 또다시 우트나피쉬팀을 만나러 떠난다. 그곳까지 가려면 죽음의 독물이 출렁거리는 바다를 건너야 한다. 강을 건너가려면 뱃사공 우루사나비의 도움이 있어야 한다. 그러나 그 노인은 말했다.

"영구 불변의 삶이라는 것은 없어요. 다만 신은 인간에게 삶과 죽음을 주면서 죽음의 날짜를 정해 주지 않았을 뿐이오."

쾌락은 하느님께서 자신의 창조물에게 부여한 선의 다름 아니다. 하느님은 우리들로 하여금 의도하신 대로 즐기고 기쁨을 누리도록 격려한다. 그러나 쾌락을 만들고 느끼되 적당히 균형을 이루도록 했다. 하느님의 율법은 균형을 강조하고 법을 제도화하고 잉여의 쾌락을 자제할 수 있는 지혜를 준 것이다.

고통 끝에 오는 기쁨, 기쁨 끝에 오는 눈물

어쩌면 즐거움 혹은 기쁨은 비가 오다가 안 오다가 하는 것과 같다. 즐거움은 우리에게 때로는 폭우로 홍수로 조용하게 꾸준히 땅을 적시듯이 오다가 때로는 샘물처럼 솟아오르기도 한다. 기쁨과 슬픔, 고통 역시 새로운 삶이 시작될 때 오기도 하고 느리게 빠르게, 혹은 나도 모르게 올 때가 있다. 시내산에서 내려온 모세가 말했듯이, 우리 삶은 즐거움 아니면 슬픔, 고통, 즉 좋은 삶과 죽음에 이르는 두 길이 있을 뿐이다.

인생 여정은 눈을 뜨면서부터 순간순간을 느끼고 그것을 삶으로 받아들이며 성장으로 이끌어 간다. 그렇게 성장하면서 사랑을 만나고 기쁨을 만들고, 그리고 좌절감을 느끼며 마지막 죽음을 향해 가는 존재들이다. 특히 고통과 기쁨, 쾌락은 우리 삶 속에 늘 반복된다. 삶의 관계에서 기쁨과 고통은 하나의 희미한 공간 사이에 존재한다. 즐거움의 용기는 그 자체가 우리 몸에서 끊임없이 작동하는 것이라면 고통과 즐거움은 다르게 작동하는 것일까. 아니면 즐거움은 단순히 고통이 사라진 상태인가.

인과관계에서 쾌락 자체는 의지 운동의 최종 원인이고 끝에 오는 것이다. 열정에는 고통이라는 의미가 들어 있다. 즐거움 자체가 항상 고통의 상태를 의미하지 않지만 고통이 없으면 기쁨이 없을 것이며, 고통은 이 세상에 기쁨의 원천이 된다.

고통과 기쁨은 출산 과정에 같이 있다. 임신부가 배가 커지면서 고통도 따라오지만 그건 행복한 고통이 아닐까. 또 다른 예로 굶주림의 고통이 되지만 이것을 채울 때는 자연 상태로의 즐거움을 느낀다. 고통과 쾌락은 동시에 존재한다.

그런데 우리가 겪는 고통은 혐오감(aversion)에 대한 인식이고 즐거움은 욕망(desire)에 대한 인식이다. 혐오는 고통(질병)에서 오는 것이고 욕망은 즐겁다는 의미에서 유효하다. 우리가 사랑을 통해 자녀를 갖는 것은 즐거움이지만 그들을 양육하고 가정을 꾸려 나가는 데는 일과 소득을 추구해야 하는 피곤한 삶으로 이어진다. 그래서 염세주의자들은 쾌락을 유익함이 없는, 잠시 있다가 사라지는 안개 같은 것으로 보았다.

말을 바꿔서, 기쁨은 고통을 전제로 하지 않지만 무엇에 대한 부족감을 느낄 때 오는 고통이 따른다. 아리스토텔레스는 "즐거움은 활동이 아니라 감각, 동기, 인지의 산물"이라고 했다. 즐거움과 고통의 차이는 긍정적인 욕망과 부정적인 혐오의 차이다. 즐거움은 욕망과 관련될 때고, 부정적인 혐오와 관련될 때는 고통이다. 최종적인 쾌락을 잘 통제하면 행복감으로 이어지고 욕망이 지나치면 돼지와 같은 모습으로 돌아가게 된다.

신의 은총을 말하는 "God bliss"라는 용어가 있다. 여기서 블리스는 신의 축복이다. 인류학자 조셉 캠벨은 "당신의 천복을 따라가라 (Follow your bliss)"고 했는데, 이때 블리스는 외부의 자극이나 인정으로 인한 행복이 아니라 자신이 만들어 가는 것을 의미한다.

누가 뭐라고 해도 싫든 좋든 내가 그 일을 하고 있으면 커다란 내적 충만함을 느끼는 것이 블리스다. 이때의 블리스는 고통을 허용하는 기쁨이다. 슬픔조차도 감수하는 희열, 죽을 것같이 힘들어도 고된 일이라도 내가 좋아하는 기쁨이다. 잠깐의 쾌락보다는 오래가는 희열, 타인의 비판에 아랑곳하지 않는 기쁨, 이것은 나만의 즐거움으로 신과 같이 하는 즐거움이다. 내가 좋아하는 일을 할 때 고통조차도 감수하는 것이다.

결국 즐거움은 그 이상의 다른 목적이 아니고 자신을 위해 필요하며 고통을 피하는 길이다. 가령 돈은 음식을 위한 수단이고, 음식은 즐거움을 위한 수단이며, 즐거움은 다른 사람이 아닌 나의 목적이다. 이런 즐거움은 특정한 능력(건강), 본능에 따른 인식 자체에서 발생한다. 다시 말해 힘의 욕구에 의하여 즐거움을 만들 수 있고 감각의 최종 원인인 쾌락이 존재한다.

하지만 즐거움은 불편함과 고통을 피할 때 나오는 감정이다. 욕망을 채워 가되 아름답게 선한 것을 원하고 짐승 같은 삶으로 빠지는 것을 경계하는 일이다.

■ 현대 사회에서의 쾌락, 쾌락주의는 어디로

쾌락을 쫓아가는 욕망은 데카당스다. 데카당스는 퇴폐, 부패, 쇠퇴의 뜻으로 로마제국 쇠망기의 타락과 방탕의 시대상을 의미한다. 현대 사회에서 이런 욕구 충족이 그렇다. 쾌락은 마지막 절정에 일어나는 것이지만 그것이 끝나면 또 다른 쾌락을 추구하기에 잠깐의 쾌락은 불완전한 것이다. 인간은 욕망 없이 행복해질 수 없지만 그 욕망이 삶을 불행하게 만들 수 있다는 얘기다.

그러기에 인간은 욕망덩어리지만 '과도한 욕망'이 문제다. 쾌락의 핵심인 사랑은 즐거움이지만 때로는 상실감으로 때로는 죽음에 이르게 한다. 인간의 욕망은 자기 삶을 실현하려는 원동력이지만 이것이 지나치면 삶 자체가 파멸의 길로 들어선다. 포르노그라피가 인간을 성에서 해방시켜 주는 게 아니라 오히려 인간을 더 강한 성적 쾌락을 쫓는 욕망의 노예로 이끄는 것이다.

인생은 짧다, 바람을 피워라?

그러면 최근에 논의되는 쾌락주의란 무엇인가. 흔히 '쾌락' 하면 무슨 생각이 떠오르는가. 쾌락을 통한 만족은 인간 삶에 있어서 근본 요소이고 반드시 필요한 생리적 욕구다. 우리 삶의 영원한 투쟁은 깊은 만족을 얻는 것으로 이는 자신과의 싸움이다. 그래서 슬라예보 지젝은 "너 자신을 실현하라, 실험하라, 만족하라, 삶을 만끽하라"고 외쳤다.

현대인들은 모든 욕망을 채우려 한다. 카사노바는 탈선이라는 생의 강렬한 기쁨을 만들어 간 사람이다. 애슐리메디슨닷컴(Ashley Madison.com)은 바람둥이들을 위한 웹사이트다. 여기서 "인생은 짧다, 바람을 피워라" 하고 숨은 욕망을 자극한다.

쾌락을 많이 즐길수록 그만큼 사고와 고통도 따른다. 그런데 그 욕망과 쾌락의 추구는 끝이 없다. 남성과 여성은 언제나 매혹과 혐오의 난폭한 충격에 휘둘린다. 일종의 퇴폐향락주의다. 아리스토텔레스는 "쾌락을 추구한다는 사실은 어떤 의미에서 쾌락이 최고의 선"이라는 증거라고 했다.

행복에는 쾌락이 수반된다. 그런 까닭에 행복하다는 말은 '즐기다'를 뜻하는 낱말에서 유래했다. 행복하다 혹은 즐긴다는 것은 자발적이며 억압 없는 자유 상태에서 느끼는 감정이다.

레바논의 대표작가 카릴 지브란은 쾌락의 자유에 대해 이렇게 말했다.

"쾌락은 자유의 노래, 하지만 그 자유는 아닙니다. 쾌락은 욕망의 꽃, 하지만 그 열매는 아닙니다. 쾌락은 정상을 향해 소리치는 심연(深淵), 하지만 그 깊이나 높이는 아닙니다. 쾌락은 우리에 갇혀서도 날아오르려 하는 것, 그러나 사방이 들러싸인 곳은 아닙니다."

세네카는 부작용을 일으키지 않는 약은 없다면서 "탐욕은 돈을 추구한다. 다양한 즐거움, 야망을 얻기 위해 돈을 쫓아간다. 그러나 당신은 돈을 쫓지 말라"고 권고했다.

철학자 에피쿠로스는 쾌락과 고통의 회피 방법에 대해 말했다. 그는 인생을 살 만한 가치가 없다는 소크라테스의 주장과 달리 사랑을 찬양하고 쾌락을 말했다. 에피쿠로스는 쾌락을 방탕한 자들의 쾌락이나 육체를 말하는 것이 아니다. 그가 말하는 쾌락은 몸의 고통이나 마음의 혼란으로부터 자유다. 고통과 혼란으로부터의 자유란 몸에 고통이 없고 마음에 불안이 없으며 거기에 만족하고 그 이상을 원하지 않는, 조용하고 평온한 상태다. 그는 빵 한 조각과 물 한 모금만 있으면 자유롭고 행복해질 수 있다는 것이다.

프로이트는 삶의 목적을 결정하는 것은 쾌락의 원리라고 했다. 고통을 피해 즐거움을 추구하는 것이 쾌락이고, 쾌락을 성욕과 연결지으면서 쾌락의 반대는 죽음이라고 했다.

라캉은 기본적인 '쾌락의 원리'를 범한 결과는 더 큰 즐거움이 아니라 오히려 고통이 온다고 했다. 지나친 욕망으로 인해 자신이 위험에 빠지지 않을 때까지만 즐기라는 것이다. 쾌락주의(hedonism)는 고통이 없는 즐거움과 행복이 인간의 목적이라고 강조하고 있다.

모든 동물은 성교 후에 우울하다?

성교 이후의 위대한 사랑은 없다. 성교 전의 사랑을 계속 유지할 수 없다.(한동일, 2017) 이 말은 로마 철학자 갈레노스 클라우디오스가 한 말이다. 열정적으로 고대하던 순간이 격렬하게 지나가고 나면 자기 능력 밖에 있는 더 큰 무엇을 놓치고 말았다는 허무함을 느낀다는 것이다. 다시 말해 쾌락은 만족하는 순간 허전하다.

대부분의 사람들은 쾌락이 나쁘다고 생각한다. 아니면 쾌락은 좋지만 최고선일 수 없다는 견해도 있다. 그래서 우리는 겸손하게 살아가야 할 도덕적 존재인가, 아니면 인생을 끝없이 추구해야 하는 동물적인 욕망의 존재인가. 아리스토텔레스는 쾌락이 지각할 수 있는 과정이라고 말하는 것은 옳지 않지만 오히려 자연 상태의 활동으로 봐야 한다고 했다. 즐거움에는 체액의 발생 및 혼합, 분리되었던 인간관계의 회복이라는 두 가지 측면이 있다.

아리스토텔레스는 음식, 음료, 의복, 안전가옥은 자연스럽고 필요한 것이지만, 섹스의 즐거움은 자연스럽지만 꼭 필요한 것은 아니며, 음주(술)에 대한 즐거움은 자연스럽지도 필요하지도 않다고 했다.

비슷한 예로 코끼리의 사랑은 아름답다. 코끼리는 결코 짝을 바꾸지 않는데 선택한 암컷과 3년에 한 번, 그것도 5일 동안 은밀하게 교미를 한다. 그러다 6일째 되는 날 강에 가서 몸을 씻고 자기 무리에게로 돌아간다. 여기서 코끼리들이 은밀히 교미하는 것은 수줍음 때문이라고 한다. 성의 행동양식을 찬양하는 것은 아니지만 스토이즘 같은 철학적 사고에서는 성(性)을 영혼의 강건함과 자기 제어의 표현으로 받아들여졌다. 세속적 욕망이 불명예스러운 행동으로 비치는 것을 두려워했던 것이다.(Sale, 2016)

쾌락이라는 용어는 불쾌감이라는 부정적 감정이 아니다. 섹스보다 더한 절정의 쾌락은 없다. 그래서 아편쟁이가 될 수 있다. 계속 쾌락을 추구하지 마라. 계속 즐기려 해서는 안 되는 것이 쾌락이다. 날마다 섹스에 빠지면 몸이 살아남지 못한다. 그래서 장자는 지락무락(至樂無樂)을 말한다. 지극한 즐거움에는 낙이 없다는 뜻이다. 다시 말해 가장 즐거운 상태는 그것이 즐거운지도 모르고 무감각적인 일상으로 이어진다는 것이다. 그래서 지나친 쾌락은 인생을 죽이고 절제된 지락은 인생을 살린다. 사람들은 쾌락만 알 뿐 지락을 모른다.(윤재근, 2002)

■ 욕망의 끝은 어디까지

휴미락의 최종 끝은 '만족(contentment)'이다. 인간이라는 존재는 끝없는 쾌락을 요구한다. "나는 욕망한다. 고로 존재한다(Desidero ergo sum)"는 말이 있다. 욕망의 종착역은 쾌락이다. 쾌락은 오감과 맞닿아 있다. 욕망은 끝이 없다. 그래서 플라톤은 "욕망이 큰 사람은 구멍 뚫린 항아리격이다"라고 했다. 밀란 쿤데라도 이를 거든다. "행복은 반복되는 욕구이기에 인간이 행복할 수 없다"고.

정말 그럴까. 인생에서 쾌락을 빼면 뭐가 남을까. 사실 생각과 감각은 다르다. 어느 한쪽도 쉽게 물러서지 않는 구조다. 이성적으로만 생각하면 내 안의 또 다른 나(본능)를 찾기 어렵다. 성공적인 삶은 이성과 감각의 균형이다. 하지만 감각 추구에 더 민감해진다. 사람들은 아름다운 삶을 추구하는 '행복 계획'에서 쾌락을 더 중시한다.

남녀 관계는 늘 불안하다. 남성은 여성보다 '감각 추구(sensation-seeking)'에 쉽게 빠진다. 감각 추구는 다양하고 복잡하고 강렬한 경험과 감정을 찾는 본능에 가까운 감정이다. 감각의 추구는 위험을 감수하고 오만(자만), 건강관리 등 사회적·심리적 행동으로 발생한다. 남성은 자기 통제가 잘 안 되어 나쁜 습관에 쉽게 빠진다.

일본《오체불만족》의 저자 오토다케 히로타다는 여성 다섯 명과 불륜을 저질렀다고 인정하고 15년 만에 아내와 이혼했다. 치명적인 '선천성사지절단증'으로 팔다리가 없이 태어난 장애인이지만 결혼생활 중 위험한 행동을 서슴지 않았다. 남성호르몬인 테스토스테론 수치로 인한 성적 쾌락에 빠졌던 것이다.

다시 돌아와 쾌락의 한계, 맨 끝은 어디까지일까. 욕망은 인간 생명의 오류인가. 욕망(쾌락)을 참으면 괜찮은 사람인가. 무조건 사회가 강요하는 법제도에 따라야 할까. 그렇다고 모든 것이 획득되고 주어지고 달성되는가. 아마도 가장 어려운 문제는 이것이 아닐까.

명쾌한 답은 신비한 용기 혹은 힘자랑을 하지 말자는 것이다. 자신의 존재 또는 자신의 존재 속에 내재한 한계를 넘어서려면 인간의 창조적인 본성을 잃게 된다. 뻔한 이야기지만 자본의 한계, 신체의 한계를 넘는, 아니면 비행까지 포함하는 유혹은 자신이 유한하다는 것을 부정하는 것이나 다름없다. 그런 점에서 내면의 욕망이 무엇인가. 그 근원을 고민할 필요가 있다.

사실 우리는 한평생의 근심거리와 하루아침의 근심거리를 안고 살아간다. 존재의 근심이요 일상의 걱정거리다. 서구의 금욕주의적 '영육이원론(靈肉二元論)'에 기초해 은연중 육체를 부정하고 영혼의 안식을 얻고자 했다. 나쁜 쾌락은 내세에 마지막 고통으로 이어진다고 믿었다. 현세에서 경험하는 모든 즐거움은 그에 상응하는 영원한 기쁨으로 인도하기 위해 만들어졌다는 것이다. 그러므로 지상의 쾌락은 그 자체로 진정한 목표는 아니다.

하지만 욕망을 앞세우는 현대는 육체의 즐거움을 최고의 가치로 여긴다. 탈선은 죄책감이 들지만 기쁜 일이다. 한순간의 쾌락을 즐길 수도 있다. 문학예술계에서 촉망받던 원로들이 더러운 욕망 때문에 큰 비난을 받았다. 절제 있는 사람은 쾌락을 피한다. 지혜가 있는 사람은 쾌락이 아니라 쾌락으로부터 해방이다. 이른바 욕망의 합리화가 강조되지만 무엇보다 개인의 조절이 필요하다는 얘기다.

왜 술을 먹고 비틀거릴까? 쾌락에 취해서, 아니면 인간으로서 더 성장하고자 하는 영혼을 잃어버려서 그럴까. 음주는 자기 쾌락을 위한 지극히 이기적인 행동이다. 물론 술에 대한 예찬도 있다. 알코올(술)은 예술적 영감과 정신적 방종을 준다는 것이다.

화가 프랜시스 베이컨은 술을 마신 후에 그림을 그렸다. 프랑스 여류 소설가 뒤라스는 하루에 6리터의 술을 마시며 소설 〈죽음의 병〉을 완성했다. 미국 시인 잭 케루악은 글을 쓰고 싶어하는 사람들에게 술을 마시고 책상에 앉으라고 했다.

최근에 성폭력 피해를 고발하는 미투(#MeToo, 나도 당했다) 운동이 확산되고 있다. 유명한 시인 혹은 연출가, 정치인, 영화감독 등 정치, 문화 권력을 누려 온 명사들이 성추문에 휩싸였다. 어떤 연출가는 "성관계는 했지만 성폭력은 안 했다"고 항변했다. 과연 그럴까?

잠시의 불륜, 성적 타락이 평생의 공든 탑을 무너뜨린다. 성적 욕망이 크다고 해서 본능을 무제한적으로 사용할 수 있는 것은 아니다. 사회는 윤리적으로 도덕적으로 법적으로 늘 본능의 한계를 깨우

치고 있다. 남성의 요구에 응한 여성의 성행위가 쾌락이 깃들어 있는 것도 아니다. 거기에 고통과 비애가 따를 수 있다.

프랑스 극자가 몰리에르의 희극 《돈 후안》의 주인공 돈 후안(돈 조반니)은 2,065명의 여성을 농락한 것으로 나온다. 돈 후안이 여성들을 유혹하는 힘은 지칠 줄 모르는 욕망, 즉 관능적인 욕망에서 흘러나온 에너지였다. 돈 후안이라는 캐릭터는 방랑, 난봉, 자유를 갈구하는, 그리고 쾌락을 끝없이 추구한 사람이다. 이런 성적 욕망이 과연 작은 기쁨일까, 교만일까, 조롱일까. 한 여성만을 한평생 사랑하는 것과 돈 후안같이 사랑의 방랑자가 되는 것 중에 어느 쪽이 더 행복하고 즐거울까.

비슷한 질문을 인도 영화 〈삼사라〉에서도 찾아볼 수 있다. 죽음을 앞둔 고승이 젊은 제자 타쉬에게 철학적 질문을 던진다.

"한 가지 욕망(종교적 수행)을 정복하는 것과 세상에서 만 가지 욕망을 다 채우려는 것 중 어느 것이 더 좋습니까?"

그리고 고승은 "우리가 환생해서 다시 만났을 때 그 답을 말해 주게" 하고 속세로 나가는 제자에게 당부했다. 젊은이는 절간을 떠나 세상에서 만 가지 욕구를 맛보며 생활한다. 과연 우리 삶이 세상으로 나간 젊은이처럼 모든 것을 소유하더라도 행복할까라는 궁극적 질문을 던진다.

우리는 오감의 쾌락이 상품화된 사회에 살고 있다. 섹스와 돈은 개인의 삶의 의미를 결정한다. 결국 인생의 즐거움을 구매하려면 돈과 시간이 있어야 한다. 하지만 쉽지 않다. 돈과 권력을 요구하지만 그것이 없을 때는 삶의 불평등 감정을 느낀다. 개인의 욕구, 자율성과 도덕적 입장이 늘 충돌하는 것이다.(Jordan, 2004)

프랑스 영화 〈마담 클로드〉에 보면 세기의 뚜쟁이로 불리는 마담 클로드는 남자들이 기꺼이 돈을 지불할 용의가 있는 것을 두 가지로 보았다. 그것은 음식과 섹스다. 남자들은 뜨거운 여자와 맛있는 음식에 돈 쓰는 것을 아까워하지 않는다. 돈과 권력으로 세상을 움직이는 남자들을 조롱하는 영화다.

세상의 윤리와 법 모두는 세상의 즐거움 자체를 제한하고 억압하기도 한다. 3~4세기로부터 시작된 이원론적인 세계관을 보여 주는 신플라톤주의가 그렇고, 이븐 시나가 발전시킨 이슬람의 신학과 철학을 이루는 아비뇽 철학(Avicennian philosophy)의 전통이 그렇고, 동양의 유교적 전통이 그렇다. 이런 윤리 도덕적·종교적 가르침은 삶을 즐기되 과잉 욕망에 사로잡히지 말하는 것이다.

행복과 즐거움을 혼돈하지 말라고 했는데 여기서 즐거움은 쇼핑, 술, 섹스, 좋은 음악 듣기, 아름다움을 보고 느끼는 기분이다. 행복은 자기 실현과 의미에서 온다. 즐거움은 행복한 삶에서 오는 것이지만 즐거움만으로 충분하지 않다. 부족해도 소박한 삶에 낙이 있고 행복을 만들 수 있다는 것이다. 우리 삶은 생명을 견디는 것이 아니라 소박하게 즐기는 것이어야 한다. 그럴 때 행복감을 느끼게 된다.

■ 무애자재의 삶으로 살아가기

언제나 쾌락과 행복을 묶어서 절정의 체험을 갈망하고 노력하며 즐거움을 만들어 간다. 즐거움은 항상 내면에 자리잡고 있다. 그리고 즐거움은 시간과 함께 한다. 그때 겪은 체험들이 기쁨이 되고 늘 새롭게 느끼게 된다면 살맛 나는 세상이다.

그런데 인간의 3대 비극이 무엇인지 아는가. 그것은 고통, 죽음, 죄다. 이와 반대편에는 즐거움, 기쁨, 쾌락이 자리잡고 있다. 전자는 우리 삶의 비극적이고 부정적인 측면이라면, 후자는 실존적으로 잘 살아보자는 욕망이다.

루소는 《에밀》에서 자연인의 즐거움 행복, 그것은 단순해서 괴로워하지 않는 데에 있다고 했다. 간단하게 건강, 자유, 생필품만 있으면 된다. 토머스 머튼은 인간은 쾌락을 위해서 창조된 것이 아니고 영혼의 기쁨을 위해 창조되었다고 했다. 그래서 욕망을 채우기보다는 다른 기쁨을 찾는 것, 나이와 함께 자기 취미를 찾아 즐기는 일이다.

그러면 욕망은 위태로운가. 오랫동안 노동을 한 뒤의 짧은 휴식은 더없는 행복이다. 그러나 욕망은 억제할수록 동물처럼 변한다. 욕망이 언제 폭발할지 모른다. 쾌락은 일시적인 자기만족에 불과하다. 끝에 가서 허망한 꿈으로 끝나기 쉽다. 그렇다면 욕망의 현장에서 그것은 도덕심으로 억제할 수 없는가. 욕망의 끝은 죽음이요 허무다. 다윗은 사람이 비록 백 명의 자녀를 낳고 또 장수하여 사는 날이 많을지라도 그의 영혼은 그러한 행복으로 만족하지 못한다고

했다.(전도서 6 : 3)

염세주의 철학자 쇼펜하우어는 "인간은 충족되지 않는 욕망과 권태 사이에서 오락가락하는 시계추와 같다"고 했다. 빌헬름 슈미트는 《철학이 어떻게 삶이 되는가》에서 "사람들은 모든 쾌락이 영원하기를 바란다. 하지만 영원의 끝은 쾌락의 죽음이다"라고 했다.

프로이트는 무의식적으로 소망하는 것 역시 쾌락의 감정이라면서 쾌락은 개인의 본능이지만 동시에 고통이 따르며 이러한 관계는 본질적이지만 가능한 즐거움을 만족시키는 대신 불쾌감, 고통을 피하려는 수단을 찾는다는 것이다. 아니면 다른 견해로 어린아이처럼 만족을 추구하는 환상과 현실을 구분하지 못한다는 것이다. 이른바 쾌락-불쾌의 원칙(pleasure-unpleasure principle)이 그것이다. 인간은 움직이는 욕망덩어리라는 점이다.

욕망과 도덕심의 대립이 근원적으로 해소되는 상태, 모든 사물이 저절로 자연스럽게 흘러가도록 내버려두는 것이 '무애자재(無碍自在)'의 본질이다. 장자가 말하는 '무애자재'란 글자 그대로 무엇에도 방해받지 않고 거리낌 없이 자유롭게 존재한다는, 즉 해탈의 경지를 의미한다.

과연 그런 무애자재가 가능할까. 우리가 그런 지혜를 깨달았을지라도 그보다 훨씬 본질적인 것이 욕망이요 삶의 실제다. 퇴계는 욕심과 욕망을 구분했다. 욕망은 배고프면 먹고자 하는 것이 자연스러운 마음(人心)이라면, 욕심은 음식을 적당히 먹고도 탐닉하는 마음(人慾)이다. 욕심은 어느 정도 조절할 수 있지만 욕망을 조절하기가 매우 어렵다. 욕망은 의지적으로 자연 상태, 비움의 상태로 돌아가

는 것이다. 나아가 남을 사랑하고 감각적으로 느낄 때 삶의 만족감
과 영적 성장이 가능해진다. 사회생활에서 오는 구속감과 소외감,
고통의 징역살이에서 해방될 수 있다.

이상에서 우리는 무엇을 배울 것인가. 소크라테스는 '아름답고 좋
은 것'을 배우는 데 기쁨이 있고 자신의 몸을 바르게 관리하거나 가정
을 잘 관리하고 유용한 규칙들을 지키는 것이 기쁨이라고 했다. 반
복되는 즐거움을 더 배가시키는 쾌락의 감각을 추구할 때 더 많은
열매(기쁨)을 얻지 못한다는 것이다.

플라톤은 훌륭한 판단은 경험, 분별력(슬기), 이성적 추론(이성)에
의해서 얻어진다는 것을, 그리고 아리스토텔레스의 《니코마코스 윤
리학》에서는 이성의 분별력을 사용할 때 덕을 쌓고 행복한 삶에 도
달할 수 있다고 했다. 쾌락과 선을 통해 우리는 행복으로 다가갈 수
있지만 극단과 극단 사이의 중간, 즉 '중용'의 입장에 설 때 가능하
다는 것이다.

욕망의 경험은 유동적이고 변하는 과정이며 재구성되며 안정적인
형태로 느껴지는 것이다. 욕망의 끝은 한없지만 '아름다운 정신'을
유지하는 것이 욕망의 끝이 아닐까. 아름다운 정신은 시인 같은 마
음에 남에 대한 배려와 공감이다. 안정적인 삶은 힘을 강화하는 것,
생존하는 것으로 생명의 균형을 유지하는 것이다.

첫째, 우리는 늘 즐거움에 관심을 갖는다. 신체적 건강, 재산, 지
위, 가족관계 등에 의해 변형되는 최대의 즐거움과 위안을 확대하

고자 한다. 즉 작은 행복과 즐거움을 통해 안락함을 추구하기 때문에 이런 즐거움은 거의 무한대로 최대화시킬 수 있다.

둘째, 결핍감 또는 부족감을 무조건 부정하기보다는 긍정적으로 받아들이면서 욕망을 조절해 나가는 일이다. 하지만 욕망과 쾌락의 기본 원칙인 즐거움과 불쾌감 사이에서 오고가는 감정 역시 조정 통제 가능한 것이다.

셋째, 욕망에 대한 유지 강화는 무한하게 작용하는 것이지만 욕망을 느슨하게 부정적인 요소를 줄여 가는 일이다. 윤리적 차원에서 욕망을 억제하는 것이 아니라 욕망한다는 것은 우리 목표가 아직 부족하다는 것을 의미하기 때문이다.

넷째, 분명히 즐거움, 쾌락은 무한하고 영원한 것이 아니다. 잠시뿐이고 사라질 뿐이다. 윤리 도덕적으로 제한되어 있다. 그러니 삶의 여백, 비움의 자세를 견지하며 지나친 욕망을 내려놓아야 한다. 우리 삶의 현실은 매일 스스로를 성찰하고 재확인하며 존재하는 것뿐이다.

인간 개발의 초점은 건강뿐만 아니라 즐거움(쾌락)을 추구하는 데 있다. 하지만 즐거움은 근본적인 한계가 있다. 우리 자신의 삶을 풍성하게 만들려면 진실로 새로운 현실, 즉 '단순하게' 사는 것이다. 검소하지만 누추하지 않게(儉而不陋)라는 말이 있듯 절제하면서도 은은한 멋을 추구하며 살아가야 할 것이다.

휴미락에 답하다

저 너머에 무엇이 있을까. 그 너머에 있는 쉬고 먹고 즐기는 인간의 본성을 따라 웃음소리가 들리는 곳으로 조금씩 옮겨 다니며 적기 시작했다. 평범한 순간도 없고 기적의 순간도 없고 번쩍이는 아이디어도 없는, 그렇다고 편안하게 앉아 있지도 못하는 성격 탓에 뭔가를 찾아 헤매며 잡은 것이 '휴미락'이라는 주제다.

휴미락의 가치는 이성과 감성을 동시에 느끼는 것이지만, 특히 감성으로 느끼는 것이다. 휴미락에 대한 가치는 명시적이고 의식적인 사고를 넘어 암묵적이고 무의식적인 경험에 속한다. 그리고 암묵적이며 무의식적인 생각과 행동은 휴미락의 가치를 반영한다. 휴미락의 가치는 지속적인 실현에 있다. 휴미락의 실현은 마술이 아니고 자연스럽게 일어나는 본능이다. 그것이 본능이라면 자신이 믿고 있는 휴미락의 기술을 지속적으로 행동에 옮기는 일이다.

휴미락이 저절로 굴러들어오는 경우가 있을까. 꿈같은 이야기다. 사람들이 휴미락을 즐기려 하지만 겁을 먹고 쉽게 포기하고 만다.

현실성이 적지만 사람들은 늘 즐기기를 바라면서 살아간다.

휴미락을 실현하려면 오랫동안 지배해 온 억압 구조에서 벗어나 '버릇없다'는 오해를 받을 용기가 있을 때 즐거움을 만끽할 수 있다. 최소한 인생의 모든 순간은 즐기는 법을 배워야 한다. 매 순간을 즐기고 맛보아야 한다.

요즘은 장수사회라는 의미에서 '연령 없는 시대'라고 한다. 나는 책을 읽고 글쓰기가 세상 끝에서 내가 즐길 일이라고 생각하며 이 책을 준비했다. 그런데 웬일인가. 죽어서 갈 무덤도 없는데 치명적인 질병에 걸린 것이다. 바람의 속성처럼 살려고 했지만 전혀 뜻밖의 암(림프암 4기)이라는 악마에 붙들려 몇 개월간 글쓰기를 중단할 수밖에 없었다. 어쩌다 죽음도 살짝 맛보았다. 야심찬 희망과 열정으로 시작했지만 6개월을 병상에서 보내며 끝내 마무리하지 못할 것으로 생각돼 상실감도 컸다.

그러나 다행히 6차에 걸친 전신 항암치료가 끝나고 어느 정도 건강이 회복되면서 삶의 열정도 되살아나 글쓰기를 다시 시작했다. 치유되었다고 하지만 '암생존자'라는 낙인 속에서 병원을 드나들며 글쓰기를 계속했다. 그리고 제주도 집에서 정원을 가꾸고 텃밭에 채소를 기르고 집 근처에서 어슬렁거리는 노루 엉덩이를 보고 맑은 새소리를 즐기며 이 책을 마무리할 수 있었다. 이 글을 마치며 그럼으로써 내가 살아 있다는 것을 확인할 수 있으니 모든 게 감사할 뿐이다.

나의 글쓰기가 단순히 문자로 남기려는 것이 아니라, 우리 모두 쉬고 먹고 즐기는 것을 좋아하고 이를 소원하기에 휴미락이 이 시대의 삶의 가치와 태도라는 점을 말하고 싶었다. 인간으로서 먹고 쉬고 싸고 즐기는 것은 본능이요, 이는 DNA에 프로그램된 항상성(恒常性, homeostasis)이요 개인 각자의 생존 과정이다. 다시 말해 휴미락을 즐기는 것도 일종의 예술 행위다. 휴미락은 즉각적이고 직접적인 몸의 반응이다. 이런 반응은 주체적이고 능동적이다. 그래서 본능적인 것이다.

따라서 이 책에서 제시하고자 한 10가지 명제는 다음과 같다.

- 휴미락은 인간의 자연스러운 본능이다.
- 휴미락의 끝은 만족이다.
- 휴미락은 신체-심리-사회-영혼의 총합이다.
- 휴미락은 자유 의지의 문제다.
- 휴미락은 실존적이고 실천적인 영역이다.
- 휴미락은 쉬고 먹고 즐기는 살맛의 핵심이다.
- 휴미락은 개인적이고 사람마다 느낌이 다르다
- 휴미락은 사회적 연대를 강화시킨다.
- 휴미락은 삶의 원동력이고 역동성을 제공한다.
- 휴미락은 건강, 행복의 핵심적 요소다.

이렇게 휴미락은 행복감을 높이는 지름길이다. 휴미락의 끝은 만족이고 욕망의 대상이며 직관적인 것이다. 휴미락은 현시대에 우리 생활을 측정하는 척도가 된 것이다. 이런 휴미락을 고양시키고 소유하기 위해서는 유연하게 여유 있게 다차원적인 관심이 필요하다.

그렇다고 소개한 내용들이 새로운 것은 아니다. 휴미락은 우리가 알게 모르게 이미 경험한 것들이고 이미 존재했던 무언가를 다시 찾아 깨닫고 실천해 가는 일, 말을 바꿔서 '내가 당신보다 휴미락을 즐기는 이유'를 확인해 보는 일이다. 그렇게 될 때 삶의 동기인 영혼의 고양으로 이어질 줄 믿는다. 또한 휴미락을 온전히 키워 나갈 때 '운명 관계'로 확대될 것이다.

여러분은 가끔 이런 생각을 해 보지 않았을까? 즉 "신이시여! 우리는 항상 다른 곳으로 가고 싶었고 놀고 싶었습니다. 나와 다른 사람이 되고 싶었습니다. 그리고 또 다른 삶을 즐기며 멋진 인생을 살고 싶었습니다"라고.

그러나 현대를 사는 우리는 얼마나 팍팍하고 고된 하루하루를 살아가고 있는가. 어쩌면 우리는 쉼과 먹음, 즐거움의 필요성을 알면서도 이를 방심한 채 업무의 폭주, 기술 발전에 따른 사회 변화에 떠밀려 살아가고 있다.

달라이 라마는 이렇게 말했다.

"우리는 돈을 벌기 위해 자신의 건강을 희생시킨다. 그런 다음 자신의 건강을 회복하기 위해 돈을 쓴다. 그리고 우리는 미래를 염려하며 현재를 즐기지 못한다. 결과는 현재에도 미래에도 살지 못한다. 결코 죽지 않을 것처럼 살고 실제 살지 못하고 죽는다."

사실 우리는 알게 모르게 갈등과 고통의 세월을 보내며 살아가고 있다. 여유로운 생활이 어려우니 인간다움을 잃어가는 것은 아닌지. 현대인은 고독-자아 성찰의 기회를 빼앗긴 상태로 살아가고 있다. 바쁘게 살다 보니 삶의 풍요로움과 여유로움을 잃고 있는 것이다. 바쁜 사람일수록 성찰, 고독, 우정 그리고 사회성이 떨어지게 된다. 나도 그랬다. 그동안 나는 휴미락을 모르고 지냈다. 바쁜 사람은 놀지 못한다는 사실을 알면서도.

그런 점에서 우리 삶은 미완성이다. 감사가 없는 삶은 미완성이다. 그러나 내가 없는 세상에서 내가 있는 삶으로 바꿔 가는 것이 자기 변화요 휴미락의 목적이다. 휴미락을 통해 "아! 오늘은 내가 원하는 삶을 살았구나"라고 느껴진다면 잘 살아가는 것이다.

이 책을 마무리할 때 평범한 세상의 파도는 끊임없이 반복되고, 뜨거운 태양은 우주를 향해 계속 비추고 있었다. 그리고 계속해서 다른 세상을 창조해 가고 있다. 이런 창조의 세계, 이미지는 어떤 측정이나 정확성 그리고 원인과 결과가 없다.

또한 선과 악은 사라졌다가 다시 나타나기를 반복한다. 휴미락의 논리 역시 그렇다. 신은 우리에게 자유를 주었으면서도 때로는 빼앗아 가고, 안식을 주면서도 그것을 파괴하고, 생명을 주고서도 병들고 죽게 내버려둔다. 그것은 진정으로 우리가 살아가는 방식이요 영원한 진행형이다. 휴미락은 인간으로서의 기본적인 즐거움을 만드는 동기를 제공할 뿐만 아니라 자기 사랑, 자기 보존의 양식이 되기에 그 가치가 충분한 것이다.

그야말로 우리 삶은 언제나 큰 흔적을 남기지만 상처, 아픔, 추억, 후회, 그리움 같은 것이 포함되어 있다. 게다가 올해는 코로나19 사태로 얼어붙은 삶이 되었다. 사회적 거리두기로 비대면 네트워킹 속에서 살아간다. 우리에게 뭔가 몰두하게 하는, 자기 자신을 가장 소중하게 여기는 '자기애'를 표출하는 시대다.

아무쪼록 이 책을 통해 내(당신) 삶이 아닌 남을 쫓아가는 수동적인 삶에서 내 삶을, 내 자아를 찾는 길이 무엇인지를 휴미락에서 찾아보기를 바란다. 우리 자신을 돌아보면서 쉼을 얻고 먹고 즐기는, 이어 위안을 얻는 독자들이 되기를 기원한다.

참고문헌

구가야 아키라(2017), 『최고의 휴식』, 알에이치코리아

구스미 마사유키(2018), 『먹는 즐거움을 포기할 수 없어』, 글담

기돈 크레머(Gidon Kremer, 2017), 『젊은 예술가에게』, 홍은정(역), 포노

김기현(2014), 『선비의 수양학』, 서해문집

나코시 야스후이(2018), 『혼자만의 시간이 필요한 이유』, 권혜미(역), 책이 있는 풍경

니체. 프르드리히(2002), 『니체전집』, KGW. VI. 3, 15. 백승영(역) 〈바그너의 경우, 우상의 황혼,
    안티크리스트, 이 사람을 보라. 디오니소스 가. 니체 대 바그너〉, 책세상

다니엘 슈라이버(2018), 『어느 애주가의 고백』, 이덕임(역), 스노폭스북스

데이비드 칼 플란(David M. Kaplan, 2012), The Philosophy of Food, University of California
    Press.

러셀, 샤먼 앱드(Russell, Sharman Apt, 2006), 『배고픔에 관하여』(Hunger : An Unnatural
    History), 돌베개

로널드 르블랑(Ronald D. LeBlanc, 2015), 『음식과 성 : 도스토엡스키와 톨스토이』, 조주관(역),
    그린바

로버트 스키델스키(Skidelsky, Robert, 2013), 『얼마나 있어야 충분한가』, 김병화(역), 부키(How
    Much is Enough&Money and Good life. Random House, 2012)

롭던(Rob Dunn, 2018), 『바나나제국의 몰락』(Never out of Season), 노승영(역), 반니

루소 장자크(2012), 《에밀》, 김종웅(역), 미네르바

리처드 리브스(Richard Reeves, 2004), 『Happy Mondays : 일하기의 즐거움』, 이상원 (역), 거울

리칭쯔(2018), 『인생 밸런스』, 김미경(역), 움직이는 서재

마르셀 프루스트(Marcel Proust, 2017), 《잃어버린 시간을 찾아서, 3》, 민희식(역), 동서문화사

마르타 자라스카(2018), 『고기를 끊지 못하는 사람들』(Meathooked), 박아린(역), 메디치미디어

마이클 기브니(Michael Gibney, 2015), 『위(Oui), 셰프』, 이화란(역), 처음북스

마이클 스터먼 외(Michael Sturman, 2018), 『코넬대 휴미락서비스산업 완벽강의』, 이정덕 외
    (역), 놀민

마이클 폴리(Michael Foly, 2018), 『본격 재미탐구』(Isn't This Fun?), 김잔디(역), 지식의 날개

마일리스 드 케랑갈(Maylis de Kerangal), 『식탁의 길』, 정혜용(역), 열린책들

마크 펜(Mark Penn, 2018), 『마이크로트렌드X』(Microtrends Squared), 김고명(역), 더퀘스트

마틴 린드스트롬(2010), 『쇼핑학 : 우리는 왜 쇼핑을 하는가』, 이상근(역), 세종서적

막스 피카르트(Max Picard, 2010), 『침묵의 세계』, 최승자(역), 까치

머리 카펜터(Murray Carpenter, 2014), 『카페인 권하는 사회』, 김정은(역), 중앙북스

모리오카 고지(2018), 『죽도록 일하는 사회』, 김경원(역), 지식여행

미셀 온프레이(Michel Onfray, 2015), "Appetites for Thought" Philosophers and Food.
London: Reaktion Books.

미하이 칙센트미하이, 『몰입』, 최인수(역), 한울림

박재희(2013), 『3분 고전. 2』, 작은 씨앗

빌헬름 슈미트(Wilhelm Schmidt, 2017), 『철학이 어떻게 삶이 되는가』, 정연태(역), 책세상

사사키 후미오(2015), 『나는 단순하게 살기로 했다』, 김윤경(역), 비즈니스북스

슈테판츠바이크(2006), 『슈테판츠바이크의 에라스무스 평전』, 정민영(역), 아롬미디어

스피노자 바퀴흐(2914), 《에티카》, 황태연(역), 비홍출판사

아리스토텔레스(2016), 『니코마코스 윤리학』, 손명현(역), 동서문화사

안동장씨, 『음식지디(미)방』, 경북대학교 출판부

알렉스 수정 김방(Alex SooJung-Kim Pang, 2018), 『일만 하지 않습니다』, 한국경제신문

애덤 포드(Adam Ford, 2016), 『침묵의 기쁨』, 김아람(역), 이룸북

앨빈 토플러, 『부의 미래』(435쪽), 김중웅(역), 창림출판

어니스트 헤밍웨이(2017), 『헤밍웨이의 말』, 권인아(역), 마음산책

에드워드 윌슨(E. Willson, 1990), Biophilia, Harvard University Press.

에피쿠로스, 『쾌락』, 오유역(역), 문학과지성사

엘라 아델리아 플레처(Ella Aldelia Fletcher, 2010), The Philosophy of Rest, Kessinger Pub.

와타나베 이타루(2014), 『시골 빵집에서 자본주의를 굽다』, 정문주(역), 더숲

요네하라 마리(2017), 『미식견문록』, 이현진(역), 마음산책

요한 하우징아(2018), 『호모루덴스—놀이하는 인간』, 최인수(역), 한울림

우 정(2018), 『죽음의 인문학적 이해』, 이지출판사

웨인 뮬러(Wayne Muller, 2002), 『휴 : 쉬고 싶지만 쉬지 못하는 사람을 위하여』, 박윤정(역),

윤덕인 외(2016), 『한국음식』, 파워북

윤재근(편, 2002), 《우화로 즐기는 장자》, 동학사

이나가키 메이꼬(2018), 『먹고 산다는 것에 대하여』, 김미형(역), 앨리

이만열(2016), 『인생은 속도가 아니라 방향이다』, 21세기북스

이상곤(2014), 『왕의 한의학』, 사이언스북스

이소영(2019), 『모지수 할머니, 평범한 삶의 행복을 그리다』, 홍익출판사

자크 라캉(2019), 에크리, 새물결

장맘텔므 브리야 샤 바랭(Jean-Anthelme Brillat-Savarin, 2004), 『미식예찬』, 홍서연(역), 르네상스.

저자 미상(2017), 『길가메시 서사시』, 김중환(역), 지식을 만드는 지식

제갈현열 · 김도윤(2018), 『최후의 몰입』, 쌤앤파커스

제라미 리프킨(Jeremy Rifkin, 2002), 『육식의 종말』(Beyond Beef), 신현승(역), 시공사

제프 포터(Jeff Potter, 2011), 『괴짜과학자 주방에 가다』(Cooking for Geeks), 정의(역), 이마고

존 러벅(Lubbock, John, 2008) 『세상에서 가장 중요한 것』, 이순영(역), 문예출판사

존 러벅(Lubbock, John, 2008), 『삶에서 가장 즐거운 것』, 이순영(역), 문예출판사

존 키츠(Keats, J, 2012), 『엔디미온 : 시적 로맨스』, 윤명옥(역), 지식을 만드는 지식

존 파웰(Powell, John, 2018), 『우리가 음악을 사랑하는 이유』, 뮤진트리

찰스 스펜서(Charles Spence, 2018), 『왜 맛있을까』(Gastrophysics), 윤신영(역), 어크로스

카라 플라토니(Kara Platoni, 2017), 『감각의 미래』(We Have the Technology), 박지선(역), 흐름출판사

칼 뉴포트(Cal Newport, 2017), 『딥워크 : 강력한 몰입』(Deep Work), 강태훈(역), 민음사 Dylan Thomas Dylan(2018), That You Might Peer Into My Soul, Bloomington : autherhouse. AuthorHouse

칼릴 지브란(Kahill Gibran, 2019), 『예언자』, 김민준(역), 자화상

캐럴 길리건(Carol Gilligan, 2004), 『기쁨의 탄생』(The Birth of Pleasure), 박상은(역), 빗살무늬

코엘료, 파울로(2008), 『흐르는 강물처럼』, 박경희(역), 문학동네

토마스 모어, 『유토피아』, 주경철(역), 을유문화사

토마스 홉스(Thomas Hobbes, 리바이던(Leviathan, 2018), 진석용(역), 나남출판

트위거, 로버트(Twigger, Robert, 2018), 『작은 몰입』, 정미나(역)

트위거, 로버트(Twigger, Robert, 2018), 『잠시 혼자 있겠습니다』, 김병화(역), 어크로스

프레데릭 르누아르(Frederic Lenoir, 2016), 『철학, 기쁨을 길들이다』, 와이즈베리

플라톤(2014), 『플라톤의 국가』, 최광열(역), 아름다운 날

필립 로저스(Philip Roth, 2015), 『죽어가는 짐승』(The Dying Animal), 문학동네

하워드 가드너(Howard Gardner, 2017), 『다중지능』(Multiple Intelligences : New Horizons), 유경재(역), 웅진지식하우스

한국연구재단, '일과 쉼, 그리고 타인의 존재' 인문학 강좌, 일상의 철학(2017), www.KOCU.net

한동일(2017), 『라틴어 수업』, 흐름출판사

히라마쓰 요코(2016), 『어른의 맛』, 바다출판사

히라마쓰 요코(2016), 『어른의 맛』, 조찬희(역), 바다출판사

Alfie Bown(2015), Enjoying It: Candy Crush and Capitalism. UK : Zero books.

Allon White(1994), "Bakhtin, Sociolinguistic, Deconstruction" in Carnival, Hysteria and Writing : Collected Essays and an Autobiography, Oxford University Press.

Andrea Stuart(2005), The Rose of Martinique: A Life of Napoleon's Josephine. Grove Press.

Argonov, V(2008), Artificial Programing of Human Motivation : A Way to Degradation or Rapid Development.

BioMed Central. https://doi.org/10.1186/s13411-014-0029-2.

Blondel E.(1991), Nietzche, the Body and Culture : Philosophy as a Philosophical Geneology, Stanford: Stanford University Press.

Bob Ashley(2014), Food and Cuture Studies, 박형인(역), 한울아카데미

Brickman, P.&Campbell, DT(1971), Hedonic Relativism and Planning the Good Society. in Appley MH(ed), Adaptation Level Theory : A Symposium.(pp.287-301). Academic Press.

Bruce H, Kirmmse(trens), Princeton University Press.

Calliois, Roger(1961), Man, Play and Games. Simon & Schuster.

Carolyn Daniel(2015), Without Food Everything is Less Than Nothing. scholar.google.com.au.

Cousins, Norman(2005), Anatomy of an Illness. WW. Norton & Company.

Daniel Akst(2011), Temptation : Finding Self-control in an Age of Excess, Penguin Books.

Danner, D., Snowdon, D., Friensen, W.(2004), Positive Emotions in Early Life and Longevity: Finding from the Nun study, Journal of Personality and Social Psychology, 80(5). 804-813.

Dannis Gabor(1972), The Mature Society, Secker and Warburg.

David Kaplan(2012), The Philosophy of Food, University of California Press.

Descartes, R(1911), The Passion of the Soul, in Philosophical Works of Descartes, vol.1. Cambridge University Press.

Dubois, D etal(2012), "Super Size Me; Product Size as a Signal of Status", Journal of Consumer Research, 38(6). 1047-1062)

Eastman, M(1936), Enjoyment of Laughter, New York : Halcyon House.
    Food Culture Society 9(3), 215-217.

Frijda, NH(2007), The Laws of Emotion, Routledge.

Fritz, Allhoff, David Monroe(2007), Food&Philosophy : Eat, Think and Be Merry. Wiley-Blackwell.

Geoff Andrews(2008), The Slow Food Story: Politics and Pleasure.

Geoff, Andrews(2008), The Slow Food Story : Politics and Pleasure. London : Pluto Press.

Gilhus, I(1997), Laughing God's, Weeping Virgins : Laughter in the History of Religion, New York: Routledge.,

Higgins, E T,(2012), Beyond Pleasure and Pains : How Motivation Works, New York : Oxford University Press.

Higgins, Tori(1994), Ideal versus Ought Predilections for Approach and Avoidance Distinct Self-Regulatory System, Journal of Personality and Social Psychology, 66(2) 276

Higgins, Tori(1997), Beyond Pleasure and Pain, American Psychological, 52(12), 1280.

http://transhuman.russia.ru/content view/392/14 June, 2014.

Hugh Mclean(2008), In Quest of Tolstoy, Open Library Academic Studies Press

Jacques Lacan(2007), E'crits, Bruce Fink(trans), WW Norton and Company.

James K. Smith(2014), How(Not) To Be Secular : Reading Charles Taylor, Mishigan : Eerdmans Pub.

Jean Anthelme Brillat-Savarin(2009), The Physiology of Taste, New York : Create Space Independent Pub.

Jeffrey Burkhardt(2016), The Food in our Future : Where Will We Find Ethics?. PubMed.gov

Jennifer Louden(2014), A Year Daily Joy : A Guide Journal to Creating Happiness Every Days, National Geographic.

Jordanm Bill(2004), Sex, Money, and Power, UK, Polity Press.

Josef Pieper(2010), Leisure : The Basic of Culture, Liberty Fund.

J. R. Georgladis(2012), The Human Sexual Response cycle : Brain Imaging Evidence Liking Sex to Other Pleasue, in Progress in Neurobiology 98, p52, 재구성

Kelsey Wood(2018), 『한권으로 읽는 지젝』, 인간사랑

Kierkegaad, Soren(2016), The Lily of the Field and the Bird of the Air, : There Godly Discourses Drinceton University Press.

Kringelbach, Morten L.(2015), The Pleasure of Food: Underlying Brain Mechanism of Eating and Other Pleasure.

Krishnendu Ray(2016), The Ethnic Resturanteur. Bloomsbury Academic.

Marc Slonim(1957), Three Loves of Dostoevsky, California University Press.

Mark Gibson(2019), Food and Society, Academic Press.

Mohan, Matthen, The Pleasure of Art, Australasian Philosophical Review, 1(1), 6–20.

Moliere(2001), Don Juan, Richard Wilbur(trans), Harvest Books.

Morguerite Duras(2011), The Lover, Pantheon

Morreall, J(1987), The Philosophy of Laughter and Humor, NY : State University of New York Press.

Ottessa Moshfegh(2018), My Year of Rest and Relaxation, Random House.

Paul, Roberts(2009), The End of Food, Mariner Books.

Peter Flaming(2017), The Death of Homo Economicus, London : Pluto Press.

Peter Toohey(2011), Boredom : A Lively History, New Haven: Yale University.

Pollan, Michael(2013), Cook: A Natural History of Transformation, Penguin Press.

Rachel Moran(others, 2013), Philosophical Food Grumbs : A Kierkegaard Cookbook, New York : Create Space Independent Pub.

Robbin, Tony(2014), Money Master the Game; 7 Simple Steps to Financial Freedom, New York; Simon&Schuster.

Robert Dessaix(2018), The Pleasure of Leisures Penguin Random House, Australia.

Ronald D. LeBlanc(2009), Slavic Sins of the Flesh : Food, Sex, and Carnal Appetite, New Hampshire: University of New Hampshire Press.

Schwartz, Tony(2010), The Way We're Working Isn't Working, New York : Free Press.

Seligman, M(2002), Authentic Happiness Using the New Positive Psychology to Realize Your Potential for Lasting Fulfil, Free Press.

Shilling Chris(2011), The Body and Social Theory, Sage Pub.

Simonov, PV(1986), The Emotional Brain of Physiology Neuroanatomy, Phychology and Emotion, New York : Springer.

Sorry Wolfgang, Fusion Foods Have Been With Us for Centuries, Smithsonion, Retrived 26, May. 2017.

Spencer, Herbert, The Physiology of Laughter(1860), jep.utm.edu/humor.

Stephen Robins(2001) The Importance of Being Idle, UK: Prion.

Sue Vice(1997), Introduction Bakhtin, Manchester: Mancherster University Press.

Sulmasy, Dieniel P(2002), A Biopsychosocal–Spiritual Model for the Care of Patients at the End of Life, The Gerontologist, 42, Special Issue III, 24–33

Ford Adam(2011), The Art of Mindful Silence IVy press

Thomas Merton(1949), New Seeds of Contenplation. New Directions Pub.

Wallace, David Foster(2013), Both Flesh and Not, Back Bay Books

Whitte, William c,(1995), Food and Society : A Sociological Approach, Rowman&Littlefield
      Pub.

Wilhelm Reich(1973), The Function of the Orgasm. Farrar straus Girouxi.

Xenophon(2008), The Memorabilia : Recollection of Socrates, H.G. Dakyns(trans), eBook
      of Memorabilia(2008/EBook #1177)

휴미락의 탄생

쉬고(休) 먹고(味) 즐김(樂)의 인문학 수업

펴낸날   초판 1쇄 2020년 10월 30일

지은이   우 정
펴낸이   서용순
펴낸곳   이지출판

출판등록   1997년 9월 10일 제300-2005-156호
주소   03131 서울시 종로구 율곡로6길 36 월드오피스텔 903호
대표전화   02-743-7661 팩스 02-743-7621
이메일   easy7661@naver.com
디자인   박성현
인쇄   (주)꽃피는청춘

값 17,000원

ISBN 979-11-5555-143-1   03330

이 도서의 국립중앙도서관 출판시도서목록(CIP)은 e-CIP홈페이지(http://www.nl.go.kr/ecip)와
국가자료 공동목록시스템(http://www.nl.go.kr/kolisnet)에서 이용하실 수 있습니다.
(CIP제어번호: CIP2020044767)

이 도서는 한국출판문화산업진흥원의 '2020년 출판콘텐츠창작지원사업'의 일환으로
국민체육진흥기금을 지원받아 제작되었습니다.